大学生职业生涯规划咨询案例教程（第二版）

方伟 主编

图书在版编目(CIP)数据

大学生职业生涯规划咨询案例教程／方伟主编．—2版．—北京：北京大学出版社，2015.10
ISBN 978-7-301-25975-7

Ⅰ.①大… Ⅱ.①方… Ⅲ.①大学生–职业选择–案例–高等学校–教材 Ⅳ.①G647.38

中国版本图书馆CIP数据核字（2015）第135968号

书　　　名	大学生职业生涯规划咨询案例教程（第二版） Daxuesheng Zhiye Shengya Guihua Zixun Anli Jiaocheng
著作责任者	方　伟　主编
责 任 编 辑	李淑方　韩文君
标 准 书 号	ISBN 978-7-301-25975-7
出 版 发 行	北京大学出版社
地　　　址	北京市海淀区成府路205号　100871
网　　　址	http://www.pup.cn　新浪微博：@北京大学出版社
电 子 信 箱	zyl@pup.cn
电　　　话	邮购部 62752015　发行部 62750672　编辑部 62767857
印 刷 者	河北滦县鑫华书刊印刷厂
经 销 者	新华书店
	730毫米×980毫米　16开本　16.75印张　280千字 2008年6月第1版 2015年10月第2版　2018年7月第2次印刷
定　　　价	42.00元

未经许可，不得以任何方式复制或抄袭本书之部分或全部内容。
版权所有，侵权必究
举报电话：010-62752024　电子信箱：fd@pup.pku.edu.cn
图书如有印装质量问题，请与出版部联系，电话：010-62756370

主　　编：方　伟
副 主 编：陈永利
执行主编：吕　媛
编　　委：（按姓氏拼音音序排序）
　　　　　陈永利　陈　默　方　伟　黄　冠
　　　　　李军凯　李　妍　吕　媛　唐　平
　　　　　王欣涛　姚静仪　庄明科　张　宁

再版说明

党的十八大以来,以中高速经济发展速度、调整升级经济结构、创新驱动发展战略、全面深化改革等为标志,我国经济社会发展进入了"新常态"。在"新常态"时代背景下,党中央、国务院以稳增长、促改革、调结构、惠民生为主基调,空前高度重视高校毕业生就业创业工作,首次把"推动实现更高质量的就业"作为"就业是民生之本"的新目标和新要求;首次提出了"劳动者自主就业、市场调节就业、政府促进就业、鼓励创业"四位一体的总方针;首次提出了"实施就业优先战略和更加积极的就业政策";首次提出了以高校毕业生为重点的青年就业工作等重点人群和重点领域。这些新目标、新方针、新政策、新战略,进一步理顺了发展是第一要务与就业优先、就业数量与就业质量、就业与创业等方面的关系,为高校毕业生就业创业工作指明了方向。

伴随着经济社会发展进入新常态,我国大学生就业创业所面临的形势与任务也呈现出新的特点与要求,主要表现在:在毕业生总量持续增大和大学生就业结构性矛盾依然突出的基本状态下,就业工作目标由单纯强调就业向就业创业并重、以创业带动就业的模式转变,由过于强调初次就业率向就业基本稳定基础上追求更高质量就业的升级版转型;就业工作重心由过于依赖政策红利、市场需求向引导大学生转变就业创业观念、提升就业创业和职业转换能力转型;就业工作方式方法由行政化、公式化、排浪式指导服务向专业化、个性化、多样化转型;就业工作评价标准由自身工作体系"小循环"向强调招生、就业、培养良性互动"大循环"、不断提高就业工作对高校人才培养贡献率转型,等等。从根本上说,上述一系列新形势、新任务、新要求必然会要求高校进一步加强就业创业指导教师队伍建设,必然会要求高校加快建立一支深入学生、扎根基层、业务过硬、能够真正助推大学生科学规划未来职业生涯的高水平职业咨询师队伍。也正是因为上述原因,在本书再版之际,本书编委会主动提出了重新修订意见,并获得了出版社的大力支持。

本书重新修订之处主要有以下几方面:一是在框架结构上,由原来的以咨询专题为线索变更为以不同阶段学生学习生活的发展主题为线索,分别为初入大学、全面成长、多元发展、毕业准备、创新与创业五个章节,力图涵盖大学生学习生活全过程;二是因应上述就业工作转型发展的需要,新增加了 19 个新案例,特别是增加了学生学习生活中常见的职业生涯问题,以及基层就业、应征入伍、创新创业等重要内容;三是为了能够更好地满足实际工作需要,特别是对附录部分有关职业生涯辅导主要参考理论与工具做了必要的修改和补充,增加了焦点解决短期咨询等最新技术,力求推进咨询实务与理论发展的有机结合。

  事业发展无止境,有关大学生职业生涯的辅导咨询、学习研究也无止境。衷心希望本书的重新修订能够对高校就业创业指导教师和从业人员有所帮助,也希望大学生朋友们能够从中有所借鉴,进而科学规划好自己的大学生活和职业生涯。让我们共同持续努力!

本书编委会
2015 年 1 月

序言一

就一般社会成员而言,就业是民生之本,这是毫无疑问的。而大学生就业问题,对于我们这样的发展中大国而言,意义远超过了这一点。大学生就业不仅关系到每年数百万毕业生的生活和前途,关系着成千上万家庭的幸福与和谐,而且牵动着数千万在校大学生的思想和心态,关系着人们对"教育改变命运""知识就是力量"这些人类共同信念的坚守和追求,寄托着社会各界乃至全体人民群众的希望和祈盼。特别需要指出的是,每年数百万高校毕业生进入经济建设和社会发展领域,贡献他们的智慧、才干和技能,一批又一批毕业生迅速在生产实践和社会实践中成长为各行各业的骨干,没有他们的努力和贡献,国家经济的快速发展,社会管理水平的快速提升,人民物质文化生活水平的改善等,都是无从实现的。大学生是国家建设与发展的宝贵人才资源,这句话不是空话。建设人力资源强国,建设创新型国家,加快建设小康社会,实现经济又好又快发展,这一切都需要一批又一批的高校毕业生通过就业及时进入经济社会发展的主战场。因此,做好他们的就业工作,对于国家发展、民族振兴具有极其重要的现实意义和深远的历史意义。

在全社会就业压力较大的形势下,要想有效解决大学生就业问题,除了发展经济、落实政策与制度保障、提高人才培养质量以及加强就业公共服务以外,也需要加强大学生职业生涯规划,需要大学生群体尽早结合自身特点、职业要求和社会需要,全面发展个人素质,提前做好就业准备,努力提高求职竞争力。本书正是一本帮助学生科学进行职业生涯规划的启迪用书,同时也可以为从事大学生职业生涯规划辅导的专业人员、高校教师提供一些借鉴和指导,以帮助他们更好地掌握职业生涯规划的要点和技巧。我认为该教程有以下几个值得关注的亮点:

第一,策划者态度认真、严谨、负责。参与写作本书的作者全部为专业职业规划师,书中的案例全部来自他们在日常咨询工作中所遇到的真实案例,因此很有现实针对性。本书的内容框架的几个方面比较全面地代表了目前大学生职业生涯规划咨询领域的主要问题,可以使每一个阅读者都能对职业生涯规划有一个比较整体的了解。

第二,专业性与通俗性的有机结合。书中每个案例都详细记录了整个咨询过程,包括咨询者和咨询师的对话,咨询师的分析结果等,像小故事一样生动形象,引人入胜;同时文中又用"知识库"的形式通俗易懂地向读者介绍相关的咨询知识以及咨询技巧,使读者在阅读之余还能了解到咨询专业知识,在阅读他人案例的同时思考自身情况,自己为自己咨询,这必定是一个受益匪浅的过程。

第三,在关注大学生就业的同时关注大学生心理健康。在现实社会中,很多求职学生因为压力过大会出现一定的心理问题,本书关注到了这一现象,并专门提供一些案例来帮助学生缓解心理压力,调整心态。因为在本书的作者们看来,帮助学生找到工作并不是职业生涯规划的最终目的和追求,科学的职业生涯规划的终极目标是让每个学生都能够健康快乐地成长成才,都能够各得其所,人尽其才,在这个过程中实现自己人生价值的最大化。

最后,我衷心希望每一位阅读本书的职业规划师、高校教师和学生都能够有所收获,衷心祝愿每一位高校毕业生都能够带着自己所做的科学的职业生涯规划走向职场和社会,顺利就业,拥有一个美好灿烂的未来!

刘大为

序言二

这本书信息量十分丰富,其中涵盖了一些将对中国的未来产生重要影响的原则。

听起来似乎有些夸张,但职业咨询的重要性一个多世纪以来已经在全世界得到了广泛的证实。简单来说,一个国家经济的稳健发展和人民的富裕康乐在很大程度上取决于该国的就业结构——一个能帮助人们找到合适的、实现个人抱负的工作的就业结构。

中国的迅速发展为大学生提供了无数机会,当然随之而来的也有严峻的挑战。大学生在规划自己未来的时候,既要考虑自己的兴趣和能力,也要结合国家发展的需要。

作为全球化经济中一条令世人瞩目的巨龙,中国发展势头强劲,但有时也有一些迷惑。这个巨人的发展独具"中国特色":高度集中的决策计划体制和分散型的增长交织在一起。近年来,中国经济的高速增长,似乎预示着大学生期待已久的就业市场迅速扩展的时代即将到来。但有迹象显示中国经济某些领域的增长正在减缓,北京的决策者们也开始采取措施控制商品价格,并努力寻找一条经济增长、分配公平和环境保护和谐发展之路。

对于受过高等教育的中国大学生而言,这些迹象是他们选择职业时的指路灯,或者说是警示牌。而这些情况的复杂性也正凸显了职业咨询师的重要性,他们可以帮助大学生了解分析就业市场不断变化的行情。

中国政府也意识到年轻人合理就业的重要性,《高等教育法》第59条明确规定:"高等学校应当为毕业生提供就业指导与服务。"然而,在一个已经习惯于从生产到就业一切都靠中央计划的社会里,实施这样的政策是一个巨大的挑战。现在,是高校开始行动的时候了,它们应该指导毕业生选择契合自己的兴趣和研究方向,同时满足经济发展需要的职业道路。

可喜的是,这个进程已经开启。高等教育不再是完全由政府主导,招生和就业安置方式都在发生变化,个人有更多的自由同时也有更多的责任去选择自己的职业。

这个进程并不是靠直觉就可以完成的。选择职业是人一生中面临的最大挑战之一。高质量的、审慎专业的职业指导不仅能帮助个人找到满意成功的职业,而且可以确保一个国家的劳动力需求得到满足。因为在生机勃勃、流动性强的经济中,该国的劳动力在合理的指导下,会选择最紧缺、最急需的岗位就业。

职业咨询师能帮助高素质人才找到同时满足个人和社会需求的职业。置身于高等教育的背景下,他们是实现一个国家人力资源高效利用的关键因素。

学生初入大学时，职业规划咨询师可以帮他们找准自己在学校的定位。随着学生的成长，通过同老师和同学们的沟通，咨询师可以在学生的课程选择上提供一些着眼于未来职业前景的权威建议。学习中正确的定位有助于减少学生间的摩擦，这对于越来越依靠学生提高收入的大学来说是很有益的。

在同政府或私人雇主建立巩固关系方面，大学生和学校也从职业咨询师那里受益匪浅。雇主的营销活动、招聘宣讲会、实习和实践项目都有助于学生在雇主心中留下良好印象，同时也有助于雇主寻找未来的理想雇员。同时，高校如果向社会输送大量优秀人才，声名也会更加显赫。

此外，职业规划咨询师的重要性也体现在其对学生健康成长中所起的重要作用。咨询师通常都掌握心理健康的一些知识，这样，他们就可以帮助学生解决这个年龄段常见的心理问题和困惑。咨询师们深知，一个人生理和心理的健康比职业更重要，他们能够也愿意在这方面为学生提供帮助。

可能职业咨询师对大学和大学生们最大的用处产生于这个特殊的时代：经济迅猛发展，社会处于大变动中，各种机会在不断地重新排列组合。咨询师们随时关注发展的最新动向，并了解雇主们的最新需求。因此，当对某种技能或某个职业的需求上升或下降时，职业咨询师总是最早知道的，他们会给大学和学生提供实时的指导，帮助他们紧跟不断变化的形势。

这本书会让大家对职业咨询师有一个基本的了解：他们如何帮助学生找到自己的兴趣，如何把兴趣同学业有效结合，如何找准自己的职业发展道路，如何协助高校完善其课程设置，以满足社会和经济发展的需求，向社会提供大量高素质的人才。

西奥多·依利夫　全球职业规划师　NBCC国际执行副总裁
丹尼尔·帕雷德斯博士　NBCC国际事务协作人

目 录

再版说明 ………………………………………………………………… 1
序言一 …………………………………………………………………… 3
序言二 …………………………………………………………………… 5

第一章 初入大学 …………………………………………………… 1
案例 1 法学新生的大学之路 ……………………………………… 3
案例 2 大一新生的适应：小行动带来大改变 …………………… 9
案例 3 且行且规划 ………………………………………………… 14
案例 4 时间都去哪儿了 …………………………………………… 21

第二章 全面成长 …………………………………………………… 25
案例 5 专业抉择的背后 …………………………………………… 27
案例 6 我该去学双学位吗？ ……………………………………… 31
案例 7 重返校园的职场人 ………………………………………… 37
案例 8 自觉主动地规划自我 ……………………………………… 43
案例 9 我要不要继续做科研 ……………………………………… 52
案例 10 链接美丽人生的平衡术 …………………………………… 56
案例 11 实习可以成为我职业选择的起点吗 ……………………… 68
案例 12 女大学生的职业选择与人际关系影响 …………………… 73
案例 13 寻找属于我的职业天空 …………………………………… 80

第三章 多元发展 …………………………………………………… 93
案例 14 我想做个外交官 …………………………………………… 95
案例 15 我的职业方向在哪里 ……………………………………… 102
案例 16 孩童时的梦想 ……………………………………………… 108
案例 17 出国深造还是国内读研？ ………………………………… 114
案例 18 找准定位才能海阔天空 …………………………………… 118
案例 19 我能做一个对社会发展有所影响的人吗 ………………… 124
案例 20 大学生村官的职业道路选择 ……………………………… 131
案例 21 为人生画卷增添一笔橄榄绿 ……………………………… 137

第四章 毕业准备 …………………………………………………… 143
案例 22 就业政策早知道、求职顺利得保障 ……………………… 145

案例 23	我该接受哪个 offer	151
案例 24	工作，也是一种逃避	156
案例 25	在机遇中做出职业规划	163
案例 26	过去的经历是我宝贵的财富	167
案例 27	我的简历为何总是石沉大海？	173
案例 28	在无领导小组讨论中找到适合自己的定位	179

第五章　创新与创业 ……………………………………………… 185

案例 29	一个金融学生的创业梦	187
案例 30	从日常生活中寻找创业灵感	195
案例 31	创业，让我找到了自己	202
案例 32	公益创业，路在脚下	209
案例 33	创业也需"按部就班"	214

第六章　职业规划必知理论 ……………………………………… 221
第七章　焦点解决短期咨询在职业咨询中的应用 ……………… 229
第八章　职业规划师常用工具简介 ……………………………… 241

第一章 初入大学

　　初入大学,从按部就班的小世界跳入多姿多彩的新天地,从被照顾的孩子变成对自己负责的成年人,在新奇之外,迷茫与焦虑的情绪似乎也不可避免。如何适应生活的变化,实现自我的转变?不妨引导学生从职业规划开始,探索自己,管理自己,在学习和实践的众多选择中找到适合自己的节奏,展望属于自己的未来。树立职业目标,规划大学生活。新的起点,需要新的姿态。

案例1 法学新生的大学之路

刚上大一的王荣本来应该度过多姿多彩、充满兴奋和惊喜的新生生活,然而她却变得沉默、焦虑。原因是她听说自己所学的法学专业就业情况不是特别乐观,于是,她产生了转专业的念头,但又不太清楚该转什么专业,反反复复的思想斗争让她非常痛苦。因为不太清楚到底该如何规划大学的生活,王荣来寻求职业咨询的帮助。

> **职业规划师:**庄明科
> **来询者情况:**王荣,女,本科一年级,法学专业
> **主要职业困惑:**是不是该转专业

一个电话让她陷入焦虑

对于大多数大学新生来说,大学生活是多姿多彩的,但王荣的这种兴奋仅仅持续了几天,**之后变得沉默、焦虑**,整天为以后的就业担忧,甚至惶惶不可终日,起因是父母给她打来的一个电话。

王荣是法学院大一的新生,原来填报志愿的时候觉得当法官、当律师挺风光的,于是选了法律专业。在法学院的学习开始之后,她才真正开始关注这个专业的各个方面,不过大学的新鲜感也还是让她对自己的前途充满信心。这个时候,父母打来一个电话,说最近法律专业不太好就业,很多法院基本上处于饱和状态,对于人才的需求不是很多,让她多想办法。父母的担忧也让她开始为自己的将来感到着急。本来以为考上了大学,可以放松一下了,没想到却仍需要为将来的就业而烦恼。

王荣逐渐产生了转专业的念头,想转到一个目前就业比较好的专业,但她对各个专业的就业前景根本不了解。于是,王荣预约了职业咨询,来寻求专业帮助。

了解了王荣的大致情况,我开始对她进行咨询。

"你觉得自己适合目前的专业吗?"

> 从心理学的角度看,人类的恐惧、忧虑、烦恼多来自于对事物的不确定性。在职业决策方面,职业信息不完全是影响人们决策的主要因素。

"其实对于法律专业我还是比较喜欢的,现在之所以想到转专业,主要是考虑到将来的就业。听很多人说现在法律人才趋于饱和,所以我比较担心将来找工作会比较困难。"

王荣的担心是从父母"**听说**"的消息来的,但事实是不是这样呢?从学校就业指导中心就能很容易地了解到北京大学学生就业的形式和状况。尽管目前大学生就业形势总体来说越来越严峻,但北大法学院的学生每年的就业情况还是非常乐观的。社会对法学学生的需求量非常大。随着经济的发展,公司对于法律人才的需求也逐渐增多。另外,虽然北京、上海等经济发达地区大学生就业竞争非常激烈,存在供大于求的状况,但是中西部地区对于人才的需求却是非常强烈的,大学生到这些地区就业,也可以做出一番事业。为了让她更直观地看到目前法学院的就业状况,我打开了法学院从 2001 年开始的学生毕业去向统计表。

"听说"是王荣产生忧虑的直接原因,澄清这个问题可以帮助来询者进行更进一步的思考。

最近几届的法学院的毕业生不是去了法院,就是去了著名的律师事务所,或者到大公司任职,还有一些去了国外著名的法学院继续深造。看到这些直观的数据,王荣心头的石头总算落了地,对自己的专业也充满了信心。她顺理成章地开始考虑如何规划自己的大学生活。

规划前程先探索自己

"**我觉得师兄师姐的就业都挺好的,那我该怎么样来规划好我的大学生活,最终像他们那样有美好的前程呢?**"

我说:"人生规划其实是一个比较专业的问题,需要按照一个科学的流程对自我进行规划。"

王荣的第一个问题解决后,透过这个问题,职业规划师可以分析其探索动力的原因和强度。

王荣听得很认真。我向她介绍了一个完整的职业规划需要哪些步骤,以及这些步骤的意义。

王荣是一个喜欢自我探索的人,职业规划测评正好能够帮助她进行深入的探索,同时,我也让她参加了我们的新生职业辅导工作坊项目,对她进行了系统的职业规划的培训,培训的过程中王荣写下了让我们这些专业人士都很赞赏的自我探索报告。

王荣的自我探索报告

1. 性格

根据性格测试的结果,我的性格类型是 INFP,能量倾向上是内向的,接受信息的方式是直觉型,处理信息的方式是情感型,行动方式是知觉型。

事实上，我觉得这种非此即彼的性格类型划分并不符合我的实际性格表现。我的性格是多层次的，比如，在能量倾向方面，我通常在心中思考问题，更愿意在经过挑选的小群体中分享个人的情况，但是，我也喜欢成为注意的中心，而且反应快；在感觉或直觉的选择中，我既善于理解字面以外的含义，对一切事情都要寻求一个内在意义，也注重看到、听到、触到、嗅到的具体感受，既自觉不自觉地挖掘深层的内在意义，又注重可测量的真实可靠的事。处理信息方面，我既是思考型亦具情感处理倾向。我喜欢逻辑的分析，决策时也善于运用感觉和直觉。在行动方式上，我喜欢理解生活，但又倾向于让生活有条不紊。

可以说，我的性格是偏向内向、直觉、情感和知觉型，但又在一定程度上滑向另一端。

总的来说，我是敏感的，内向的，感受能力很强，但又乐于与人交往交流，喜欢思考问题，有逻辑地分析问题，倾向于梳理条理。

2. 职业兴趣

我做的六岛环游游戏的职业兴趣探索，探索结果用霍兰德三字码表示为 RSA，即实用型、社交型和艺术型。根据霍兰德的六边形图形分析，R 与 S 对角，S 与 A 相邻，很难从三者的结合和调和中得出比较适合的职业兴趣倾向。这也似乎对应了以上性格分析中的混合和矛盾。我既善于与物打交道，解决事务性的问题，又可以适应社会交往，有责任感而且关心他人的利益，善于沟通和协调。不过，我的理解是，每个人的性格不可能是单向的，更多的人是各种性格特质的综合体。我的性格倾向和职业兴趣涉及面很广，可匹配的工作类型很多，我的适应性很强，很具柔韧性，这是我的优势。总的来讲，我的职业兴趣在于分析和解决实际的问题，并在工作中与人沟通，关心他人的利益，且能实现自身对于社会的价值感。

3. 价值观

我的职业价值观探索结果是，我崇尚工作的独立性、专业性和职业性，追求成就，注重关系、赞誉赏识以及别人的肯定。我希望工作的时间是可以灵活调配的，工作的环境应当有利于我发挥主观能动性。我对职业给我带来的物质满足并不看重，薪酬水平一般即可。而我最突出的职业价值观是追求成就，即在工作中能提升自己的专业能力，并得到同行的认可。所以，我希望我的职业是专业性非常明显的,在某个专业的领域内有所作为是我对职业生涯的期待。

4. 能力

在课堂上和课后的盘点中,我总结自己的技能主要有以下几点。

自我管理技能方面,我选择的主要有:有责任感的,认真的,努力的,公平的。

可迁移技能上,具有亲和力,善于与人交流,快速学习的能力、找出关键问题的能力,反应快,能适应新环境,具有较强的领悟别人意思的能力,有耐力,并且逻辑分析的能力强。

通过四年的学习,我将具有的专业知识技能有:法律专业知识(通过司法考试,取得法律执业资格),英语的工作语言运用能力,基本的计算机操作能力。

由王荣的自我分析可以看出,**她学会了系统地对自己的特点进行分析**,既结合了测评的结果,同时也有自己的思考。总体来说,王荣喜欢帮助别人,有较好的人际沟通能力,追求成就的欲望比较强烈。当然最了解自己最有资格评价自己的人还是她自己。

探索职业实施行动

在完成了自我探索之后,我们开始了对王荣进行职业探索。王荣说,她比较感兴趣的职业是法官。为了能更深入地帮助王荣,我让她回去系统了解法官的职业。

在王荣回去做"功课"的同时,作为职业规划师,**我也在网上对该职业进行了初步的了解**。我们学校学生就业指导中心主任是法学博士,我通过和他进行细致的交流,自己对法律相关的职业有了更为深入的了解。搜集职场信息的能力也是职业规划师应该具备的能力,掌握丰富的职业信息是一个职业规划师成功帮助他人的重要前提。

第二次再到咨询室的时候,王荣带来了一份"法官"的职业探索报告。

王荣的职业探索报告

目前我感兴趣的职业是法官。

作为法官,其工作内容在于运用法律的专业知识,对提交到法院的争议进行法律分析,对诉争事实进行认定,对诉讼当事人之间的法律上的权利义务关系进行分配。法官要解决的争议是社会生活方方面面的问题,法官需要分析问题,解释法律,运用现有的法律规则以

来询者在咨询前对职业规划了解得越多,他与职业规划师的配合也就越主动,探索自己和职业就会更到位。王荣在咨询前曾经参加过学校举办的系统的职业规划培训。通过这个自我分析报告,可以看出王荣做得非常到位。

战争中的"知己知彼"在职业规划上也能借用,认清自己和认清工作世界是职业人成功求职要做的两个方面。然而,知己很容易,而知彼就相对困难一些。搜集更加翔实的职场信息是咨询成功的重要前提。

及法律原则解决问题。法官代表国家作出审判,是社会公正和正义的象征。

现在,法官的工作报酬不高,但是社会地位比较高,法官的工作不要求他具有很强的交际能力,不需要很广的社会关系网络。

一个法官应当具备以下条件:

(1) 接受过系统的法律知识教育,能够运用法学方法分析具体案件;

(2) 取得法律执业资格;

(3) 对社会生活有经验性的了解和理解;

(4) 有深厚的学术和理论功底;

(5) 一定的外语水平;

(6) 健康状况良好。

接着我们开始了职业探索咨询。

在探索职业的过程中,我们可以看出王荣搜集的内容相当丰富。但职业人对职业的探索和认识需要一个过程。作为大一的一名学生就确定一个职业是最恰当的选择吗?"当你把所有的精力关注在一个职业上时,是否意味着过早地关上对其他职业探索的大门?"**我对她道出了自己的小小担心,请她思考。**

王荣想了想说:"其实我也怕会错过更适合自己的职业。我对律师这个职业也探索过,这个职业对于人的要求和法官职业对于人的要求差不多。但律师这个职业要求从业者影响别人的愿望要强一些,我感觉自己在这方面弱一些。当然四年的过程中人可能会发生一些改变,我也会再继续关注这个职业。"

通过交流,王荣也逐渐得出了自己的职业选择。她把自己的职业选择锁定在法官这个职业上。

在做出了职业选择之后,我们一起探讨,设定了行动方案。

在职业规划时,要帮助来询者准确定向,而要慎重定位,有时候,直接把自己的感受说出来,可以迅速赢得来询者的信赖。

王荣的行动方案

要达到职业目标,需要职业技能的全方面提高,使自己更加契合该职业的要求。需要做的事情有:

(1) 通过专业知识的学习,加深学术和理论功底;

(2) 通过实习等方式,多接触社会的各个方面,包括经济生活的方方面面,了解和关注社会生活中的热点问题。

因此,我制定了如下的目标:

（1）短期的目标是：通过本科阶段的学习，掌握法律的专业知识，通过司法考试，取得法律执业资格；熟练掌握英语，通过六级考试；提高计算机的应用水平，熟练使用各种办公软件；参加学生会或者社团，并努力成为骨干，从而提高自己的组织协调能力；争取到法院去实习，提高自己的实际工作的能力。

（2）中期的目标是：本科或研究生毕业之后，进入法官的职业队伍，进行实际工作的训练和工作经验的积累。

（3）长期的目标是：在毕业五年内成为一名优秀的法官。

从不知所措到有了明确的短期、中期、长期目标，这前后经历了三次咨询。但对于王荣来说，**一切还刚开始**。王荣说，通过规划她进一步清楚了自己的发展路径，并能更有效地过好每天的生活。

> 周密的计划是合理行动的前提，但如果没有行动，计划仅仅是纸上谈兵而已。要鼓励和督促来询者尽早采取持续有效的行动。

案例分析

大一是整个大学生活的起点，如果在大一的阶段就开始探索职业、做好学习规划，就能更有效地过好大学生活，使整个大学生活和将来的职业目标能紧密地联系在一起。

在本案例中，王荣在开始阶段对自己所学的专业没有信心，并一度有了转专业的念头。这在大一的学生中也是比较常见的。这时候需要分析转专业背后的原因是否是合理的。由于信息的不对称，很多新生对于专业存在很多偏见，作为职业咨询师，就需要消除这些偏见。

另外，大一的职业规划一方面是树立职业目标，另一方面是对大学生活的规划。职业规划使大学生活与职业目标紧密地结合在一起，真正达到学以致用的目的。我们也需要认识到，来询者自身的积极配合也是咨询成功的重要动力。

案例2 大一新生的适应:小行动带来大改变

杨辉是大一物理系的新生,到了大学之后,感觉一切都是新奇的,犹如刘姥姥进了大观园,一切都是那么好玩。尤其是到了大学之后,再也没有父母的唠叨和管制,班级的晚自习也不点名,甚至有些课不去上,老师也不知道。到了大学,因为完成作业的需要,杨辉买了笔记本电脑,因为看到周围的很多人在玩游戏、聊游戏,出于好奇,便也开始装了游戏并开始玩了,一玩便不可收拾。有时候会从早玩到晚上。到了有点失控的状态,期中考试越来越近了,但老师讲的内容却越来越听不懂了。为了能及时交上作业,有时候只能抄同学的。上课即使去听,也听不懂了,因为听不懂,老是走神。杨辉很想改变,但却一直没有成功。于是便约了咨询师,想通过咨询来改变这个状况。

> 职业规划师:庄明科
> 来询者情况:杨辉,男,本科一年级,物理专业
> 主要职业困惑:到了大学学习状态变差

第一次咨询:被电脑控制的生活

当杨辉坐在咨询室的沙发上,两只手紧紧地握着,他向我详细描述了目前的状况。用他的话形容目前的生活,就是"有着学霸的梦想,过着学渣的生活"。

我:"如果10分代表最好的学习状态,1分代表最差的学习状态,你目前的学习状态可以打几分?"

杨辉很沮丧地说:"目前的状态我觉得也就是3分吧。"

杨辉:"3分吧,很低了,我对目前的状态很不满意。觉得自己目前就是一个学渣。"

我:"**3分是什么样的状态?**"

杨辉:"目前很多不点名的课都不去上了,有些课点名的才会去,

刻度化询问,10分代表最好的状况,1分代表最差的状况,评估来询者的目前的现状。

当来询者分数为3分时,要让来询者关注分数是怎么得到的。盘点来询者的资源,激发来询者的力量。

去的时候一般也容易走神,听得没意思的时候就会想看一眼手机微信,一看就不可收拾,整节课都看了,至于老师讲点啥就不知道了。平时没课的时候一般待在宿舍玩游戏,一玩就是一天,到了晚上睡觉前就会有一种强烈的负罪感,发誓第二天一定好好学习,但是第二天又丝毫没有改变。有时候也会去上自习,在自习室的时候一般不会玩游戏,因为觉得不好意思玩,但是打开电脑的时候会看新闻,一看也会很长时间。"

我:"你觉得是什么让你得到这3分的?而不是最差的1分?"

杨辉:"我现在很多专业课都去上的,尽管说听不懂,所得不专心。另外有几天一直玩游戏,实在有点受不了的,晚上临睡前就会看个一小时的书。"

我:"你觉得相对比较满意的状态应该是几分?"

杨辉:"8分吧。"

我:"8分应该是怎么样的状态?"

杨辉:"8分就是我所有的专业课都去上,认真听讲,自己能够按时完成作业。玩游戏、上网的时间一天不超过一小时。"

我:"如果做到8分,你的生活还会有哪些改变?"

杨辉:"我觉得心情会好很多,对自己也会很满意,不像现在觉得自己很没用。"

我:"那你出去上自习的时候,能不能不带电脑?"

杨辉:"很多作业需要电脑,所以每天还是需要用电脑的。"

我:"那你在过去什么时候用电脑,但是没有玩游戏,还是在认真做作业的?"

> 当来询者理想的分数为8分时,详细和来询者探讨8分的意义,形成对未来的愿景,同时建立咨询的目标。

杨辉沉思许久,忽然想到了:"有一次我电脑坏了,拿去修,所以用了图书馆的电脑。我发现我在用图书馆电脑的时候不会上一些网站看新闻啥的,另外也不会玩游戏。一方面那个电脑上没啥游戏,另一方面如果做与学习无关的事情总觉得不好。因为用图书馆的电脑有时间限制,一天最多3个小时,有时候也会有同学等着用,需要尽快做完。"

我:"那下周咱们是否可以试一下,出去上课或者自习的时候不带电脑,需要用电脑的时候就用图书馆的电脑?"

杨辉:"好的,那我下周试一下。"

> 通过例外询问,探讨来询者对生活有控制的部分。而不是去探讨没有控制部分的原因。通过例外询问发现以前采用过的方法,这样比较容易执行,容易重新来一次。同时还能够增加自信心,减少了被问题打败的感觉,提高解决问题的信心。

第二次咨询:关注生命中的例外

第二次见到杨辉的时候,感觉他精神好多了。

我："最近一周有哪些好的改变?"

杨辉："老师,最近一周有非常大的变化。因为出门不带电脑,基本上不玩游戏了。电脑用的是图书馆的电脑。不过,老师,非常不好意思,我周三的那天因为没有课,没有出去上自习,在宿舍待着,偶尔用了一下电脑,一用就是一上午,后来觉得不能这样,下午还是去上自习了。"

> 在第二次咨询的开始阶段,要探讨最近好的改变,从中发现来询者最近一段时间有效的部分,巩固咨询的效果。

我："非常棒,那这一周可以打几分?"

杨辉："5分吧。最大的进步就是学习的时间多了。但是目前还不好的是学习的效率不是很高,学习的时候感觉注意力不是很集中,状态不是很好。"

> 刻度化询问,评估进展情况,发现进步的地方,增强来询者的自信心。

我："过去的一周在什么时间状态相比其他时间会好一点点?"

杨辉想了一会儿,说:"周四的那天还可以。"

我："那一天状态好,能否多讲讲那天你是怎么做到的?"

杨辉："那天学习注意力很集中,一天的效率不错,上课也能专心听讲。可能是那天第一二节没有课,起得晚一些,睡眠时间比较多,学习和上课不困。"

> 例外询问,发现来询者精力比较好的例外情况,具体分析,为下一步的行动寻找方案。

我："那你其他时间是怎么样的?"

杨辉："其他时间一般都是夜里快1点才睡,早上7点就得起来,睡的时间少,学习的时候很困,有时候上课时也会趴着睡会,一睡就不知道老师讲什么了。"

我："看来睡眠对你的学习很重要,那你有什么想法来改变这一状况?"

杨辉："可能我得多增加睡眠的时间,不应该这么晚睡觉。不过不是很好的是大家睡得都很晚,我即使早睡了,如果他们没睡亮着灯看书啥的,我也睡不着。"

> 确定下一步的行动方案,该行动方案由来询者确定,这样更具有实施的可能性。

我："那你有什么方法改变?"

杨辉："我可能得跟他们交流一下,其实他们白天上课也困,估计如果我提出来早点睡的话,应该问题也不大。"

我："好的,下周的任务就是你跟你的同学协商一下,定一下熄灯睡觉的时间。那你觉得哪个时间比较合适?"

杨辉："11点半吧,一下子早了估计对大家来说可能会比较难。老师,我还有一个问题想向您请教一下,到了大学之后,很少运动了,跟朋友交流也少,觉得自己缺少活力。大学生活过得并不是原来想象的那么丰富多彩。"

我:"那周围的同学怎么样?"

杨辉:"周围有些同学专注于学业,也有一些参加社团等活动的。但是觉得自己学习最近落下挺多的,怕再去参加社团会影响学业,有点矛盾。"

我:"那你觉得做点什么会好一些?"

杨辉:"可能最近还是得以学业为主,不过这周可以尝试做一些体育运动。我听说有一项运动壁球挺好玩的,打算试一下。"

我:"那可以尝试一下,那下周的任务就是每天争取在11点半之前睡觉,**如果有可能,去尝试一次壁球的运动**。你觉得这两个任务怎么样?"

> 让来询者开启一个小行动,做点不一样的事情,去尝试一次壁球运动,看一下对来询者的生活会产生什么影响。

杨辉:"应该能完成。"

我:"你对完成这两个任务的信心是多少?"

杨辉:"8分吧,因为有咨询的监督,我觉得我会去做的。"

第三次咨询:小行动带来大改变

一周之后杨辉如约来咨询,感觉轻松多了。一坐下就有点迫不及待地想分享最近的一些变化。

我:"最近一周有什么样好的改变?"

杨辉:"老师,最近能打7分了。最近睡觉早了,但没有达到原先预定的11点半,但基本上都是在12点之前睡的。第二天的学习状态好了一些,因为不怎么困了,情绪会好一些,上课也容易集中注意力。最近每次课程结束之后也能问老师问题,课下有些时间也跟其他同学交流上课的内容。"

> 评估最近一周的好的改变,如果有效就继续保持,如果无效,就在下一步的行动中做点不一样的。

我:"真的很棒!进步非常大!最近还有哪些好的改变?"

杨辉:"这周我去了一次体育馆,尝试了一下壁球运动。感觉学起来不是很难,去练习的时候有一个从香港过来交换的学生,过来主动教我,我们成了要好的朋友。我们约好这周六继续去打。他还介绍我加入了壁球俱乐部。认识了很多新朋友。"

我:"一次非常棒的体验,你开启了一项新的运动。这周有什么启发?"

杨辉:"一定要采取一些新的行动,才会有改变。小行动带来大改变,就像滚雪球那样,越滚越大。原来我总是想把很多事情计划全了再行动,结果总是没有行动。现在才意识到,很多事情只要有了开始,就会引发连锁效应。"

杨辉后来又来咨询了两次,学习状态也越来越好。咨询结束的时候,他说这时候的状态已经能达到 9 分了,觉得已经超过了自己的预期。另外通过壁球运动,认识了很多朋友,身体也变得更好。

 案例分析

由于高中学习紧张,而且学校管理比较严格,很多大一新生到了大学之后很不适应大学的生活。主要原因就是没有培养出良好的自我管理能力。本案例中的杨辉陷入了不能很好地控制自己的生活状态,咨询师从例外角度入手,分析杨辉对生活能控制的部分,激发力量,小行动引发大改变。生命就像一个大的实验室,如果有效就多做一些,如果无效,就做点不一样的。通过不断试验,将我们的生活变得更加符合内心的期待,让生命活出力量和光彩。

案例3　且行且规划

初入校园的晓曼对未来充满憧憬,心里抱负满满,不论是学习、体育、社团还是学工的工作,每项都不落下,每项都很拼,表现很棒。身边每个同学提到她,都称赞她是个了不起的全能选手。可晓曼自己心底却藏着很多秘密,在夜深人静独自一人的时候让她非常苦恼。

> **职业规划师:** 唐平
> **来询者情况:** 晓曼,女,大一下到大二上,生命科学
> **主要职业困惑:** 未来生涯发展的落脚点

早春的清晨,校园里还没有停止供暖,湖边的柳芽却已经早早地透出春风的气息,饱满欲绽。我"流连"湖边的景色,放慢了上班赶路的脚步。

一位身材窈窕,着装相当职业风格的少女,在我一推开办公室门时就起立向我问好,让我眼前一亮——她就是晓曼。我早知道大一的新生里有她这一号人物,却是第一次这样近距离地看她。而她以新学期学生助理的身份出现在我面前,更是让我料想不到的。

"老师早上好,我叫晓曼,是今天上午的新助理,我还选了您的'事业与人生'课,这学期有很多地方请您多指导关照。"晓曼利索的装扮和自我介绍所表现出的落落大方,和从前遇到的理科大一新生很不一样。而在之后很长一段时间的接触里,我更是了解到她的全面优秀,也接触到她心底隐秘的烦恼。

一个人的规划,一家人的幸福

不到一个月后的课间,晓曼跑到讲台前,表达了她现在在未来发展方向上遇到新的困惑,希望向我咨询。这样的情况我并不陌生。在这个校园里,有很多大学生从小在父母老师的倍加关心下,获得最优质的教育资源培养,多才多艺,涉猎既广且表现均佳。但他们中不乏有一部分人被自己多样的能力特长迷住了眼,并不清楚在离开父

母之后,自己下一步该往什么方向走。

在约定咨询的前一天,我调取了晓曼在新生深度访谈中反映的情况。在各种优等生常有的表现之外,她在南国的家庭——父母间称不上和谐的关系,以及尚在初中读书的弟弟的情况,引起了我的注意。

次日,她如期而至却显得匆忙,看得出并没有像以往那样精致地整理过。

"老师,我来北京大半年,看到了很多人,也在原来高中在京同乡会中和很多已经工作的学长学姐交流过。他们中有的人有着非常好的素质,甚至是名校毕业生,但可能是因为不懂得去规划自己的职业发展吧,工作多年依然薪水微薄。有的人起点不好,既非名校也不是什么好得不得了的专业,但因为他们自己有想法,运气也好,找到了正确的职业发展之道,没几年就在职场上身价飙升。人总是向往和追求美好的,而美好则不总是与付出成正相关。我现在特别想了解在生命科学专业学习接下来几年做些什么工作和锻炼,可以帮助我毕业后找到一份高收入的工作呢?"她停顿了一下,继续说:"老师请不要误解我只是来咨询您怎么才能挣大钱。其实我是比较注重精神生活的人。如果我一心想挣钱,我可能当时会报考别的专业了。只是**家里的情况**在我心里始终占据着比较大的分量,家里环境并不是很好,所以物质保障确实是我考虑比较多的部分。如果家庭和我的工作有冲突矛盾,我一定不能再给家里带来负担,而会做出有利家庭的选择。"

"听起来你家里的情况并不富裕,你父母还是想尽办法竭尽所能地帮你上好的中学,又顺利考上了北大。这些年来他们付出很多,你心里对这些非常清楚,也非常感恩,希望自己未来成长能回报父母之恩,是么?"

"是这样的。"晓曼叹了口气,向我详细介绍了她的成长经历:"我父母文化教育水平比较低,只有小学毕业的文化程度,是做肉类加工品的小型个体户。平时父亲在家里院子的工场里生产和加工肉制品,再供给饭堂、餐厅,或者菜市场的零售摊位;妈妈也在一家菜市场租了个零售摊位,贩卖家里加工的肉制品。由于规模小,这档生意收入不多却又很辛苦,父母也没法腾出时间再去考虑做别的。父母体会到生计艰苦,从小教育我要努力读书。我小学毕业考上的是一所被当地人认为是'贵族学校'的初中,他们真是全力供养我,我也获得

> 生涯规划就像婚姻一样,从来就不是一个人的事情,而是关乎你的亲人,关乎一个家庭,甚至几个家庭的事。重要的决策,一定要考虑对你重要的人的想法,预测决定实施后他们的得失。

了一些奖学金。因为成绩好,家庭条件好的同学家长也不时帮衬我,让我和他们的孩子多交流,辅导功课。到了高中我又考上市里最好的高中和最好的班级。因此,虽然我生长在一个普通甚至稍微显得贫寒的家庭,也没有专业知识背景和良好文化氛围的熏陶,但中学以来我所接触的人多是受到过良好的教育、有良好的修养或者家境殷实的朋友。所以我与各种类型层次的人相处时,都尚能游刃有余。我也养成了学习身边朋友优秀品质和能力的习惯。"

"由于父母进行的是高强度的体力劳动,他们年纪渐长,慢慢地不再能胜任原来个体户的工作,家里的小弟弟还要过几年才能高考,他的学习成绩不太好,上着补习班,以后上大学的花费可能更多。前不久,母亲电话里就希望我在大学毕业后尽快负担起养家和承担小弟上大学的义务。我想我最好是毕业后尽早走上职场,获得一份有足够经济保障的工作。"

"这似乎不是你原来的计划?"

"以前从来没有考虑过工作,想的都是学习。一直以来,无论是上课,还是和各种朋友交往,都觉得自己在进步成长,没有想过这么快就离开熟悉的校园环境,要去工作了。"

"嗯,你刚才提到去工作的愿望似乎是你母亲最先提出来的,那你父亲的意见呢,他也和你母亲一样是对你这样要求的么?"

晓曼的眼圈突然就红了。"没有,过年后他们离婚了。他们一直瞒着我……我是前几天弟弟给我打电话才知道的。"我想宽慰她,却不知道说什么好,只好默默地抽出纸巾递给她。晓曼擦过眼角继续对我说:"以前父母管我很宽松,我的事都让我自己决定。说只要我想继续读书,他们就支持我。我爸很爱我,并没有因为有了弟弟以后就待我薄了……他们总是吵,又总是很快就会和好。没想到这次就离婚了。妈妈把我和弟弟的抚养权都要过去,爸爸一个人走了。现在弟弟上补习班要很多钱,妈妈一个人怎么负担得起啊?唐老师,我该怎么办?"

"我听得出你心里很着急,看起来你似乎也有一段时间没有休息好了。"我停了一会儿,看她情绪不是那么激动了,就切入正题,"你约我咨询是说想讨论生涯发展方向的事情。不过我想我们今天可以谈点更近的事情对你更有帮助。毕业后找工作的事情,我们可以下一次,或更晚一些再谈。"

"您说的更近的事情是什么呢?"

永远有许多不尽如人意的事,会让人情绪激动——悲伤、愤怒等。在不得已的情绪激动时,要做到"三不",以免在不尽如人意的事后,招来更不如意的后果。

第一不,是暂停不继续。觉察到自己的情绪后,暂停,离开造成激动情绪的情境,稳定情绪后能冷静面对时再应对,可以避免事件往负向发展。第二不,是沉默不回应。只要不说话,通常不会立即致使人际关系受损,而祸从口出则最常见,使人陷入社会支持的危机。最后一不,拖延不决定。此时的决策无法保证信息的完整采集和理性处理,一切重要的决定能拖就拖,等待情绪平复之后再说。

"我想问问这几天你最操心、投入精力最多的去做的事情是什么?我们今天先来聊你这几天最关心的事情。我想把这事处理好了,你才能有个好情绪,有对自己更负责任的态度,来进行未来事业发展的规划。你觉得呢?"

"是这样的,和弟弟通话后这几天,**我感觉很糟糕**,一直在给爸妈打电话,昨晚和妈妈又说了两个多钟头。我知道我父母感情是很好的,他们可以算是青梅竹马,以前不管吵成什么样,总是会和好的。可是这次我怎么劝,怎么哭也不行,我爸爸就不回应我,说话就是认错,让我照顾好弟弟。我妈妈说我还小,不理解她,她就会在电话里向我哭、骂爸爸。我怎么求她去向爸爸说复合也没有用,我想让她别哭了她却觉得我帮不上她。"

和她细聊,发现她通过和父母的单独沟通,确信双方都是僵着,母亲一直生气更是不肯让步。她想和母亲讲讲道理开导她,母亲却压根觉得她是小孩,而不理会她说的东西。所以让她又是着急,又是气愤,却又无奈。

我耐心地让她回想以前父母信任她,由她自己去做决定的那些事情。我问她:"为什么那些事,你妈妈都听得进你的话呢?"晓曼是个聪明的女孩,很快意识到"那不是因为我讲的道理都对,而是因为我的决定需要他们的支持或者糟糕的后果她和父亲都能承担得起"。

"现在母亲却要独立去面对所有的事情。心里想和好却又不能委曲求全,再次重复过去不愉快的经历,更担心万一不成,以后的生计没有着落,我和弟弟的学业都成了难题。"

"那你能做些什么先帮助你妈妈消除心里最大的顾虑呢?"我追问她。

晓曼已经完全从情绪中平复出来了。她说了她已经在做的,和打算做的很多事,向我说了她可以向朋友寻求很多帮助。"我要帮我妈妈实现经济上的独立。我会先让她看到,我现在不仅自己有独立的想法,而且经济上也可以自给自足。我还会多去关心弟弟,让他能在妈妈身边给她很多支持。我要让妈妈看到这个家并不是她一个人的担子,她做一些事情,就能看到家里一切仍然和从前一样转。"她接着说,"等妈妈不再需要担心我们的生活了,她或许能够真的花时间去考虑和爸爸的关系是不是可以修复重来。女人就是要独立自主才行,她能对等地和爸爸谈话而不会觉得自己不得不委曲求全,他们才能坐到一起的。"

"谢谢您,唐老师,虽然今天我们没有谈毕业后要去做什么,但是我知道现在需要去做什么。而我未来的发展,可能并不是必须因我现在要去做的事情而调整。"

我并不是那么支持她强调女权的话,但是听到她的行动方案:开展家教、继续接受微软品牌大使后续实习的工作邀请等,这些不仅能对家里提供经济支持,帮她走过这一段困难时期,而且对她以后的发展也都是很有利的。我于是很欣慰地肯定了她的想法。而她自己总结说的"我未来的发展,可能并不是必须因我现在要去做的事情而调整"这句话,给我也带来很多启发。

生涯需规划,发展更需行动

再次见到晓曼已是初秋。她学习很努力,课程成绩都不错,荣获了奖学金,她上学期课外的勤工助学收入除了平时的开销外,还足够支持她暑假里和朋友一起去台湾玩了一圈。她告诉我,她妈妈看到她能做这么多,不再担心家里未来的生活负担,心里有事的时候会主动把她当大人一样一起商量——包括如何把她父亲管好。而她爸爸也已经在母女共同的努力下重新回到了家里。

临别时她笑着提醒我:"别忘记上次您答应以后再和我讨论未来生涯的发展哦。我期末已经把**生涯规划书**交给您了,我还有一些疑问,您一定要再给我讲讲。"

翻开晓曼的生涯规划书,简朴大方而逻辑清晰。

她在文中一开头,就指出包括自己在内的多数学生的共同特征——迷茫。无论表现得积极还是堕落,缺乏方向的人始终走不出迷雾。她反观自己常处于迷茫、不安和矛盾的状态之中,当面对各种矛盾和选择时,常常支配自己的,是别人的看法和价值观。因此,她**要叩问自己心中的 GPS**。

她带着这样的念头,选修了"事业与人生"课程,希望给自己一个答案。但有一段时间,她质疑职业生涯规划书存在的必要性,甚至想磨刀霍霍地准备一篇反对"给自己人生下定义"这种行为的论文。后来在一次沙龙活动过程中,谢伟老师的一连串逼问则让她重新端正了想法,决定开始系统地规划自己的职业道路,既然开始,那就要做得最好。

晓曼的经历在同龄人中算是相当丰富的,对接触过的职业世界的认知也不算浅薄,这份规划书依然在自我认识上所花的篇章比

> 什么是生涯规划书?生涯规划书是在某一时刻进行自我探索并对未来人生相当长一段时期的行动计划的固化成果。通过理性地思考和分析,明晰人生价值,确定个人生命主题和发展目标,从而指导个人合理地规划中长期与近期的学习与生活,优化个人在面临人生和职业选择中的决策。

> 认识自我是人类发展道路上永恒的课题。北京大学东门保安的三大问题就是范例:"你是谁?""你从哪里来?""你到哪里去?"质问了每位想进北大校园的人。每个人都需要了解自己的偏好、能力、性格,以及所处的位置;每个人都需要清醒地认清支持自己的社会土壤;每个人都应该意识到自己的价值追求。

较多。

晓曼充满活力，积极鞭策自我，奉行自律和负责任的生活态度，希望能控制大局，肩负重任，并获得回报。她渴望能够获得别人对于自己能力、才干和智慧的认同，对成就的追求从来就不会减弱。管理和自主型的职业价值观表现十分明显。这在她无论是平时针砭时弊，在家庭中与父母讨论争执事务，还是在各类社团中进入决策层的努力都表现得很明显。晓曼期望完全主宰自己的生活，而且希望能使身边的人重视她的意见，遵循她的建议，敬重她的地位，进而施展她的影响力，控制周边局面。

在这样的价值观指引下，晓曼非常勤奋，能力突出，而兴趣则被弱化。她从小在应试规则的指挥棒下，把有限的精力投入竞争当中，以获得家庭所不具备的优质教育资源。她擅长的事情很多，而自己的天性则被蒙蔽。在好强性格的鞭策下，兴趣更是难以厘清，而时间和环境却已经重新塑造了她。

从性格测试的结果，更明显地看到她身上强烈自主的价值观对她的塑造。她在一个学期之内，完成了四次性格测试，除了比较稳定的情感偏向，其他维度波动比较大。而她本人的内省也说明了环境的变化对她的表现影响之大——通常只有保持着适应环境的压力以及竞争胜出的要求，才能如此大幅度地变化自己的性格。而情感型的信息处理偏向则与成长过程中家人及"贵人"对她的持续影响息息相关。

晓曼称："自己的性格特征可塑性很强，随着环境和经历的改变，以及生存的需要而发生的改变会比较大。但所有的波动都是为了能够达到一个自己愿望中最好的状态，因此颇有点像儒家修行中的中庸之道，希望能把所有对立和矛盾的特征相统一。"这进一步印证了价值观在她身上的烙印。

尽管开始晓曼就声明她的生涯规划书仅仅是一个方向的明确，在末尾，晓曼却不能免俗，一板一眼地给自己找了一个人力资源管理师这样一个职业选择。逻辑上大致是不离谱的，作为作业，完整的结构帮她拿到了较高的分数，但我知道这份职业远不能满足她现在的抱负。

我把我的想法在咨询中和晓曼沟通，她默默地想了很多。她陷入矛盾和不安中，既想闯荡江湖，创出一片天地，去追求丰满的理想；又犹豫是否尽早地把更多的心思和精力放在对一个目标的追求上。

最终,晓曼用她的行动表达了她继续闯荡的决定。留学生语伴,同乡校友会会长,实习,海外交换生……在这方天地里可能提供给学生的机会,她尽力都去争取,去体验和感悟。不断地成长,也为自己的未来不断创造新的可能。

了不起的年轻朋友,这个世界给你这样的天之骄子太多的选择,去不断尝试和体验吧,在摸爬滚打中磨砺你的意志,刻画你的理想。

执著的追梦人,且行且规划,总有一块田地会留下你的脚步,吸引你专注耕耘并收获梦想。

 案例分析

无论是有系统理性的生涯规划,或是从小长大长久建立的对未来的憧憬,我们在经历现实生活中的种种故事后,甚至遭遇变故后,难免会心生波澜,对原先的想法产生质疑,或者抱有更高期许。如何来看待长效规划的不断变动呢?

在本案例中,晓曼遭遇过一次家庭危机事件,她在强烈的情绪干扰下更改生涯发展方向的尝试是不可取的。事件平复过后,它会在晓曼身上留下烙印,会影响晓曼的价值判断,并进而影响规划和具体选择前的决策。然而,对迫在眉睫的危机的应对多是为了渡过难关,难关过后的遗留问题通常不能很快消弭,只能以后慢慢消化。因为一次对危机的应对,否定自己长期理性的思考和规划,是得不偿失的。遇到危机,且处理危机;危机过后,情绪平复,且行且调整自己的规划。

"做好的选择"与"把选择做好"一直相辅相成,是共同帮助人实现事业抱负的。什么时候应该继续尝试,什么时候应该专心进取,对每个人来说并不一样。在晓曼的案例中,她精力旺盛,能力全面优秀,在大学期间截至目前的这些新尝试既是为自己增长见识,打开一片新的天地,同样也不断地将其未来发展带到新的更高的平台。可以且行且规划,预期能做更好的选择。

案例4 时间都去哪儿了

2013年,裴京由某县级中学考入大学。高中期间,他的生活只有学习一条主线。进入大一后,包括学习与实践活动在内的各类事务和选择让他有些迷惑。每每老师或师兄给他安排事务而打断他原有学习计划时,他总感觉碍于情面而不得不做,但回到自习室后又会因没能完成计划而有些许自责心理。为了能够深入了解这一心理、对学习与实践活动的平衡有更好的把握,裴京选择了前来咨询。

> **职业规划师:** 王欣涛
> **来询者情况:** 裴京,男,大一,历史学专业
> **主要职业困惑:** 学习与实践活动时间的分配

裴京和我的联系是从高考填报志愿期间开始的,我也有幸成为他考入大学后认识的第一批老师。入校后,他并不像其他县市中学的学生那样仅仅关注学习,在社团活动方面也比较活跃。但诸多活动难免会不时打乱他的学习计划。大约第一学期期中考试前三四个星期,裴京非常客气地给我打了个电话,说希望能在学习时间的规划上,听一听我的"指导"。

周二下班后,我和他在我的办公室见了面。他进来时轻声轻步,十分恭敬地站在沙发旁。这使我意识到大一的学生刚刚迈入大学校园,可能在沟通上会非常拘谨。"裴京,坐。家是哪里的?""你们系一年招多少人,老乡之间熟悉吗?"一些简单的问题,**很快让他融入了环境**,渐渐地开始能够稍放松地表达自己的想法,同时也方便了我去了解他所处的人际关系圈,判断他这一个半月的适应情况。

> 咨询开始阶段联系的建立特别重要,尤其是对于尚处适应期的大一新生,缓解他们和老师见面时的紧张心理,了解他们融入大学的情况,对有效的沟通至关重要。

自己把握不了自己的时间

"你在电话里说,觉得最近在时间规划上不能很好地把握节奏?"

"对,主要觉得自己把握不了自己的时间,不能很好地完成制订的计划,我也无能为力,感觉有点困惑,对自己制订和完成计划的能

力有一些怀疑。"

"**具体地来说**,你所指的'自己把握不了自己的时间'是什么意思呢？"

"就是觉得自己的计划总会被打乱的感觉吧,而且这种干扰我也没办法控制和拒绝。有一个周五的下午在图书馆自习,社团的会长对我说,社团急需一份活动策划,需要我在下班前把策划送到团委管理社团活动的部门。当时我没有策划的撰写经验,师兄也有一个活动要参加,联系很不顺畅,而且我也不太好意思一直打扰他。最后我用了三个小时才勉勉强强把策划写了出来,再往返打印店和团委跑了好多趟,才完成了这个临时的任务。当时天气很热,回到了图书馆心神不宁的,始终觉得自己耽误这几个小时什么都没做好,却又不得不做。就像完成临时任务、开会、提交材料的事情,入学后一直有很多,虽然父母也经常说需要去接触社会,但总觉得参加了之后在学习和人际关系上都没有明显的收获,所以有些困惑。"尽管对于问题的描述很长,作为咨询师,我还是等他完成了表述,才开始帮助他梳理。

> 大一新生在表达能力上,与老生有明显的差距。对待他们过于具体的问题表述,咨询师要有耐心,同时要引导他们抓住问题核心,这是解决问题的基础。

"我差不多知道你迷惑的是什么了。在高中里面你的时间基本都用在学习上面,而且自己的规划能力也不错,所以总是能很好地把握自己的安排。但在大学里面,你所指的这些社会实践的活动,总会挤占你用来学习的时间,同时还会打乱你的学习计划。是这样吧？"

"嗯嗯,谢谢老师,我知道问题在哪里了。就是学习和社团活动的时间分配上,不知道如何去应对计划变动,也有点不太清楚参与这些事情的意义。"裴京认识到了自己的问题,由衷地微笑了起来。

我为什么要参加活动

"那么,既然你不那么明确参与活动的意义,为什么就像那次你在图书馆里,还要继续给师兄帮忙呢？更何况这也不是和你负责工作相关的事情。"我继续追问他,解答他的问题需要了解他的真实想法。

"对了老师,这其实也是我最纠结的地方。我总是觉得,师兄是出于对我的信任,才来找我的。帮助别人也是应该的,我不好意思去拒绝。"听到这个回答,我意识到他在和人接触的过程中考虑得非常全面,具备成为社团活动组织者的潜力。

"但是不去拒绝,会耗费你的时间。"

"嗯,这是我纠结的地方。我觉得在道理上,我应该去做这些事情;但是出于对自己的考虑,我做这些事情花费了时间,却对我的学习没有益处。"裴京说出了这句话。从咨询师的角度,做"成本-收益"分析是一种基本的思考方式,但如果由学生本人说出来,他们会更有所启发。

"你刚才说,不太清楚参与实践活动的意义。那我们假设,如果你参与这些活动没有意义,那么你还会参与吗?"

"这个我就不是很清楚了。如果它们真的没有意义的话,我还是会拒绝。但我一直参与是因为我学习时更倾向于独处,所以和师兄师姐还有老师们认识,都是缘于社团活动的机会。而且学生会和社团的师兄师姐们都很优秀,他们在参加组织活动的历程中都取得了不错的成绩,我也想在这个方面向他们学习,赶上他们的脚步。"他考虑更多的是"榜样作用",而非参与活动的直观"收益"。

"那么,你会继续参与社会活动吗?"

"我觉得应该会吧。但是又应该如何协调学业和参加活动的时间呢?"

"**如果再假设一个情境**,你同时有了一个学术上的研究机会和一个任社团部门负责人的机会,两件事情都会占用你相当的时间,你会怎么做?"

进一步运用假设建构技巧,让咨询师和来询者本人都更明确来询者的内心真实想法。

"老师,不知道这么说合不合适,虽然我觉得这样会很累,但是我会同时选择。"

"只要你会这么选择,你就能够慢慢协调时间了。我也注意到,**你是适合参与这些活动的**。你现在觉得不能控制自己的时间以及觉得社团活动耽误了学习,只是因为你没有明确地知道,自己有组织活动的能力和打算。更何况你已经把这个领域上出色的师兄师姐作为你的榜样了。"

新生适应大学生活期间,想法还比较理想化,希望能找到自己的兴趣和价值。在这里,顺应他们的理想化思维模式,有利于沟通和加以引导。

认识到参与活动的价值

"但是在具体的实践上,"我继续说,因为**即使来询者已经有一些内在动力,外在鼓励和技术性指导也是必要的**,"还是要把学习放在第一位。在这个基础上,首先要认识到参与活动的价值:你并没有在浪费时间,实践活动和学习一样,都是大学生活和成长的重要内容,你需要做一个选择并且坚信自己是正确的。要有这样的信心。其次,时间的安排上,还是要以学业为重,着重提高自己处理实践活动事务和与他人合作的能力,提高工作效率,以此来减少它所占用的学习时间。最后,选择的多必定要辛苦一些,能者多劳就是这个含义,想想这个你就有信心了。慢慢来,不要着急,只要坚定了自己的信念,能力就会一点点锻炼出来。"

"大学教育的一个重要功能就是社会化,开始接触社会时,你需要适应社会的运作模式、提高自己处理行政事务和与人合作的能力。这样一个过程如果不能在大学里完成的话,走向社会后你就比别人慢了一步。而大学的社会化,就体现在这种有些社会性意味的事务中;你想得很正确,参与这些事情是非常必要的。另一个方面,只有接触的人多了,参与的事情和工作多了,你才能知道自己想成为什么样的人、以后想从事什么样的工作,这些事情对你找到自己的定位和价值、进行职业规划也是至关重要的。"

"学校给了学生很多的机会,即使在毕业升学的时候,出色地参与实践的经历也能转化为优势。就像我们每年都有选留学生工作干部、研究生支教团这些专为优秀的学生组织的保送研究生机会。在其他类型的研究生申请中,这样的经历也能为你增色不少。更不用论用人单位对一个人的行政协调能力的重视程度。当然了,实践活动做得再好,也一定要以学业为重!"

"好的,谢谢老师!"

> 新生对大学生活与大学教育的目标,尚处于适应和探索的过程中,关于职业规划的信息,能相当地引起他们的兴趣和重视。而新生对大学的思考往往还是偏于简单,希望投入时间的工作能够直接看到成效,在此应注意抓住他们的兴趣点和薄弱点,进行有效的引导。

 案例分析

对于社会实践活动的困惑是新生的普遍问题。这类问题分为四个方面:1.实践活动的意义;2.是否参加实践活动;3.活动与学习时间的分配和心态协调;4.单纯学习不能帮助学生明晰自己的职业规划(可以通过尝试不同类型的社会活动得以解决)。参与和组织活动,有助于学生融入大学生活,并为学生的社会化提供锻炼机会、为学生的事业发展带来更多的选择。对于在这方面有能力、有兴趣的学生,应当鼓励他们在学有余力的前提下,接受社会事务的锻炼。

在与新生沟通时,应当特别注意与他们沟通的技巧。新生的表达能力不够准确,需要及时地确认他们想要表达的想法的确切含义,以便适当地引导他们发现自己困惑的问题本质与真实想法,进而进行正确的指导。同时,新生的心理状态尚不稳定,应当创造能让他们平静交流的环境,抓住他们关注的重点,以他们乐于接受的形式表述咨询师的建议,并给予他们一定鼓励,以保证咨询的效果。

第二章 全面成长

　　阿波罗神庙中刻有一句箴言,"认识你自己"。从性格特点到兴趣爱好,从价值认同到职业技能,职业规划的起点是自我探索。科学的理论、系统的测评、理性的分析可以帮助学生在复杂的环境中综合考量自己的背景和条件,发现自我,准确定位,全面成长。认识自己,才能确定合适的职业目标,在纷繁复杂的选择中做出取舍和平衡,或者坚定信念,或者勇敢改变,打造属于自己的职业天空。

案例5 专业抉择的背后

李云波是心理学专业的学生，不喜欢自己的专业。后来通过努力有了转系的机会，但面临选择的时候，他又犹豫了，害怕转系的选择一旦错误，反而更加影响自己的发展。于是，他前来寻求职业咨询师的帮助。通过系统的职业咨询，李云波终于系统地认识了自我，并决定在心理学系继续学习。

李云波是心理学专业一年级的学生，通过一年的学习始终觉得不是很喜欢自己的专业。通过努力，可以转到化学和分子工程学院，但李云波又怕自己的选择一旦错误，更加耽误自己。于是，他预约了职业咨询。我针对李云波的咨询是从探究他的专业开始的。

> **职业规划师**：庄明科
> **来询者情况**：李云波，男，大学一年级，心理学专业
> **主要职业困惑**：转专业是否适合我

"你当初为什么选择心理学专业？"我问道。

他说："当初在选择志愿的时候也没考虑很多，**听别人说**心理学很热门于是就报了。其实对这个专业没有做系统的了解，因为老师、家长对这个专业也不是很了解。"

"那你为什么觉得自己不喜欢这个专业呢？"

"我在高中的时候比较喜欢数理化等学科，对于历史、地理等学科不是很喜欢，我不喜欢死记硬背的学科，通过一年的学习觉得心理学需要记忆的东西还是比较多的，而且对同一现象可以用不同的理论去解释，有很大的不确定性，不是很喜欢。"

"那你为什么选择转到化学这个专业呢？"

"我高中的时候化学一直学得不错，高考的时候这门课的成绩也是接近满分的，我觉得自己在这方面还是挺有天分的，所以考虑转到这个专业。但后来遇到一个学化学的老乡，和他谈起我的选择的时候，他说高中的化学和大学的化学还是有很大的不同的，还是需要记

> 听别人说如何自己就如何，这是从众心理典型的一个表现。通俗地说，从众是"人云亦云""随大流"；大家都这么认为，我也就这么认为。从众只是一种心理现象，并不一定所有的从众都是消极的。自己在不了解的情况下，把别人的意见完全作为自己做决定的依据，或者自己根本不辨好坏就完全接受，这才可能是有害的。

忆很多东西的。另外他也谈起了这个专业的就业前景,出国的和做研究的比较多一些,就业的面相对比较窄一些。而且像我这样的转进去,可能要多读一年,所以我比较犹豫。"

为了对李云波有更为深入的了解,我让他对自己的成长经历做了回顾。李云波说,自己的好胜心特别强,在学业上总是寻求不断地超越旁边的同学,来证明自己的能力。在学习的经历中,发现自己在数理化方面总是能考得不错,而文科方面却不是很理想,对文科方面越来越不感兴趣,偏科越来越严重。因为学习成绩的原因,理科的老师总是很喜欢自己,这也促使他更加喜欢那些学科。了解了李云波的基本情况,我开始针对他的兴趣展开进一步询问。

"那你平时喜欢看什么书呢?"

"诗歌散文,还有就是口才学、人际沟通的书都看。"

"那化学、物理方面的课外书看吗?"

"很少看,基本上完成学业的要求之后就不怎么看了。"

当他回答之后,他自己也有点吃惊了。我和他就学科的兴趣问题进行了深入的沟通。李云波发现自己并不是真正喜欢物理、化学等学科,而是这些学科他能够考到一个好的分数,让他觉得有成就感。而这种成就感是他对这些学科割舍不弃的原因。从自己真正的兴趣来说,李云波可能对人文学科更加感兴趣。

> 旁观者清。职业规划师与来询者是工作同盟关系,但又有各自的独立性。所以,职业规划师的问题一旦得当,就会让来询者自己发现自己的真实情况,而且可能是这样让人震惊的真相。

李云波来之前正好做了职业测评,性格测评的结果如下图所示。从结果来看属于 ENTJ 型,由于测评不一定完全正确,于是通过事件访谈的方法对每个性格维度进行进一步的确认。但进一步的沟通分析表明,李云波的性格属于 ENTP 型,即外向、直觉、思考、知觉型。

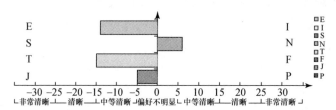

李云波说,这种性格的描述确实非常符合自己。自己的兴趣确实比较广泛,但很难长久地坚持下去,自己是计划性不是很强的人,即使做了计划也很难执行。并且以前在考试的时候总是喜欢临时抱佛脚,不是一个未雨绸缪的人,这也是不能学好那些需要平时积累的语言类学科的原因。

按照我对该性格类型的理解,这种性格类型不太适合纯研究性、需要长期积累的工作。李云波说,以前在学习的时候,往往学习几个小时以后就爱往外跑,很难一整天坚持学习。

李云波的职业兴趣是 ISE 型,即研究型、社会型和企业型。他说高中的时候当过班长,喜欢参加辩论比赛,这职业兴趣可能是企业型的表现。他朋友圈子比较广,平时喜欢聚会。另外喜欢对一些问题进行深入思考,这是研究型的表现。而化学、物理等学科能满足他这种研究性兴趣,但是对于企业型和社会型,却不能得到很好的满足。而心理学这个学科恰好是研究型和社会型结合得比较好的学科。

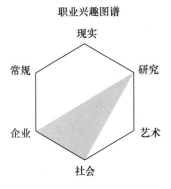

面对测评报告,职业规划师自己不要过早地下结论。参考测评报告,让来询者自己谈感受和谈经历,对测评结果进行有针对性的验证。

听了我的分析,李云波陷入了深思,"难道我不该转专业?"

为了让李云波更直接地体验这两个学科的区别,我给他布置了一个任务,一个就是给一位化学博士做一天的研究助理,另一个是到一家人才测评公司当一天的研发助理。

一周以后,李云波回到了咨询室,谈了他的见习感受。他觉得,化学实验室工作一整天让人有点抓狂的感觉。以前,高中上实验课也就一个多小时,但大学的实验室往往一待就是一天,让他有点忍受不了。当他提到在公司见习的经历,描述情绪就高多了。讲起一些在公司遇到的一些好玩的事情,说对职业测评有了一些了解,正好公司有培训,听了半天,感觉非常有意思,之后还去了几次。他说公司很多的研发人员都是心理学硕士毕业的,通过和他们的交流对心理学有更为深入的认识。他发现自己对心理学这门学科还是有很大的误解的。这个学科的理论性和体系性还是比较强,并且需要掌握很多统计知识,也可以发挥自己的数理的优势。

"看来我还是继续学心理学比较好。"他笑着做出了选择。

该与不该的问题要由来询者自己来找答案。但什么样的方式能让他们最快捷地找到理想的答案呢?在高校中的大多数学生对职业的感受很少是来自实习实践。缺乏对工作世界的了解是他们做了不恰当决定的一个原因。实践出真知。

 案例分析

很多高中生专业选择的标准是根据自己课程的成绩,而没有考虑到自己真正的职业兴趣。而高中的课程毕竟有限,大学的专业却更加多样化。因此,在进行专业选择的时候,一方面对自己的特点有全面的了解,尤其对自己的职业兴趣有准确的认识,并了解职业兴趣对应的专业有哪些;另一方面,要对适合的专业进行深入地了解和探索,甚至需要对专业对应的职业进行深入的了解,要做到以终为始。这样才能做出合理的专业选择。

李云波在自己的专业选择问题上,过于关注自己的研究的需求,而忽视了自己的人际方面的需求,差点做出错误的选择。

职业规划小贴士

兴趣探索

职业兴趣的探索常常从询问自己平时的兴趣、爱好开始。因为一个人通常会选择自己真正喜欢的事物来作为自己的娱乐消遣。所以列出自己的几项业余爱好,是帮助你发现自己的有效渠道。当然,如果你很忙,也可以给自己这样一个假设:如果,我每天会有一定自己支配的时间,除了必要的休息之外,我会选择哪些娱乐和休闲项目给自己。

你还可以问自己如下问题:

如果不考虑收入,我会选择怎样的工作?

我最希望以怎样的方式来表达我的聪明才智?

我做哪项事情感觉最轻松?

我哪项事情坚持得最久?

如果一辈子只能做一种工作,我会选择哪种?

案例 6　我该去学双学位吗？

韩梦是某高校生命科学学院大二的学生，由于对本专业不是特别感兴趣，将来也不打算从事相关研究工作，所以她打算修一个双学位，但是又怕自己做出错误的选择，于是，来寻求咨询师的帮助。通过职业咨询，韩梦对自身情况有了更加清晰深入的认识，做出了适合自己的选择。

> 职业规划师：方伟
> 来询者情况：韩梦，女，大学二年级，生命科学学院
> 主要职业困惑：第二学位学什么

专业成绩好，但不喜欢

在一些高校，到了大二阶段，那些学习成绩比较优秀并且学有余力的学生都有机会选修双学位。而另一些学生当初在填报高考志愿的时候，由于对自身的不够了解，加上对于大学专业也不是很清楚，选择了自己不喜欢的专业。对于这些学生，修双学位也是一次重新选择的机会。

韩梦就是一位想修双学位的大二学生。高中时常常会听到类似"21世纪是生命科学的世纪"的说法，很多家长和老师都认为**这是个很有发展前景的专业，**于是，她便选择了生命科学学院。进入大学后她的学习成绩不错，但她认为，成绩好是出自一个好学生的"本分"，而并非真正的兴趣。平时除了完成作业，很少主动再去对专业课进行深入的学习。由于最近有机会选修双学位，于是想再学一个，这样将来即使不从事研究工作还能从事其他的工作。看到周围很多人都学经济学双学位，自己也打算修一个。但是韩梦还是很有顾虑，因为目前还可以选修心理学、社会学等双学位，她怕自己会做错选择，于是她预约了职业咨询，想听听学校就业指导中心专业咨询师的意见。

作为她的咨询师，我首先问韩梦："你为什么认为自己对本专

> 热门专业的预测和排行经常见诸报端和网站，其中的确有真实的数据支持，但也不乏广告和凑数的部分。值得大家思考的问题是，自己是否适合那些热门职业、朝阳职业、高薪职业。今天的畅销会不会在明天就会滞销呢？

没有太大兴趣?"

韩梦说:"我觉得现在学习的动力主要是**为了取得一个好成绩,而不是出于兴趣**。平时很少去主动思考专业问题,而周围很多同学在平时的交流中会去探讨本专业有关的问题,我感觉自己和他们好像不是一类人。因此,我觉得有时候心里发虚,总觉得自己在学习中缺少一些什么,也许是缺少一种对于本专业由衷的热爱吧。"

根据她的回答,我接着问:"你觉得自己在生命科学领域的研究能力怎么样?"

"我的学习成绩不错,但我总觉得自己研究能力不够强。研究能力应该是提出问题和解决问题的能力。本科阶段的很多课程只是知识的记忆,还不能充分反映出学生的研究能力。"韩梦坦白地说,"我之所以说自己在本专业方面研究能力缺乏,是因为平时上完课,一些同学总是能找出一些问题和老师去探讨,而我总是很难想出问题,这也可以反映出我在研究能力上的一些欠缺吧。"

> 很多人都有这样的情况,成绩很好,但就是不喜欢自己的专业。在职场上的人也是如此。没有由衷的喜欢,成绩不会持久,而且,在工作和学习的时候,也肯定会不开心。

工作要与生活划清界限

当我问起**韩梦喜欢过什么样的生活**时,她说,希望生活和工作之间是很平衡的,不太喜欢把工作带回家,希望工作和生活之间有较为明显的界限。

韩梦回忆了这两年的学习经历。通过这些经历使我对她有一个更为具体的认识,同时也使韩梦对自我有更为全面的认识。韩梦正好做过职业测评,于是我和她一起对测评结果进行了交流讨论。

从测评的结果来看,韩梦的职业兴趣为常规型,研究型的表征确实比较低。性格测验也显示韩梦喜欢做一些细琐的事情,创造性低一些。鉴于职业测评有时候会有偏差,于是,我和她针对这些方面进行了更为深入的交流,试图通过她的一些学习和生活的经历对测评的结果进行对照。韩梦平时做事总是井井有条,计划性很强,这便是常规型人的典型特征。韩梦不太喜欢交际,平时喜欢一个人在宿舍里看看书,而测评结果也显示她是一个非常内向的人。当我把职业兴趣和性格类型向她进行一些解释时,她觉得比较能够解释她为什么不喜欢现在的专业。

随后,韩梦做了一个简单的**生涯幻游**。韩梦说,她十年后会坐着地铁去上班,工作地点是一个现代化的高楼,自己会是一家公司的中层,管理一部分员工,同时也要向上级汇报工作。一天的工作结束

> 了解自己真正想要的,是职业规划的一个重要方面。但人经常被现实的情况干扰,忘记了自己真正需要,从而产生了困惑。职业规划师就是要帮助他们,找到原因,达成平衡。

后,自己能回到家里和家人共进晚餐。通过生涯幻游,我发现韩梦理想的工作是办公室里的职业女性,而不是一个科学研究者或者一个技术人员。

在职业规划系统里,韩梦选择了很多与财务有关的职业。当我问起她为什么选择这些职业时,她说按照系统测评结果推荐的职业有很多是和财务有关的,由于有些朋友是学财务的,平时偶尔也会翻翻这些书,觉得还是很有意思的。现在想想,这些职业基本上都是常规型的职业,正好是和自己的职业兴趣相吻合的。

"那么,你觉得按照刚才对自我的分析,在财务领域的工作中什么样的工作比较适合自己呢?"考虑到韩梦已经逐渐把她的职业目标聚焦到财务类工作上,我觉得这类工作还是比较适合她的,于是引导她对这类职业进行深入的探索和思考。

她说:"其实我也不是非常清楚,但听学长说可以有两种类型的工作,一种是审计工作,像四大会计师事务所这类的公司,另一种是公司里的财务工作。"

"那你觉得哪种更适合自己呢?"我追问道。

沉思片刻后,她说:"应该是后者吧。像四大会计师事务所的工作听说比较累,经常加班,不太喜欢。这可能就是与测评中提到的与我的职业价值观不太相符的原因吧。而公司里的财务工作一般不需要经常加班,工作和生活之间比较平衡。"

"那你喜欢什么样的公司呢?万一是 IT 类、商业类等专业性较强的公司,他们既需要懂得财务又知晓业务的人你怎么办呢?"我又问她。

韩梦略加思考便说:"**那我就找一些与生命科学或生物医药科学有关的公司。**"

看到她熠熠生辉的眼睛,我及时肯定了她的思路并告诉她这就是所谓"专业优势"的嫁接与扩展。当今社会,就业能够专业对口固然很好,但专业也不是绝对的,可以将专业之间相互打通,也可以把特定专业与不同职位相嫁接,或者把特定专业与管理职位相结合。比如说,财务+生物专业=生物医药类公司财务总监,韩梦听后相当感兴趣。

"生命科学或生物医药公司类财务真的是你感兴趣的工作吗?万一你一直从事基本的财务工作、做不到总监类的高级岗位怎么办?"

> 生涯幻游技术也就是让来询者去思考和幻想未来理想的生活和工作是什么样的。能帮助我们了解来询者抛开现实因素的干扰,发现自己真正的人生目标。但幻游毕竟是虚幻的,它承载了我们很多美好的梦想。不过,现实生活中的目标,还要靠行动来达成。

> 专业决定我们的知识结构,而兴趣帮助我们进入一些行业和领域。把专业和不同职位相联系可以拓展求职者的职业选择面。这是在竞争中发现比较优势的办法。

她考虑了一会儿,摇了摇头说:"这恐怕也是目前能考虑的唯一出路了。"

我表示好奇,问她有没有打听本院系的学长们近年来其他就业方向,比如以宝洁公司为代表的快速消费品行业或者以生命科学、生物医药等为咨询内容之一的咨询行业?

韩梦自己的确对这些领域很感兴趣,但咨询行业需要跟人打交道,她又担心自己适应不了。

别忙给自己定位

为了打消她的顾虑,我向她介绍:"其实这一行业也是有不同分工、不同职位的,也有些是以资料收集与整理等常规型工作见长的事务性职位。况且你现在才刚大二,离毕业还有近三年时间,兴趣、能力甚至性格都还没有完全定型,**不要过早地给自己下定义,人为地把有些职业排除在外**。正确的做法是,既要认识到自己的主要特点和目前想从事的职业,做好准备,同时也不要画地为牢,要在多方面进一步发现自己,拓展自己。人生没有宿命,职业生涯规划也是一个动态的不断完善的过程。"同时,还建议她现在可以准备有关经济、财务方面的知识,同时要在提高综合素质、课外活动、人际交往等方面有意识地锻炼自己,最好尝试加入学生会、社团等组织。同时,我建议她觉得自己有点心得和变化后,最好大三、大四再分别做一次职业咨询。

> 有时候选择了一项,就等于放弃了更多。对于处于职业探索期的大学生和职业新人来说,要定向但不要给自己定位,以免自己给自己设限,人为地把适合自己的职业排除了。

韩梦想了想,认为这样也好,既有主攻方向也考虑了其他可能性,比较稳妥。

基于她对于自己将来的**职业目标越来越清晰**,我又重新引导她回到该不该修双学位以及该学什么双学位这个问题上来。韩梦说通过刚才的咨询与交流这个问题已经有答案了,她说已经决定学经济学双学位了。

> 明确的目标对来询者来说会起到激励、教育、约束的作用。而如何让他们找到成就感,把目标和行动有效地联系起来,则是职业规划师的一个咨询方向。

随后,我们一起对她将来的学习计划进行了沟通。韩梦对未来的两年大学生活做了一个初步规划,我用提问的方式促使她意识到这些规划中一些不完善的地方,并作出调整。当她有了一个较为合理的行动计划后,我给她留了一份作业:了解和收集自己意向中的职业以及相关用人单位的具体情况,同时,进一步全面了解生命科学学院近年来在其他行业的就业情况、相关用人单位的基本情况,以及现在同班其他同学有关今后前途的想法;现在就给自己写一个简历,看看自己还缺什么,应该补什么。

怀着十足的信心,她接受了这一任务。我们约定以后有需要时再次面谈。到时,我们再一起进行职业决策,确立她的行动目标和计划。

至此,我们便结束了这次咨询。过了一段时间她给我发了一封邮件,说最近的学习状态很好,已经开始了她的双学位的学习并加入了咨询协会,假期准备去一家生物制药公司财务部实习。

 案例分析

该不该选双学位,选什么专业等问题越来越受到大学生的重视。回答这些问题,首先需要了解的是学生本人对于第一专业的兴趣。如果学生对自己目前所学的专业非常不感兴趣,转专业是比较好的选择,但受名额等各方面条件的限制,难度往往比较大,这时候修双学位便成了调整专业方向的较好选择。

韩梦在来咨询之前就已经有了一个初步的打算,就是修经济学的双学位,她所需要的就是给这个计划一个合理的解释。而系统的职业咨询使她对自己的各个方面有了更加深入的认识,为自己的决策找到了现实依据。

专业选择的背后是职业选择问题。但需要注意的是,专业与职业固然有联系,但也并不是一一对应的关系。当来询者选定了一个职业之后,专业选择问题一般可以迎刃而解,但反之则不然:选定了一个专业后,选择职业可以仍然成为问题。另一方面,在校大学生对自我、对职业的认识往往既比较模糊也有一定的阶段性特征,大一与大二可以有联系,但大二与大三也可以有显著变化。在校大学生尤其是低年级学生许多方面还没有定型,他们也缺乏具体的职业体验,所以,职业生涯规划对于这些年轻的学子来说,既要有主要目标的重点规划,同时也要探索或者说不轻易放弃其他可能性。

在自我探索方面,咨询师既要运用职业生涯规划的一般理论与方法,同时也要尊重高等教育、社会统计学意义上的基本规律与概率分布。为此,咨询师一方面可以考虑从来询者对现有各类课程的学习感受入手,引导来询者对喜欢和不喜欢的课程内容进行分析;通过对学习兴趣的分析引导再对自身的职业兴趣作出判断,从而逐渐找到自己感兴趣的职业。另一方面,鉴于来询者对自己意向中的职业

咨询的过程就是解决问题的过程,一个问题解决了之后可能会有另外的新问题出现。人生的过程就是尝试不同可能性的过程,但这个过程是不可重复的。究竟是哪个可能性最好,谁都说不清。所以,不要轻易放弃其他可能性。

以及相关用人单位的具体情况认识往往不够深入,咨询师在不包办的情况下,也可以考虑进一步引导来询者全面了解本专业其他行业与职业的基本情况以及有关生涯人物的发展概况,从而引导他们更加全面地认识自己,探索以后所从事职业的多种可能性,稳妥地做出真正适合自己的决策。

职业规划小贴士

正式评估——测评(测量,测验)

正式评估是通过一些标准化的测试量表对来询者的特质有一个针对性的描述,最常用的测评工具包括兴趣测评,性格测评,能力测评,价值观测评等,测评是了解来询者的最方便,快捷的方式,测评的设计目的就是尽可能客观地搜集来询者的相关信息(性格,行为的特征),测评通常可以通过纸笔答题和计算机测评软件进行,以美国为例,每年仅人才测评服务的直接收入就达到10亿美元,如果包括与人才测评相关的咨询和培训费用则可以达到100亿美元,目前国内很多高校和企业都启用了测评软件,不同的测评设计有不同的使用方向,职业规划的测评和企业招聘用的测评是不一样的,因此在挑选测评工具的时候一定要慎重。

案例 7 重返校园的职场人

顾向鸿本科毕业后就职于一家外企工作，很高的薪酬让很多人羡慕，但是这并没能让他的家人感到满意。此外，近来顶头上司的更换也让顾向鸿的升迁计划泡了汤。工作一年半后，顾向鸿萌生退意，辞职考研，并顺利地考取了北大生物医学工程专业的硕士研究生。再次跨进校园的大门并不能让顾向鸿忘记失利的阴影。想起两年后新的求职挑战，顾向鸿心头依旧一片迷惘。这位成功逃离职场的校园人找到了职业咨询师。

> **职业规划师**：唐平
> **来询者情况**：顾向鸿，男，研究生一年级，生物医学工程专业
> **主要职业困惑**：研究生三年如何规划

带着困惑进入校园

在接待新生的咨询台前，顾向鸿**还没有来得及放下包裹，就径直过来诉说他的困惑，希望得到指导和帮助。**

顾向鸿本科毕业于北京某医科大学临床医学专业，毕业后到了一家提供医疗设备供应服务的外企公司工作，从事销售的技术支持，薪酬十分理想，但是工作一年半后，顾向鸿还是毅然辞职考研，希望通过深造后能转化一下自己的职业身份，获得一份更理想的工作。

在学校迎新现场遇到这样的情况的确让我没有想到，当时比较嘈杂，在简单地了解了他的基本情况和希望深入咨询的意愿后，就和他约定在办完新生入学手续三天后进行详细的咨询。

三天后，顾向鸿如约来到就业中心。

"我原来的工作其实挺不错的，与行业里其他公司一样，做销售的技术支持，虽然压力比一线的销售小一点，但是工作强度一样比较大，出差比较多，因为我很努力，客户的评价都不错，工作业绩还算不错，拿到的薪酬也很高，加上公司同事之间的人际环境很好，总体上

> 这的确是意想不到的情况，不过这些细节都可以成为职业规划师了解来询者的素材。在咨询过程中，关注细节是必需的，而且，咨询关系的建立可能在正式咨询之前就开始了。

我觉得原来的公司还是挺不错的,但是公司上层变动比较频繁,让我对自己未来的职务升迁感觉比较茫然,父母和女友都希望我有一个更稳定些的工作,不要太劳累,加上后来我直接上司的离职,使我开始考虑跳槽,但是考虑了几类工作都不成熟,最后还是选择了辞职考研,期待研究生毕业后能够有机会找到理想的工作……"他一口气说了很多自己的情况。

但是什么工作才是自己理想的工作呢? 顾向鸿依然一片迷惘。

他有过一年半的工作经历,这段经历是他区别于其他校园人的宝贵财富,于是我就和他先分析这份"不很理想"的工作,引导他发掘出自己最根本的职业价值观,什么样的工作是他"理想"的工作,解决了这个问题之后相信他的问题也就迎刃而解了。

顾向鸿列出了他原来从事的工作最吸引他和最令他不满意的地方。

> 顺藤摸瓜是抓住来询者的一个关键词,就可以逐步找到他的困惑症结所在。因为在那个困惑后,有一些事实,有一些观念,有一些结论,有一些原因。理想工作是这个案例中的切入点。

最有吸引力的地方	最不满意的地方
薪酬待遇好 同时,团队的人际环境氛围好 独立工作 本科的专业知识得到充分利用	父母和女友希望我有更稳定的工作 职务升迁迷茫 经常出差,过了新鲜期,对此感到疲乏

用接龙游戏了解"理想工作"

为了让顾向鸿更深刻地认识自己的职业价值观,我拿出职业价值观分类卡和他一起摆起了接龙游戏,经历过若干次艰难的抉择之后,顾向鸿发现自己总是重视:个人成长,高收入,保障,独立性,友谊,团队,时间自由和家庭,此外对工作生活平衡,稳定的居所两项也非常重视。

我让顾向鸿把这些卡片和上面对第一份工作的分析表格比对一下,看看能不能发现一些什么。

"我已经知道我想要什么了。"顾向鸿恍然大悟!薪酬待遇好和高收入是对应的;同事、团队的人际环境气氛好和友谊、团队是对应的;独立工作带来的满意感同样体现在其对独立性的重视;本科的专业知识得到充分利用与职务升迁迷茫都与个人成长有关,但分开在正反两面;而其他几点对工作的看法也与职业价值观中时间自由和家庭、工作生活平衡等有紧密的关系。他说:"总而言之吧,在工作中

> 我们最初接触的是现象,深入之后才是接近核心的东西。当一个人能通过现象看到本质,才能不困惑,就知道自己想要什么了。

最吸引我的地方在于我所最重视的职业价值观里面,而工作中我最不满意的方面也同样存在于我所最重视的职业价值观里面,所以我辞职的决定下得如此艰难,我最重视的'个人成长'因为公司上层变动而变得渺茫了,即使我做了很多努力,赢得了公司最好的薪酬和同事们的赞赏,也始终不能弥补这一缺失。"

"如果我对工作中最不满的不是在这些方面的话,"顾向鸿指了指桌面上那一列显示总是重视的价值观卡片,继续说道:"那我想我不会有这么大的决心来重赴考场,回到学校来,没准还在原来公司里苦干着呢。"

我接着他的话解释道:"如果你的假设成立的话,应该是很满意、很快乐地干着那份工呢,因为你对工作中所有的不满意都不是你最在意、最重视的东西啊。"我补充道:"每个人都期待着一份'理想'的工作,但是什么样的工作是自己'理想'的工作,却很少有人能说明白,不知道你有没有和我一样的体会,向外寻找'理想'的工作的过程,实际就是审问内心最根本的'需要'的过程,没有一份工作可以满足你所有的需求,但是如果它能完善地契合你内心最深层、最迫切的渴望,那不就是你'理想'的工作吗?"

顾向鸿点头称是,**一旦想通,他的眉头也就舒展开来**,接下来的咨询过程变得非常容易了。他并不是马上就要面临就业的选择,而且有工作经历,在社会上又有比较广泛的人际关系资源,所以,我向顾向鸿建议在自我认知的基础上,选定几类职业,先做一些"生涯人物访谈",与自己的想象相比,这可以了解真正的职业信息是什么,可以了解一下生涯人物在工作里的感受,看看大体合乎自己职业价值观的几类工作的具体情况,如果有机会,再利用研一的寒暑假做些实习或者兼职直接体会,为毕业择业做好充分的准备,顾向鸿十分认同我的观点,于是,我向他详细介绍了做生涯人物访谈的注意事项,同时也把这种探索职业方式的缺陷向他说明,让他在进行访谈的时候加以注意。

> 看看顾向鸿舒展的额头,就知道他的心结打开了。以来询者为咨询的中心,时刻关注来询者的状态,是咨询中必须做的事。职业规划师的察言观色能力可以更好地帮助我们掌握事态发展的情况,更好地来向来询者提供恰如其分的帮助和提示。

我的三条路如何走

顾向鸿曾有意"跳槽"做"技术培训类、管理类和卫生医疗方面的政府事业单位类"等三类工作,他请我帮他一起分析一下。

他说:"在原公司,我有过小范围为他人做技术培训的经验,可以驾轻就熟,我喜欢这种体现自己能力和专业知识的工作,而且可以授之于他人，有满足感，收入当然不低，工作地点比原来相对而言要稳定一些，这样的工作一般都不会特别紧急，不多的出差也是很早就计划好的，还可以有充裕的时间安排和家人在一起，做培训是一个终身学习的职业，对个人的成长很有促进，但是我一直担心在我国现在的情形下，工作的稳定性不够，到一定阶段以后，还要再考虑保障的问题。"

他对第二类工作是这样看的："管理类工作也是我一直期望的工作，在业余时间里，我喜欢看些管理类的书籍，比如说余世维的有关管理销售的资料等。我对管理类的东西一直都比较感兴趣，在原单位最初的计划也是打算尽快升到管理层的岗位，谁知道后来公司上层人事变动频繁，这让我感觉升职无望，所以就出来考研了。现在看来毕业后直接进管理层是比较难的，专业、经验都有欠缺，如果实在要做管理的话，那也还要把技术到管理的路子再走一遍，如果考研的时候考一个MBA，或许走得就容易多了。"

"选择第三类工作的原因是有几个同学就在卫生事业单位工作，我感觉这类工作比较有保障，而且工作强度不大，收入也过得去，家里人也是希望我能找这样一份工作。"

我仔细地听他表达自己的看法，称赞道："你自己的分析很到位，你已经学会了根据自己的职业价值观来评价一项职业是否适合你了，但是，我们不能纸上谈兵，当你身在其中的时候，这些职业还会是你现在看的这样子吗？我有些小小的建议，有机会的话你最好去实习，体会一下，特别是卫生事业单位，你现在就有同学在那里，可以马上联系一下，让他介绍资深的同事给你，安排一次访谈，详细地询问一下在这一职业上工作和发展的情况，在了解或者体会了职业的真实情境之后，再来做针对性的求职准备，你看怎么样？"

稍加指导之后，顾向鸿完成了进行生涯人物访谈的日程计划和访谈提纲的准备，还确立了硕士两年中职业探索和规划的阶段性目标以及大体的行动方案。

一周以后，他交上了他的第一份生涯人物访谈，详细记录了他同学在卫生事业单位工作的性质、日常工作和外出工作的内容，社区医疗站方面的专项工作情况，总体工作强度，岗位的要求，个人发展前景，福利待遇和工作感受等，并分析其与原来想象中以及大多数人印象中不一样的地方，他一共写了四点，洋洋洒洒有几千字，并在email里和我说："我现在眼里的工作不再仅仅是每个月赚钱的数字了，不

你注意到了吗？顾向鸿滔滔不绝地说了半天之后，职业规划师是一直保持倾听的做法，等他告一段落后，才积极回应。在咨询的过程中，咨询师要关注来询者，刚才咨询师已经发现顾向鸿的额头舒展了，这意味着他的问题已经有了答案。所以，这个时候可以让来询者酣畅淋漓地倾诉一下，并适时提出建议。

有不少大四的学生考研，是为了逃避工作。而对一些来自职场的人来说，考研也成了逃避职场失利的避难所。但不同的是，有了对职场的认识，他们会在进入校园的那一刻起，有了一点忧患的意识。

过至今我仍然没想到考察一项职业的内容可以如此丰富,刚交上的是我第一份对生涯人物的访谈,但我不会止于此,也不会止于之前共同探讨过的那三类工作,通过向您咨询之后,我知道了我真正想要的是什么,我发现我前面的路是多么宽广而同时方向又是多么明确,我确信在两年后我所从事的工作将会是所有机会里最适合我的——也就是我的'理想'工作。"

顾向鸿并没有按照预先安排的那样在完成生涯人物访谈后再次来中心做咨询,但想到他敏捷的思维和坚强的毅力时,我还是对他充满了信心。当他从校园走向职场,迎来人生的第一份工作时,和每一位涉世未深、缺乏工作经验的毕业生一样,找到各方面都满意的第一份工作是很难的。他是幸运的,找到了一份还不错的工作,而且这份工作中的种种冲突更是引发了他对自己生涯发展的思考。和顾向鸿一样的毕业生很多,在初入职场不长的时间后,一部分人把工作中遭受的挫折归咎于不够高的教育水平,或者希望能凭借一份不同的教育经历来改变自己的职业发展方向,在经历了职场的洗礼之后,他们带着对下一份工作的理想化的期待又重新回到学校深造或者参加培训。不可否认,新的学习带来了新的就业机会,但是如何在新的选择中抓住真正属于自己的机会并不仅仅依靠专业知识的积累来实现。事实上,更多地要注意总结上一份工作的优势、劣势,更清晰认识自我,从而调整制定出合适的职业目标,再次求职时做到有的放矢。一份胜任的工作别人会看好,但是未必真正适合自己,而更高的学历和并不理想的职业也会造成心里更大的落差,**所以,从职场归来的校园人,请就在返回校园的这一天开始新的职业规划吧!**

对于那些初入职场的人来说,可以用跳槽改变发展方向的做法,也可以用考研的方式离开职场,从头来过。任何途径都有其存在的合理性,究竟是在职场上继续积累,还是进入高校从头再来,要根据自己的实际情况规划自己,否则任何盲目的选择都是错的。

案例分析

顾向鸿在第一次求职前,还没有对自己的价值观有明确的认识,当他升职一事因上层人事变动而搁置,转变职业角色的计划落空后,只得另谋途径,考研重返校园。提高学历以求得理想职业就是当下最普遍和朴素的一种观点,但是这种选择其实是非常片面的,因为它忽略了职业规划中最基本的路径——自我认知,认识外部世界,人职匹配。

但是我们同样可以看到有利的一面:一个人有过工作不称心如意的挫折,可以更好地激发自身进行内省和职业规划的意识,有了求职的经历和自己的工作人际网络之后，再次走出校园时也拥有了更多的资本和资源，而这些资本和资源，不但会在其再次求职时有用，在之前的职业规划中也会带来种种帮助，如顾向鸿借助同学的帮助完成的生涯人物访谈等，他们能帮助他更深刻地进行自我认知或者分析职场工作世界。

案例中，咨询师通过分析顾向鸿前一份工作的优劣势和顾向鸿职业价值观，最终帮助他初步明确了自身的求职着眼点，为其职业锚的明晰打下了第一个基点。

职业锚是个体对自己在成长过程中慢慢形成的态度、价值观与天赋的自我认知，它体现了个体真实的自我，职业锚决定个体会选择什么样的职业与什么类型的工作单位，决定个体是否会喜欢所从事的工作，是否会跳槽，决定个体在工作中是否有成就感。对职业锚的内省是每个人在职业成长道路中必然经历的一步，虽然说职业锚的确定通常需要经历十多年的工作经验，一般在四十岁左右才真正明确，但是其形成是不断发生着变化的，是在不断探索的过程中所产生的动态结果，尤其在个人初入职场时，才干和能力往往已经达到了人生过程中一个阶段性的高峰，而动机和价值观的明确成为职业锚初步明确这一时期的主要影响因素。

顾向鸿本人在才干和能力方面有着明确的优势，通过对职业价值观的探索终于树立了关于什么是自己的理想职业的标准，再加上咨询师提供了简单易行的深入认识工作世界的有效方法，求职的天地也豁然明晰了。

案例 8　自觉主动地规划自我

本案例是一个职业规划综合性案例，涉及背景信息的访谈、测评的分析、工作世界的探索、决策以及行动计划的制订。来询者小婷就要毕业了，面临职业选择的问题，于是预约了职业咨询，同时也参加了职业规划的培训。小婷掌握了职业规划的技能，在咨询过程中，能够自觉主动地作出合理的职业生涯规划。

> **职业规划师**：方伟
> **来询者情况**：小婷，女，研究生二年级，计算机专业
> **主要职业困惑**：面临毕业，不能确定职业方向

技术工作让我很难受

小婷是某高校计算机系研究生二年级的学生，即将面临毕业求职的问题。由于自己不清楚将来适合从事什么类型的工作，于是预约了职业咨询。在寻求咨询帮助的同时，小婷还参加了学校就业指导中心开展的职业规划训练营的培训项目。该项目是就业中心结合某个具体的行业推出的团体职业规划培训项目。

小婷说，尽管自己学的是纯技术学科，但将来并不想从事纯粹技术性工作；同时，自己没有想好具体往哪个方向发展，因此，希望通过职业咨询来帮助自己**确定就业方向**。

从小婷的背景资料上看，她有很多参与项目工作的经验：

开发过一个大学资产部房屋信息管理系统，担任"公房管理子系统"负责人，负责与需求方沟通，同时掌握并监控项目进度；采用面向对象方法进行需求分析、概要设计、系统详细设计，并参与代码编写与测试工作。

担任过网上图书购物系统项目经理，研究 ChinaPub、叮当等商务购物网站架构，撰写项目计划书，制定任务安排，把握项目进度；阅读了大量英文文档进行新技术新工具（EJB、JBoss）调研，并做出可

> 很多人对自己对前途对工作充满茫然，这个状态往往是不清晰，而不是一无所知。通过职业规划的技巧和方法可以帮助他们把这一切清晰化。就能达到帮助他们的目的。

供项目组参照的范例;负责项目总体设计,搭建总体架构,设计并建立数据库,参与项目开发与测试;B/S 结构,基于 JAVA,JSP,STRUTS,EJB 的 J2EE 项目,MVC 设计模式。

同时小婷还翻译出版过一本数据库设计教程,并受到读者广泛好评。

面对如此丰富的技术项目实践经历,作为咨询师的我问小婷:"你有很好的技术学科的背景和开发经验,为什么会不想从事技术性工作呢?"

小婷坦白地告诉我:"其实我也不是很排斥技术性的工作,但是那些纯技术性的工作有点让我'抓狂',每天对着电脑编程让我觉得非常难以忍受,相比而言,我更喜欢跟人打交道。"

当我进一步问起她的社会实践活动时,小婷兴奋地谈起了她在这方面的丰富经历:

本科阶段曾经参加了学校组织的暑期"三下乡"信息技术支教实践活动,为当地的希望小学搭建了基础设施,并对乡村教师们开展了基础计算机技能的培训,尤其是多媒体教学技术。研一的暑假参加了学校赴西部地区的社会实践团,调研了当地的信息产业发展规划情况,这次活动结束以后小婷还被学校评为优秀实践个人。这些工作让小婷觉得非常有意义。

此外,在校期间小婷还做了很多学生工作:本科的时候曾任学生会主席,并且是某社团创始人之一;主持社会实践总结表彰会,以座谈的形式充分调动与会同学投身实践的热情;组织策划本社第一次学术讨论会,负责活动整体规划,并担任主持人;创办社刊并成为首任主编,该刊成为同学们针砭时事关注社会的交流平台,在同学中反响热烈。

> 很多大学生做过很多社会实践或者实习的工作,而且他们都干得不错。仅仅从这些方面不能简单地证明他们的优势,要注意寻找证据得到可信的结论。

对比小婷谈技术工作的感受和丰富的实践经历,我感觉小婷是一个人际取向很强的人,这也是她很难忍受纯技术工作的原因。

从数据看一个完整的人

由于小婷之前做过北大就业中心免费提供给在校学生的职业天空测评,所以**我们一起分析了测评结果**。小婷的职业测评的结果如下。

1. 性格测验

小婷的性格的测试结果为 ENFJ 型(教导型),如下图:

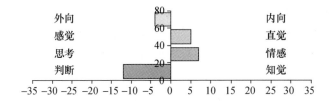

从测试结果可以看出，来询者喜欢并善于和人交流，做事有计划、有条理。作为技术研发者来说比较合适的类型应该是 NT 型，而小婷却是擅长人际沟通的 NF 型。

2. 兴趣测验

根据上图显示，小婷的兴趣类型为艺术型、常规型、社会性和企业型，研究型和实际型比较低。这说明小婷一方面喜欢想象丰富的自由创造性活动，另一方面又倾向于遵循规则，也就是说她既喜欢抽象的精神活动，又倾向于满足固定化的事务活动，具有一定程度的双重性格。小婷倾向于从事人际有关的工作，而研究型和实际型非常低，

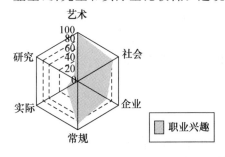

在人与人交往和平常的接触中，对人对己的判断和了解都是感性的或者是模糊的。而恰当的心理测量和职业测评工具能使人各方面的指标清晰化，数据能为我们勾勒出一个相对完整的人。作为一个职业规划师，要善于运用这些工具，同时不要过分依赖这些数据，要用事实验证这些数据的准确性。

说明她对研究工作和需要动手的工作兴趣很低。这也就能解释为什么小婷不想继续从事研发等技术类工作。

3. 价值观

工作价值观指的是无论从事什么工作，都会努力在工作中追求的东西。从某种角度上可以认为，工作价值观就是在工作中最期待获得的东西。这可能是金钱、权力，也可能是成就感、社会奉献等。职业天空测验把职业价值观从六个方面加以区别，然后测定更倾向于表现出哪种类型的职业价值观。在职业价值观的六个方面上小婷的平均得分如下图所示：

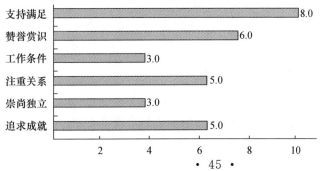

小婷最突出的职业价值观是支持满足和赞誉赏识。

支持满足表示小婷期望在工作中获得管理层的支持,比如获得充分的培训机会,能够在工作单位的规定范畴内获得应有的待遇等。

赞誉赏识表示小婷对职业的追求是能够使自己获得充分的领导力提升机会,并拥有充分的权威,能够对他人的工作提供指导,并且自己的职位是富有社会声望的。这一方面可以进一步细化分析。

对于小婷来说比较重要的两个价值观分别是注重关系和追求成就:

追求成就表示小婷希望获得的工作是能够及时地看到工作的成果,并真实地体验到工作的成就,即工作的追求是一种自我实现,而并非外在物质利益的满足。

注重关系表示小婷期望工作的内容是能够给予别人帮助,并希望同事之间关系融洽,大家都有积极的道德观念和社会服务意识。

小婷不是很重视的价值观是工作条件和崇尚独立。

工作条件是指非常希望获得有充分保障的工作(包括拥有良好的工作条件),比如能够在一个比较安全和舒适的环境中工作,能够获得应有的报酬,能够拥有自主决断的可能性等,同时还希望工作具有多样性,能够在工作的范围内做不同的事情。

崇尚独立是指期望在工作中能够独立工作、独立决策,并且能够表现出自己的创新能力,发挥自己的责任感、自主性,同时希望能够以自我监督的形式使自己的工作按照计划顺利进行。

4. 能力

小婷认为自己最擅长的 5 项技能分别是:

◇ 人际敏感——关注他人的反应,理解他们为什么做出这样的反应;

◇ 监测/监督——评价自己、他人或者组织的表现,从而做出改进举措或是采取正确行动;

◇ 服务导向——积极寻找帮助别人的方法;

◇ 批判性思考——在解决问题时,运用逻辑分析和推理的方法,鉴别不同方案、决议或方法的优劣;

◇ 阅读理解——准确理解与工作有关的文件。

排在前三位的技能都是人际技能,这说明小婷认为自己能力的最大优势在于人际沟通。而从事研究工作需要的能力只出现了批判性思考一项。

5. 测评综合分析

通过分析性格测试、职业兴趣、价值观、能力的测评结果发现,小婷在人际方面不但有兴趣,而且有较强的能力,这些人际方面的能力在小婷参加的诸多活动中也得到了充分验证。小婷做事有计划、有条理,对于事务型的工作不会感到厌烦,而对于研发工作的兴趣则很低。通过这些测评结果我可以初步判断小婷选择不继续从事研发工作有一定的合理性。

我请小婷针对测评的结果谈谈自己的理解,小婷说自己最近正在参加学校就业中心组织的职业规划训练营,根据自己从训练营培训中学到的知识,自己能看懂这些专业的测评结果,小婷觉得测评结果对于自身的判断是很准确的。在此基础上,我们对于测评的结果进行了深入的交流。

小婷说:"我的性格属于热心而有洞察力的教导型,喜欢和大家和睦相处,注意调节团队的氛围,同时喜欢并能够帮助他人发挥潜能。"

> 关于测评工具的使用和解读也需要相应的资质,比如要解读报告就需要经过专门的培训和认证。这些也是一个职业规划师应该关注的问题。

认清适合不等于完全匹配

我问道:"那你觉得你的性格适合做什么类型的工作呢?"

她回答说:"从性格方面来说,那些能建立温馨的人际关系,使自己置身在相互信赖、富有创意的群体中的工作能让我有满足感。但这样的性格又决定了我习惯依照情感因素来行动,很少用逻辑思维去思考、评判问题,所以,我觉得一开始对自己的定位还是比较准确的,即单纯的技术工作并不适合我,从计算机软件开发这一领域走出来,应该能获得更大的发展空间。"

我又问道:"那么,**你如何看待兴趣测验的结果?**"

她说:"从兴趣来看,我属于 ACS 型,具有一定程度的双重性格,其实这一点我在不断的自我总结和反省过程中已经发现,自己在兴趣方面比较矛盾,一方面喜欢艺术唯美的东西,另一方面又喜欢做一些有规律可循的井然有序的工作。"

针对小婷提出的问题,我接着问她:"你在生活中是否也是这样?"

她告诉我:"回顾自己的日常生活和参加学生工作的表现,我发现确实如此。对于各种艺术活动我都有跃跃欲试的冲动,本科阶段参加过学校首届'礼仪小姐风采大赛',对于主持人大赛、十佳歌手等

> 作为职业规划师的经验是,我们的问话不必很多,主要是引导其学习自我探索。对于学生来讲,他们的自我表达就是自我探索;对于职业规划师来说,简短的问题是闪着智慧光芒的点拨。

活动也都很向往，但是考虑到个人性格因素，最终没有足够勇气参加。从这方面来说，我其实还不算是一个喜欢抛头露面、充分表现自我的人。但是在写作上面，我有充分的自信来参与这方面的活动。我本科期间担任院刊副主编，主管文学组的栏目设置、约稿等工作，读研后也有小文偶尔发表在 bbs 上，其中被推荐的也不少，这些都让我觉得很有满足感。综合这些因素，职业规划测试最后给我推荐的广告、编辑、报道员和记者、技术型作家、制片人等职业似乎都很适合我，而且坦率地说，做记者或从事编导方面的工作确实是我的梦想。然而，我也清醒地认识到，由于最开始较少从兴趣方面考虑职业并进行知识的扩充，我想现在要涉足这些领域恐怕已经太晚，所以自己也不敢确定自己能否胜任。"

根据小婷对自我的描述，我问："那你会从事与艺术有关的工作吗？"

她说："正如学校就业中心的庄明科老师在课上所说，在职业规划的过程中，我们要综合考虑各种因素，努力寻找最适合自己的，但同时要认清适合不等于完全匹配。所以，尽管我清楚地了解从事艺术方面的工作能让我获得最大的快乐，但是也理智地判断这并不能够作为我专职从事的行业。"

我接着问："你如何看到分数比较低的那些类型？"

小婷说："测评确实发现了我不感兴趣的方面，尽管我做了很多研发项目，而且都是很成功的，但每次完成的过程都是很痛苦的，因此我觉得自己没有这方面的天赋，最重要的是没有兴趣。我不想总和机器交流。"

来询者对于自己的性格、兴趣、能力、价值观都有很好的了解。于是我们把焦点转到了对职业的探索上。

小婷说："由于自己在职业兴趣方面社会性占的比重也不小，同时参考自己性格中愿意和大家相处并乐于助人的因素，初步想把自己的职业定位在咨询或市场方面的工作。"

根据她的工作兴趣，我帮助小婷分析了这类工作所需要的能力：顺畅老练的沟通技巧，较强的商业敏感度，扎实的市场理论基础等。小婷觉得这些能力自己目前还不具备，而现在再去积累显然有些晚了。

"从本质上来说，我还是属于技术型人才。"小婷这样评价自己，同时她的话语中显得有点无奈和底气不足。

协助学生自我探索是个艰难的过程，职业规划师作为一个旁观者来说，有时明明知道学生的问题在哪里，但最好不要直接点破，而让学生自己感悟。这样，他们决策之后的行动，才有源源不断的心理能量。

"从长远来说,提供咨询服务或从事市场营运之类的工作将是我的目标,但那不是我一开始要涉足的领域。"小婷很冷静地说。

"为什么不行呢?会不会有公司更重视应聘者的综合素质,而对专业知识的要求比较少呢?"我对她的结论提出了质疑。

"我也听很多以前的求职者说大公司很少考虑应聘者的知识背景,而更关心综合素质。"她忽然觉得自己又看到了希望。

在咨询的最后,我给小婷布置了一个任务,就是结合本次咨询的结果,去确定一个求职的方向,下次咨询时我们再进一步进行讨论。

让她把自己的目标写下来

第二次小婷再来咨询的时候,她的手里多了一个本子,上面密密麻麻地记录着一些东西,我想她是来做**成果汇报**的。小婷说经过仔细分析,她会选择会计事务所这个行业,并打算应聘四大会计师事务所。小婷的快速决策让我觉得有点吃惊,我想和她一起探讨这个决策的合理性。

她认为,做出这个选择有两大原因:

"首先,它是一个服务性行业,用自己的专业知识提供帮助,因此我觉得在这个行业工作将带给我很大的满足感。从我的性格和价值观来说,这一工作都很适合。"

"其次,会计是一项比较琐碎繁杂的事情,需要按规则进行有序工作,而我本身事务性的工作喜好与此非常契合。"

"在做这项工作的时候,我踏实、细心、遵守规则、善于交际等方面的特质都将得到很好的发挥,同时在完成工作后获得的自我满足感以及他人的肯定与感激都会让我神采飞扬。虽然我也了解到从事会计工作是很辛苦的,但有这些相伴,我不会觉得痛苦,相反将使我发挥出最大的潜能,精神百倍地迎接工作中的挑战。"

"你在人际交往方面很有优势,你觉得这份工作会发挥你的优势吗?"我提醒她。

"我了解了一下,尽管这份工作看起来貌似财务工作,但是会经常与客户进行交流,所以还是会发挥我这方面能力的。"

同时,我也很客观地问小婷:"你觉得自己从事这份工作有什么劣势?"

她说:"要做好这份工作也不是那么容易的。首先,我不是专业出身,没有任何会计学背景,这是明显的缺陷;同时,每日重复的工作

> 给学生布置咨询的任务时,要尽可能地做到简明。把要求提得更加细致些,以确保他们探索的方向尽可能地准确,在有限的时间内发挥更大的效果。

导致没办法好好享受生活,可能会滋生内心的孤独感甚至厌烦情绪。"

"那些公司的工作语言会是怎样的?"

"会经常使用英语,而我在这方面不是很擅长,这一软肋可能会影响自己的发展。"

于是,我进一步问:"针对这个弱点你有什么计划?"

小婷想了一会儿,说:"入职前及今后的很长一段时间里,我将集中精力来提高自己的英语口语水平和会计专业知识。"

她又补充说:"最近我已经开始自学 CPA 相关课程,觉得会计学很有意思,是我喜欢的方向,我越来越坚信自己做出了正确的选择。"

我感觉小婷对自己的求职方向越来越清晰,并且会选择从职业和自身匹配的角度分析问题,这让我感觉很欣慰。便对下一步的行动计划进行了深入的探讨,由于咨询的时间比较短,不可能在短时间内做出详尽的计划,于是我请她回去做行动计划,并将结果通过电子邮件发给我。

很快,第二天晚上我就收到了小婷的邮件,她在信中描述了自己**制订的行动计划**。具体步骤如下:

1. 入职前:
   ——花一到两个月的时间,了解会计学、经济法、税法基本知识;
   ——坚持每天早起练习英语口语;
2. 花两年时间通过 CPA 考试;
3. 职业前期:
   ——积极认真地参加入职培训,尽快融入公司文化并熟悉基础工作;
   ——全力以赴投入工作,以最高标准要求自己,力争走在最前端;
   ——努力提高个人综合素质,并学习社会交往、职场礼仪等知识,使自己成为优秀的职业人;
   ——关注财经类报纸杂志、电视栏目、新闻报道等,培养自己的商业意识;
   ——在工作的过程中,做一个有心人,时刻关注和记录自己希望进入的行业或希望从事的职业情况,积累资料以便做出最后决策;

> SMART 原则是被职场人士广泛使用的,也是我们检验一个行动计划的依据。小婷的行动计划长期和近期的目标明确,有可执行性,数据清晰,可以度量,可以看到职业咨询对她有了切实的帮助。

4. 花 5 年左右时间成为经理,如有可能转入咨询部门;
5. 从事咨询方面工作或跳槽进入实业公司做财务高层管理人员。

至此,我们都认为她已经较好地完成了自己的职业规划,咨询程序就告一段落,而小婷自己的行动或许由此拉开序幕了吧。

 案例分析

如果仅从实习经历来看,我们可能会认为小婷适合做 IT 技术人员,但进一步**分析小婷的实践经历和学生工作经历**,我们就会有新的认识。在职业咨询的时候,我们不仅要了解来询者的经历,还需要看的是这些经历背后的态度,而小婷明显对那些人际取向很强的活动更有兴趣,而对技术性工作的兴趣却不是很强。

在这个咨询中,职业规划培训起了比较大的作用,培训帮助来询者树立了良好的职业规划意识并具备了一些知识背景,使职业规划的过程更加顺利。

从本案例也可以看出,职业咨询不是授之以鱼的过程,而是授之以渔的过程,让来询者掌握职业规划的办法,自觉主动地作出职业规划,但这样咨询的过程就会比较长,这时候配之以团体培训会很好地解决这个问题。北京大学的职业辅导工作坊、职业规划训练营等项目也是应这种需求而开展的。

> 在职业咨询的时候,我们不仅要了解来询者的经历,还需要看的是这些经历背后的态度,这是一个职业规划师审慎的做法。

案例 9　我要不要继续做科研

陈诚是一位环境地理学专业的博士研究生,进入北京某著名大学以来一直成绩优异:本科专业成绩排名第一,毕业时被免试推荐直接攻读本专业的博士研究生,在研究生期间发表了多篇学术论文。毫无疑问,像他这样的学生,不管老师还是同学都会认为他将在学术领域里一直走下去。可是陈诚自己却迷茫了:他不清楚自己该选择怎样的职业发展方向,是继续做科研呢还是进公司工作?通过职业咨询,陈诚明白了自己的兴趣所在,明确了今后的职业发展方向。

> **职业规划师:** 张宁
> **来询者情况:** 陈诚,男,博士生,环境地理学专业
> **主要职业困惑:** 做科研,还是去企业?

按常理我该搞科研

陈诚是环境地理学专业博士研究生毕业班的学生。**以专业背景和成绩为依据**,朋友们以为他要么申请去国外做博士后研究,要么去国内高校或者研究所应聘,继续做科学研究。可是连他也没想到,自己关注的招聘单位多是一些公司,对科研院所却提不起兴致。这种反差令他感到非常迷茫:"我到底喜欢干什么工作?我今后的职业发展方向应该是什么?难道我真的就不做科研了?"带着这些问题,陈诚找到我给他做职业咨询。

陈诚给我的第一印象是比较开朗灵活,并不像很多理科的博士生那样一身书卷气。从他之前发给我的背景信息表里看到,他本科的专业成绩排名第一,毕业时被免试推荐直接攻读本专业的博士学位,在博士研究生期间已经发表多篇学术论文。这样一个学业优秀的博士生要放弃自己的专业确实会令很多人感到意外。所以,咨询一开始我就直接和陈诚讨论了这个问题。

"你学习不错,又是博士毕业生,**按常理来说**你应该很好选择职

> 我们自己是职业规划的主体,我们的发展之路掌握在自己手中。这样的话说起来容易,做起来有时却困难重重。你看陈诚这样优秀的博士研究生也分不清哪些规划是自己的,哪些是别人的。况且,在职业规划方面,所谓的常理也是别人的成功经验的总结,而不见得是适合自己的发展路径。用别人的观点规划自己,能不困惑吗?

业方向,继续做科研就行了。"我说出了自己的感觉。

"是呀,以前我也一直是这么认为的,所以并没有考虑其他的事情。可是,快毕业了我才越来越感到自己并不想继续做科研。"他说着,表情里带着疑惑。

"那你有没有想过,你不想继续做科研是没有兴趣呢还是怕自己将来做不好出不了成果?或者还有别的什么因素?可以具体谈谈吗?"我开始启发他。

"**我学的专业是交叉学科,什么都学点儿皮毛,什么都不精通**,所以我对自己的科研前景不太看好,总觉得自己什么都可以做,但是又觉得什么都做不好。"

"你当初选择上博士研究生时是怎么考虑的?"

"本科毕业时还没有做好就业的准备,那时也不知道到社会上能做什么工作,同学中大部分都出国留学或者在国内上研究生,所以我也就选择上研究生了,当时根本没有考虑很多。"

"读研期间你有什么感受?有没有不想做科学研究的时候?"

"上了研究生就一心想把学习、研究做好,顺利取得博士学位,所以也没有去考虑兴趣呀、职业发展呀这些问题。"

"除了专业的学习,你有没有对别的课程感兴趣?"

"我对管理类课程比较感兴趣,有时间就去听听这方面的讲座。"

"业余时间你喜欢做什么?"

"我喜欢体育运动,尤其是乒乓球和足球,喜欢观看乒乓球和足球的比赛,比较在意比赛的冠亚军。"

"在意冠亚军?**是不是你做别的事情也都希望做得最好**?"

"好像有点儿。"

"所以你担心做科研的话不能做得很好?"

陈诚笑了:"也许有这方面的原因。但从我个人来说,我更喜欢并且也善于与人交流,喜欢通过跟别人交谈来获取知识和信息,而不是整天跟书本、实验等打交道。"

陈诚的职业天空测评结果显示,他的霍兰德兴趣类型是社会型和企业型,研究型的得分不高。社会型的人善于与人交往,喜欢从事对他人进行传授、培训、教导等方面的社会服务活动;企业型的人喜欢竞争和冒险,喜欢从事组织策划及领导型工作。这与陈诚对自己的认识比较一致。

"那你的人际关系应该不错吧?"我问陈诚。

对于一个专业而言,什么是学点皮毛什么是精通呢?有多少人能在大学毕业时就对专业精通呢?随着社会分工和学科的发展,交叉学科多是从应用的角度出现的,自有其价值。在更加注重实践的今天,我们的专业观念应当更新。在专业领域中宽 2 cm,深 2 km 的状态与宽 2 km,深 2 cm 的状态各自有不同的价值。

孔子说:听其言,观其行。从陈诚的平常表现中就可以看出,他有很强的成功意识,希望把事做到最好。在对小事的观察中,就能对人有个基本的了解,这也是职业规划师的一个素质。再看陈诚的测评结果,喜欢与别人竞争就印证了这一点。

"还行。我对计算机运用得比较熟练,因此,实验室里或者系里的同学或老师在计算机上面有什么问题,我基本上都能帮助他们解决,他们也愿意来叫我帮忙。"

看得出来,陈诚在人际交往和助人的过程中得到了满足和成就感。

博士去企业适合吗

"能谈谈你找工作的情况吗?"我想了解陈诚都关注什么样的工作单位。

陈诚讲道,进入毕业班以后,他也跟其他同学一样加入了找工作的大军。一般来说,历年来公司招聘活动都比科研院所行动得要早,今年也不例外。他去参加了一些比较有名的大公司的招聘说明会,越来越感觉自己喜欢公司的文化氛围和工作方式。但是由于他的专业和学历背景,很多公司都觉得不对口而没有给他机会。但一家有名的房地产公司却看中了他,有意让他去公司做人力资源管理。在将要拿到第一个 offer 的喜悦中,陈诚却又犯难了:我难道真的就放弃自己的专业了吗?

"仔细想想,觉得不应该放弃专业的想法到底是你自己内心的声音呢,还是由于外界的影响?"我继续引导陈诚进行自我认识和探索。

陈诚沉默了一会儿,说:"**我想多半不是我内心的想法**,也许是因为我读了博士研究生,并且还算读得比较好,所以周围的人自然就认为我是块搞科研的料。既然大家都这么说,那么我也就怀疑我放弃做科研是不是一个正确的选择了。"

接下来,我和陈诚一起分析了房地产公司人力资源管理这个职位对能力的要求,以及可能的发展路径,同时,也分析了科研院所的工作特征和发展方向。陈诚说,他从导师的身上已经了解了高校里老师们的生活状况。他也特地去了解了房地产公司人力资源管理这个职位的相关信息,觉得自己完全可以胜任,并且可以有很好的发展。不过,他还是觉得一旦进入房地产这个行业,他环境地理学的专业背景恐怕就完全派不上用场了。

为了让陈诚做好职业选择,我让他用 SWOT 分析法针对房地产公司人力资源管理这个职位来分析他自己的情况。陈诚列出自己对于这个职位的优势是:全国著名综合性大学的毕业生,学习能力强,英语和计算机运用熟练,有较强的人际交往和组织协调能力,乐于助

> 在做决策时遇到的障碍中,有信息的因素,有个人的因素,也有环境的因素。同龄群体的价值观、工作态度、行为特点都不可避免地影响到个人的职业选择。同时,社会流行的价值观、政治经济形势、产业结构的变动等因素也会给人留下烙印。所以,陈诚说,多半不是自己内心的想法。

人。弱势是:没有人力资源管理方面的专业背景。机会是:符合自己的兴趣,可以发挥自己的能力。威胁是:自己的专业背景可能派不上用场。通过这样的分析,陈诚已经坚定了自己的想法,他决定,从现在开始就找一些人力资源管理方面的书来自学。

一个月以后,陈诚与这个房地产公司签约了。签约的时候陈诚看起来心情很好。

 案例分析

博士研究生的培养目标就是要培养具有很强的专业能力和创新能力的高素质学术型人才。因此,博士毕业生中应该有相当一部分去高等学校、研究机构等单位从事研究工作。但是总有一小部分博士毕业生,或者因为对学术没有强烈的兴趣,或者缺乏进行科研的能力等等,需要寻找科研院校以外的工作。这时,他们往往会产生与本科、硕士毕业生不尽相同的迷惑,比如:都博士毕业了,放弃专业是不是很可惜?这么高的学历,一般的用人单位愿意接收吗?

本案例中,陈诚这样的例子在现实生活中也不少见,学习很好,学术也做得不错,但对科研没有真正的兴趣。在他们择业的时候,往往又受到传统观念或者周围人的影响而进退两难、难于抉择。在这种情况下,**职业咨询师要帮助他们认识到自己真正的兴趣和能力,让他们听听自己内心的声音**。同时,要帮助他们做职业分析,让他们看清楚如果放弃学术而选择其他职业可能的发展前景。这样他们可以结合自身优势与职业发展道路进行权衡,从而做出决策。

> 协助来询者找到迷失的自己,听到来自心底的声音,这是让职业规划师最有成就感的事情。

案例10　链接美丽人生的平衡术

刚上大三的王胜达,在老师同学眼中,是个品学兼优、能力突出、全面发展的学生。他在学生工作方面表现尤为出色,同时担任学院的学生会主席和校级某单位的第一学生负责人,组织策划了一系列叫好又叫座的学生活动。更难能可贵的是,他的专业学习并没有因为学生工作任务繁重出现掉队滑坡的情况,一直稳定在专业前30%（这意味着能获得学院学术免试推荐研究生的资格）。大三开学不久,胜达决定要参加校级学生会主席竞选。随着选举筹备工作的展开,渐渐地,他感到学生工作与学习之间的平衡被打破了,这让他感到局促不安,他担心这种失衡会影响自己早已笃定的职业发展。于是,他来到了咨询室。

> **职业规划师**：姚静仪
> **来询者情况**：王胜达,男,本科三年级,政治学专业
> **主要职业困惑**：如何更好地建立短期的重点调整与长远的职业选择之间的链接

"我想路路通"

和王胜达约好星期六 9:30 开始咨询。时钟滴滴答答,自顾自地走着,9:50 了仍未见到他的身影。"咚咚咚",一阵规则而有力的敲门声,"请进——",推门进来一位身材高大的小伙子,脸上写满了倦意与歉意："不好意思,我睡过了,我上了好几个闹铃还是睡过了。真是抱歉！"王胜达似乎有些懊恼。大概因为赶时间,看得出来,他只是简单收拾了下,一身运动装束倒显得他整个人很放松适然。坐定后,王胜达就开始直奔主题："老师,我最近特别苦恼,您说我该怎么办？"

原来,王胜达在**朋友的鼓励**下,决定参选校学生会主席。于是,提案调研、联络宣传、走访代表等等有关选举的筹备工作全面铺开；同时,作为学院学生会主席和学校某单位的第一学生负责人,工作也不能有丝毫放松,甚至还要更加出彩,从而证明其能力素质,助力大

"朋友的鼓励"是促成王胜达竞选学生会主席,进而带来目前窘状的原因,需要澄清其本人对参选的主观意愿,以帮助来询者进一步思考并采取合理行动。

可以看出,来询者并不囿于解决现实问题,而是着眼未来的。

选。学习方面，他也面临着前所未有的压力：刚分专业，课程专业化程度加大，要精进学业，除了课堂学习，还需要大量时间阅读与研讨；另外，大三是提升成绩赢得学术免试推荐研究生资格的最后机会，容不得半点马虎。

胜达叹了口气："唉，我从高中开始，一直身兼几职，从来没觉得学生工作和学习有什么冲突，大一大二的时候我也协调得挺好的，可现在……"他顿了顿，接着说，"关键我最担心的是现在没处理好矛盾，把握好重点，会直接影响我**将来**的事业发展。"

应该说，胜达是一个胸怀抱负很有理想的年轻人，大概是家庭教育和个人成长经历的影响，在他的心中早早地就种下了"修齐治平""报国为怀"的种子。上大学，他自主选择了公共管理大类政治学专业，希望通过严谨扎实的专业学习建立起系统、全面、科学的知识体系，提升专业理论素养和专项能力，成为公共管理、国家治理的专门人才；甫一入校，他就在校学生工作部、校团委、校学生会、院团委等多个部门和组织参与学生工作，希望自己能全面融入新环境，进一步锻炼提升学生工作能力，并最终凭借丰富的学生工作经历为将来进入公共事业领域打下基础。所以，在他看来，工作和学习同等重要，是他通向国家公务员**两条并行的途径**，说不好他会走哪一条路，因此必须做到"路路通"。

听完胜达的陈述，我跟他做了**问题梳理**："听起来，你的苦恼是如何处理好学习和工作的矛盾，以及如何更好地实现你将来想做国家公务员、成为青年政治人的理想？"他若有所思地点点头，回答道："或者更确切地说，是如何处理好长远的职业选择与短期内的重点调整之间的问题。"这样，我们的咨询就围绕着如何更好建立短期（当下）行动和长远职业之间的有效链接展开。

我初心未改

王胜达大一时选修了"大学生职业生涯规划课"，撰写过职业规划书。考虑到距离上次职业规划已经过去两年，我觉得有必要再引导他对自我和工作世界以及职业决策等做一下认知**澄清**。

我将胜达大一完成的职业规划书从档案中调出来，这是一份长达 55 页的职业规划书，内容充实，设计精美。我将规划书递给胜达："这是你大一时做的规划，里面有对自我和工作世界的探索，以及在此基础上的职业决策，你回去认真看看。那些测评也可以再静下心

咨询师在咨询中要进一步引导其用长远的可持续发展的眼光发现问题，从长计议。

来询者将学习和学生工作看做通向职场**"两条并行的途径"**，只能择其一而行之，没有看到二者联系，这是造成现实心理困惑和当下行动矛盾的主因。帮助来询者建立二者的联系和平衡能有助于问题解决。

问题梳理有助于帮助咨询师和来询者确定咨询目标，提高咨询有效性。

职业规划不是一成不变的。事易时移，启发引导来询者对自己深入探索，能使其逐渐明晰职业方向，从而做出科学决策。

做做,看看现在跟当时有什么改变?"

再见到胜达,他一坐下就兴冲冲地对我说:"老师,我很开心,我发现我初心未改。尽管现在有些方面跟当时的结果有些差异,但总体来说,我的选择和坚持都是对的。"

"哦?!那你现在所面临的就都是幸福的苦恼了。不过,现在跟当时都有哪些差异呢?"我问。他开始逐项对比说明。

1. 自我探索

	大一	大三
性格	ENTJ型,天生的领导者	认同
职业兴趣	ES,企业型和社会型	认同
价值观	管理型职业价值观	在看重利他主义、成就感、支配权以外,增加家庭
能力	能力较为全面,组织能力、社交能力较为突出;有好胜心和责任感	有较强的活动策划组织能力,但工作严谨性、周严性待提高;能同时进行多任务处理,但多任务兼容和自由切换能力需提高;有较好的沟通能力,但文字能力需提高;能较好处理人际关系,情商尚可,文化底蕴不够;具备一定的摄影、排版等技术能力,但影音编辑等多项技能仍待学习

来询者的职业**价值观**有了一些变化,在典型的"管理型职业价值观"之外,增加了"家庭"因素,可见学生已经开始有了平衡观念。

能力方面,来询者大一时看到的都是积极优势的方面,很自信;大三时对自己的评价则更全面而客观,很务实。

2. 工作世界

	大一	大三
行业情况	重点了解了公务员的工作性质、职位类别和职务系列,认为公务员稳定,有较高的社会地位,但难以对公务员的工作状况和发展前景做定性评价	认为公务员规范性、层级性、封闭性强,担心个人会陷入具体事务之中而缺乏开阔眼界和包容气度,只能因循守旧而不能大胆作为,个人价值和家国梦想不能实现。另外,基层公务员收入低,生活压力大,短期内不能经济独立,更不可能依靠一己之力让父母、亲人过上较为舒适的生活

来询者会主动收集并综合分析与公务员相关的行业特点和情况,大三的来询者显然信息更丰富,思考更多面,认识更清晰,这都有助于他进行更为切实的职业规划。

(续表)

	大一	大三	
行业标杆	李林森（四川万源市组织部长）、陆昊（黑龙江省长）	对公务员的理想模型很难具体到某个人。对于行业标杆有新的思考和认识，现在更认同有理想、有方法、有原则、肯为民做实事、重团队合作、多部门历练、懂大政懂技术的政治人，同时也能照顾好自己和家庭。可以为信仰牺牲正常的生活,甚至生命但最好**二者兼顾**	无论是职业选择还是当下行动，来询者多次表达"**二者兼顾**"的愿望，一定程度上反映了他对平衡的重视，这也是对他进行指导的基点之一。
人物访谈	某地级市人民政府办公室秘书科长、某省委组织部某处长。以上两人均是毕业后就进入公务员系统	某国家部委某处长，先在外企工作过五年,再进入国家部委	

3. 职业决策

	SWOT 分析法	大一	大三	
内部个人因素	优势优点(strength)	坚定的理想与信仰，强烈的社会责任感；能力较为全面，出色的组织、协调、沟通能力；长期学生工作积累丰富经验	理想信念坚定，职业方向更加确定；较强的活动策划组织能力、沟通能力，有一定技术能力	通过 SWOT 分析法，来询者更系统地梳理了自己的成长和进步，明确了将来需要改进提升的部分，有助于其明确努力方向，制定具体行动计划。
	弱势缺点(weakness)	缺乏冒险精神；有时过于感性；缺乏经商经验	缺乏大局意识和全局意识；工作严谨性、周严性待提高；多任务兼容和自由切换能力需提高；文字能力需提高；文化底蕴不够；多项技能仍待学习	

(续表)

SWOT 分析法		大一	大三
外在环境因素	发展机会(opportunity)	生在长在也将发展在北京；学院丰富的人脉资源；较多志同道合的朋友	更具体的发展路径和机会；更丰富的人脉资源；更多可借鉴的鲜活经验
	阻碍威胁(threat)	同龄人中优秀人才的激烈竞争	政策不明朗，机会不确定，同辈竞争，外围支持度等

对比完职业决策，胜达抬头望着我，很认真地说："老师，这么一比较分析，我觉得心里特有底，现在确实有很多困难，但大方向是不错的。"他顿了顿："您看，当时我曾设想过职业经理人、创业和公务员三个选项，但我最终选择了公务员。而现在，我觉得这个想法更加坚定了，我还是想要做公务员，实现"修齐治平"的理想。更重要的是，我发现这个理想不是遥不可及的，我现在所做的事情都在往那个方向靠近，而且以更加理性务实的方式靠近。"胜达有些小兴奋，眼里充满了憧憬。我笑着问："是不是有一种迎着阳光、渐入佳境的愉快和幸福啊？"的确，有方向，会让人感觉踏实自在。

"嗯。"胜达腼腆地笑笑，继续对比。对于行动计划，他也有一番新的想法。

职业规划	大一	大三	
准备	在校级学生组织努力工作；积累经验，结交朋友	成为校级学生组织负责人，最好能竞选上学生会主席。	从职业规划看，来询者在现在做出的规划较之大一显然更明确，想法更加理性，路径也更清晰。
入职	通过学工保研的方式读研；力争留校工作进入行政序列	通过学术直保或学工保研方式读研，凭借校学生会主席的工作业绩直接进入体制内或留校工作进入行政序列，或者先到投行工作两三年再考国家公务员	
起步	在学校内认真完成本职工作；力争两到三年内外调到地方挂职，正式进入体制内	在地方工作两三年积累基层工作经验，多接触实务性工作	

(续表)

职业规划	大一	大三
发展	在当地认真完成本职工作;多办实事,多交朋友,多反思总结	从基层到更高一级机关
成熟	形成自己的行事风格和处理问题的方法;有着独立的政治追求,多为群众服务	在相对较高的职位,利用好平台资源,服务群众;形成自己的工作理念、行事风格等

"所以,你要竞选校会主席,是**朋友鼓励**支持成分多呢,还是**自主选择**多?"我问道。胜达想了想,说:"开始是朋友们鼓励让我有了信心,之前没想过,觉得当选可能性小。不过现在,这已经是我自主的选择了,而且既然已经决定参加竞选,还是希望能成功!"

> 这个问题是希望了解"竞选"在来询者心目中的位置以及动力来源,以便在来询者决策行动时引导其对之准确定位。

至于大一时拟定的具体实施计划,胜达表示比较满意,认为自己基本实现了大一大二的阶段目标。同时,他认为这个阶段计划可以继续执行。

	原计划	
大一	学好本院课程,打好坚实的政府管理相关方面知识的基础	在多个校级学生组织中体验、成长,尽快找到适合自己的组织,找到自己的优势所在
大二	选修经济学双学位,使自己向复合型人才方向发展	确定到一到两个校级学生组织继续发展,力争担任所在部门相关负责人
大三	在学习上保持稳定的同时,力争发表一些高质量、高水平的文章	确定一个校级学生组织作为主攻方向,力争担任该组织主要负责人
大四	完成保研事宜	在学生工作上继续努力

"我注意到,你的这个具体实施计划里包含了两个内容:学习和学生工作,当时你是怎么考虑的呢?"我问。胜达不假思索地回答:"因为我认为这是通向公务员道路的必备要素:专业知识和工作禀赋。"我追问道:"那专业知识和工作禀赋之间有没有关联呢?"胜达沉默了,半响,他点点头:"有!专业知识是基础,是神;工作禀赋是知识的外化,是形!"

"你的概括很到位啊!那你觉得可以暂时歇歇'神',只修'形'

吗?"我问。

"不行啊!"胜达面露难色,"当然是形神兼备才好啊。可是,老师,我的时间真的不够,选举的事儿一上来,真是有点顾头顾不了尾啊!选举对我来说,很重要,它可能是我成为公务员,并能够到达比较高位置的最优途径,甚至可以说是捷径!所以,我就想是不是暂时把课程放一放,以绩点为导向,选一些能够通过期末突击成绩的课。"他顿了顿,嗫嚅道:"我也知道这样很不好,不是正确的学习态度,但是……"

我微笑着说:"哈哈,我们回到最初的问题了!要不,我们一起来做个**快问快答**,或许对解决这个问题有帮助。"

我问:"选举成功,一定能保研吗?"

胜达答:"不确定。"

问:"选举成功,一定能留校吗?"

答:"不确定,现在政策不清。"

问:"选举成功,一定能直接当上公务员吗?"

答:"不好说。"

问:"选举不成功,可以保研吗?"

答:"可以。"

问:"选举不成功,可以成为青年政治人吗?"

答:"可以。"

问:"不读书不思考,可以学到真知识吗?"

答:"很难。"

问:"知识和能力相关度高吗?"

答:"高。"

问:"没有真本事,可以考上公务员吗?"

答:"很难。"

问:"你的理想职业是什么?"

答:"公务员!政治人!"

问到这,胜达笑了:"老师,我懂了,我也知道真正的核心竞争力是个人水平和能力才华。确实,当不上主席也不会影响我青年政治人的梦想。我也想好好学习,多读书多思考。不过,毕竟现在我参加了选举,这也算是个机会吧,我不想放弃。老师,您能给我一个能兼顾的万全之策吗?"

> **"快问快答"** 用比较活泼的追问形式让来询者专注于问题,看似直觉性的回答有时却能揭示问题实质。

我要重塑平衡

胜达是个能力很强的学生,学习和学生工作一直平衡得很好。大概是初次接触较高层次的选举,一时无法适应。所以,我想,也许应该重新帮他建立起新的平衡。于是我请他用时间饼图将他现在的时间分配情况和理想的时间分配画出来。结果如下:

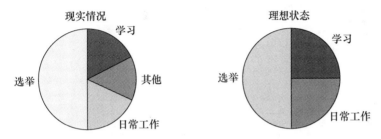

拿到这两个饼图,我有点儿惊讶:"咦,'其他'怎么没了?'其他'代表什么啊?'日常工作'又是什么呢?"胜达挠挠头,有点儿不好意思:"'其他'是休闲的时间,看闲书、看新闻、刷微博、刷微信、打游戏什么的。'日常工作'就是指选举以外的现在还要负责的学生工作。""哦,"我继续问,"'其他'真的不需要吗?这样的时间分配真的是理想状态吗?"胜达想了想,回答:"因为总精力是有限的,所以只能压缩这些休闲时间。尽可能地把学习的时间增加一些。""呵呵,可是学习的时间增加得也并不多啊!你确认真的不需要休闲的时间吗?"

"嗯,老师,其实这个'其他'对我来说也挺重要的。我觉得我现在有比较广泛的兴趣和比较多面的知识,跟'其他'有很大关系。可是我有点管不住自己,比如看新闻时事,本来计划看半小时,结果一看,可能两个小时就过去了。"胜达有些懊恼。"可是,学政治的不就得了解时事动态吗?"我表示理解。胜达一听这话,有点小激动:"是啊是啊,我也是这么觉得。""所以,你真的觉得不需要休闲时间吗?"我再次追问。"好像也不是!"胜达摇了摇头。

我提议说:"也许你需要制订一个相对细致的计划。"不等我说完,胜达有些挫败地说:"我也制订过计划,可是我是个完美主义者,一旦计划有一点被突破,我就会整个推翻,反正破坏一点跟全部破坏没有太大差别,都是不完满嘛!""呵呵,你还挺有意思的。那你想过没有,计划被突破也有可能是计划订得太理想、不科学呢?如果我们的计划是精确到分钟的,那被打破的可能性肯定是百分百,因为现实生活中总会有很多小插曲,人们不是常说'计划赶不上变化'吗?"

我建议胜达制订一个以时间段为单位的周计划,既明确具体时间段的任务安排,也确定一些项目目标。同时,计划中体现补偿机制,空出一些时间段来对被打破的部分进行修补。这样,也许某天计划任务没有完成,但从周计划、甚至是月计划的角度看,计划仍然是完满的。

隔天,胜达带着他的具体计划再次来到咨询室。他有些迫不及待地拿出电脑,点开计划表,说:"老师,您看,这是我的计划。您那个补偿机制给我特别大的启发,我给自己设计了一个'收纳器',本来想每天收纳一次修补一次,时间一排出来发现还真是没空,所以就弄了个'周收纳器',收纳星期一至星期五未完成的任务,在星期六和星期日补足。"

节数	星期一	星期二	星期三	星期四	星期五	星期六	星期日
第一节	院学生工作	院团委	行政领导学	羽毛球	院学生工作		
第二节	院学生工作	院团委	行政领导学	羽毛球	院学生工作		
第三节	学习	院团委	院学生工作	院学生工作	院团委		
第四节	学习	院团委	院学生工作	院学生工作	院团委		
中午	校学生工作	校学生工作	校学生工作	校学生工作	校学生工作		
第五节	校学生工作	校学生工作	校学生工作	中日文化交流史	院团委例会		
第六节	学习	学习	学习	中日文化交流史	院团委例会		
第七节	组织与管理	学习	学习	公共经济学原理	学习	微积分	
第八节		学习	学习	公共经济学原理	学习		
第九节		学习	微积分	公共经济学原理	学习		
晚上	校学生工作	校学生工作		校学生工作	校学生工作		
第十节		论文写作与研究方法	微积分	秘书学与秘书工作			
十一节	院学生工作		选举	秘书学与秘书工作	学习		
十二节	院学生工作		选举	秘书学与秘书工作	学习		
夜里	学生会例会	校组织例会	院学生工作	院学生工作	校学生工作		

胜达说,制订计划的过程让自己沉下心来很细致地检视了目前的生活和工作状态,促使自己认真思考了效率与收益问题。他认识到,现在如果采用投机取巧的学习方法是非常不可取的。因为学习的连贯性、知识的相关性、层级性都会被打破,而且那些从学习上挤出来的时间也不见得都充分用在了选举或学生工作上,发挥了效用。况且选举的结果也不直接影响未来的事业走向,那为什么还要去做杀鸡取卵的事儿呢?毕竟才华和能力才是核心竞争力啊!为此,胜达还特别给自己定下了几条计划实施细则要求:

1. 按时上课,不翘课,认真听讲,积极思考,记好笔记,保证课堂学习最大收益。

2. 努力工作,不拖延,立好规矩,建好团队,让个人努力在团队帮助下最大化。

3. 化零为整,利用好碎片时间;化整为零,将学习、工作任务合理分解,做好时间任务匹配,最大化提高效率。

4. 改变"随时刷"习惯,改善手机依赖症,将"其他"需求统筹在一个时段集中完成,时间依据主要任务完成情况弹性设置为半小时到两小时。

5. 劳逸结合,保证睡眠和锻炼,均衡营养,身心健康。

他说,他还请他的女朋友作为督促人,两人还制订了监督奖惩办法。

我对如此周全的计划安排表示了充分的肯定,同时,我也再次提醒胜达,虽然现在这个计划较之前的计划可操作性更强,但仍需要校验,需要通过一段时间的施行看看是否真的符合实际情况,有可能还要调整。

胜达点点头,说:"那我就先执行两周看看,呵呵,我都有点儿等不及想试试了。"我也和他约定两周后再来看看计划的实施情况和效果。

两周后,胜达给我发来邮件,告诉我,计划也做了些微调,他目前状态非常好,每天都很忙碌但非常充实,感觉重新找到了平衡点,一切又都步入了新的轨道,并且互相正向促进,和谐而美好。我也衷心期望他能在校园里收获精彩的青春记忆,搭建起支撑梦想的才学根基。

案例分析

来询者对自己有较清晰的职业生涯规划,为了实现青年政治人的职业理想,他非常看重专业学习和学生工作,认为这两方面是实现理想的同等重要的因素。但由于学生工作的突然加压,导致他一时间不知道该如何处理学生工作与学习乃至与日常生活的矛盾,想采用偏择一方的办法。应该说,处于困局中的来询者此时只看到了学习与学生工作之间的冲突,而没看到二者的联系,更忘记了二者与职业规划、事业发展之间的长远关系。这种情况在高校学生中普遍存在。

这时,咨询师有必要请来询者对自己的职业性格、兴趣、能力,工作世界以及职业决策等做一个澄清,澄清的过程是来询者叩问内心、深入了解自己的过程,也是确认职业理想的过程。这个过程会让来询者拨开现实困难的迷雾,跳脱当下所谓困难的干扰,明确方向,重塑信心。通过再次对自我和工作世界的探索,来询者再次确认专业学习和学生工作所带来的系统知识和实践能力是职业理想的两个关键点,而且系统知识更是核心竞争力,它是实践能力提升的基础和推动力。

随后,咨询师通过时间饼图等工具引导来询者制订具体行动计划,以帮助其重新找到平衡,让学习、工作和日常生活重建和谐。

在与胜达咨询的过程中,咨询师发现胜达的情况在高校学生中还是很有代表性的,学生们往往容易被眼前的困难左右,采取些应急却短视的做法。因此,启发学生用长远的发展的联系的眼光看待问题,抓住问题的关键和实质,不拘泥于一时一地一事,不仅可以帮助其走出当下困境,还能为职业发展提供恒久动力。

职业规划小贴士

好用的职业规划小工具——饼图

"饼图",也叫"圆饼图""圆形统计图""扇形统计图"。它作为非正式评估的一种方法,可以广泛地用在时间管理、角色平衡或兴趣倾向等评估中,非常形象而直观。

以时间管理为例,如果来询者希望提高每天的时间效率,那就把一天作为一个整体,请来询者将自己目前的时间分配情况和理想的状态分别用两个饼图表现出来。由于时间安排是以图形的方式呈现,非常简洁且极具视觉冲击力。通过现实和理想状态的对比,来询者可以对每天学习、生活、工作、娱乐、休闲、交际等各个版块的安排有清晰的感知,能促使其调整状态和细化安排,更有效能地管理时间。

案例11　实习可以成为我职业选择的起点吗

小希大三了，本来打算出国留学，一次偶然的机会，他获得了一家知名外企的实习面试机会，这改变了小希的想法。然而，"初战失利"让小希陷入困惑与迷茫。

> **职业规划师**：李妍
> **来询者情况**：小希，男，大三，电子学专业
> **主要职业困惑**：转行决定与实习机会获得

有时候，不知道自己未来的方向而很迷茫，然而知道了可能更迷茫。

实习初战失利

小希来咨询时很急迫，他坐在那里，连声说："老师，您帮我出出主意吧。" 我说："别急，我感觉你要下定某种决心，是吗？仔细谈谈你的想法好吗？"小希点点头，坐稳了一些，慢慢给我讲起了他的情况。

小希是电子学系大三学生，当年高考第一志愿并不是电子学，他的志向一直是学经济学和金融学。由于高考成绩不太理想而被调剂到电子学系。不过进入电子学系之后，小希决定既来之则安之，好好努力，争取拿到一个好成绩去美国留学，甚至豪情壮志地嚷嚷自己的目标是斯坦福大学或者麻省理工大学。这个目标一直持续到大三第一个学期。**大三是一个比较浮躁的季节，同学们都在为自己的未来冲刺，准备出国的忙着考托福考GRE，准备保研的忙着联系导师进入实验室。** 本来安心出国的小希看着周围忙碌的同学，反而迷茫了。小希的GPA排名不突出，又没有发表论文，加上GRE考试推迟到6月份才考，出国的自信跌到低谷。

有时候命运就是阴差阳错，一次很偶然的机会或许真的就会改变一个人的前途。就在那个时候，小希碰巧认识了摩根士丹利公司的一个副总裁，通过他推荐，小希参加了摩根士丹利公司暑期实习生的面试。一位来自韩国的面试官晚上10点从香港打电话过来进行

主动求助是咨询的最佳时机，咨询师这时候首先要做的是倾听。并且在语言上给予肯定，身体可以稍微前倾，点头示意，表明咨询师已经做好倾听的准备。

大三年级应是一个对于未来方向明晰的年级。大学生在这个时期经常会产生选择困惑或者遇到挫折，咨询师对于这种发展性问题，需要详细地了解来询者的成长经历和潜质，在接下来的咨询中给予更多的支持和鼓励。

电话面试。小希进行了他人生的第一次面试。然而,那是一次惨痛的经历。由于小希连最基本的会计和公司财务的知识都不懂,加上当时英语口语水平不过关,面试官用鄙夷的口气毫不留情地指出了他的缺点。二十多分钟的电话面试对小希来说完全是身心双重煎熬。第二天早上,一封冰冷的拒信躺在了他的邮箱中……

接下来的一周里,小希一个人躺在宿舍里睡得天昏地暗。一方面逃避现实,一方面也在思考未来何去何从。他打了无数电话咨询朋友,也反复思考几条出路的利弊。留在电子学系继续读下去是一条相对轻松的路,但是小希对电子学没有太大兴趣。投身金融?他除了一腔热情之外似乎什么都没有。

职业兴趣再确认

听了小希的叙述,我看得出小希对于金融还是很有兴趣的,这个时候他需要的可能是确认和一些行动计划。我把我的观察和想法告诉小希,小希宽慰地对我笑了笑。小希说:"我也认为自己对于金融很感兴趣,但是有时候觉得自己不是金融科班出身,没有实习机会,不懂专业知识,缺乏人脉,甚至连怎么去准备都不知道。"**说到这里小希沉默了,停了一会儿**,迎着我鼓励的目光接着说:"有时候我觉得可能不是这样的。"我赶紧点点头。小希接着说:"我在高中时就有了将来从事金融领域工作的梦想。我的一些亲戚在银行工作,所以我对金融有一些了解。"我问道:"除了了解一些这个领域的情况,你对金融真的感兴趣吗?"小希说:"金融领域确实工资高,尤其是投行领域,而且他们很高大上,令人羡慕。但是,我觉得自己希望从事金融领域工作主要是感兴趣。"我点点头,表示认可,我告诉他:"一些大学生有时候会局限在某个职业光鲜的表面,对于具体的工作内容缺少全面的了解。"**为了更好地确认小希的兴趣所在,我问道:"你说自己的兴趣是金融。你平时都做了哪些和金融有关的事情呢?**"小希很肯定地回答说:"我平时看新闻总会关注一些财经方面的内容,几乎每天都会看央视财经频道新闻。在高中时我看了《货币战争》,那里面讲述的足以改变世界的金融故事,情节真的是跌宕起伏。我感到我看到了一个自己可以施展拳脚实现梦想的地方。上大学以后,我修了经济双学位,对经济金融理论等方面有了一定的了解。"**我对小希赞赏地点点头**,告诉他:"如果一个人总是感到被吸引着去做某些事,而且感到快乐和满足,这可以说是兴趣。"小希连忙补充道:"是呀,我记得

在咨询中"沉默"有很多意义,有时是抗拒、有时是难为情、有时是来询者在整理思路……在本案例中,来询者主动求助,已经和咨询师有了很好地互动。因此,这一沉默意味着后两者。这时候咨询师要给予来询者足够的时间,让来询者有时间去思考和整理自己的思路。

肢体语言在咨询中需要适时运用,对于缺少自信的来询者尤其重要。这里咨询师主要运用了"点头"和"鼓励的目光"等肢体语言。

有时候,我给同学们用金融经济方面的知识解释一些现实中的现象时,他们都很佩服我呢。"我觉得小希对于自己兴趣的认知和行动都有了比较明确的答案了,为了激发小希的行动力,我故意问:"你的电子学课程学得也不错呀?这个专业就业也很不错,薪酬待遇也很好,而且是一门技术,越老越吃香呢。你是否考虑从事电子学有关的工作?"小希听了笑了笑,对我说:"老师,我知道电子学就业也非常不错,但是我真的不感兴趣。平时就是上上课,然后完成作业。我这个人比较好胜,所以学起来会比较努力,成绩还好。不过,就像您说的,我平时几乎不会花更多的时间在电子学上面,除了听课、写作业和应付考试复习之外,我真的提不起精神去学习。这就是兴趣不在这里吧。"**听到这里我们相视一笑。**

> 兴趣是指所偏好的活动或事物,也就是指对个人具有吸引力且喜欢做的事。它是人们力求认识掌握某种事物,并经常参与该种活动的心理倾向。如果一个人对某种事物感兴趣,在生活中他会不自觉地投入相关的活动中。这是对于兴趣确认的简单而又有效的方法。

需要一次成功

我们的一番对话让小希对自己的兴趣有了确认,并且从他的目光中,我发现了他被梦想重新燃起的希望。作为咨询师,这时候需要的是给予一些行动的指导。我话锋一转,对小希说:"现在,如果再次给你去面试摩根士丹利的机会,你觉得自己可以吗?"小希回答说:"我觉得自己当时太幼稚了,有那个副总裁推荐,自我感觉还不错就去了。现在想起来,我觉得我自己可能没有做好准备。"

接下来的咨询中,我和小希主要探讨了实习准备。有了一次面试的经验,小希总结很快,他发现自己要准备的真不少:英语口语、专业知识、相关经历、人脉等方面都有不足。小希马上要进入大三第二学期,时间确实比较紧迫了。这时候小希需要制定一个比较全面的统筹规划,涉及课程安排、日常生活、找实习机会等。不过小希最担心的是自己至今没有实习经历。我很了解小希的担忧,对于小希来说,他本专业是电子学,进入金融领域工作,这种转行需要慎重,实习经历能够让他对于这个领域有更清楚的认识。尤其小希感兴趣的投行,这是个对实践能力和经验要求很高的领域,实习经历往往也是必不可少的。我和小希一起分析了他的简历,一张 A4 纸上几乎只有两个经历:山鹰社和实验室项目。小希看起来有些泄气了,他说:"老师,我准备得太晚了,之前都在准备出国,实习机会又找不到,我该怎么办呀?"我告诉小希,他虽然对于金融知识很感兴趣,但是这个领域到底是什么样的,他不太了解。并且这个领域需要一点一点地积累经验。所以,不要急于一步到位,先找到一家比较规范的金融公

> 在咨询的过程中,咨询师需要很好地把握住自己的角色,尤其在高校咨询中,老师充当咨询师的角色时,咨询师往往具有了先发优势,可能会对来询者造成心理压力,导致来询者自我能力发展不足,失去咨询的意义。因此,只有当咨询师和来询者建立同盟的关系,才能激发来询者自身的动力。这里"相视而笑"是同盟关系的一种体现,有助于来询者在平等合作关系的基础上,澄清困惑,挖掘自己的潜能,达到自我成长。

司,熟悉环境和了解行业最重要。听到这里,小希来了精神,他说他之前在网上看到一些实习招聘,公司还不错,但是职位都是一些助理方面的,觉得很像是打杂的。而自己很想快速进入核心业务,学到更多经验。现在看起来有些不切合实际了。我肯定了小希的想法。这时候小希已经跃跃欲试了,他对我说:"老师,您就等着我的好消息吧,不出一个月,我一定要拿到我的第一个实习。"

一个月后的一天,我收到了小希的来信,在信里小希的兴奋溢于言表。他说自己辛辛苦苦熬了大半个月,终于拿到了第一份正式的实习:东亚银行卓佳咨询公司。这是一个不错的公司,那里的同事对他非常好,他心存感激。工作虽然是简单的对账、复印、扫描和跑银行,但是毕竟在国贸顶级写字楼里穿着像模像样的西装干活,有一种自信和成就感。虽然在业务上小希没有学到太多东西,但是作为第一份实习,他很知足了,因为小希发现他学到了怎么跟同事相处沟通,怎么面对压力,怎么协调时间,怎么高效地安排生活。

后记

小希在大三的第二学期参加了"中港"实习生项目的一个短期实习项目。借助这次机会小希扩大了在金融领域的人脉。他白天实习,利用晚上的时间去认识新朋友。短短两周,小希就认识了超过10个在投行、咨询和私募基金工作的朋友。他们在小希后来找实习和求职过程中,都给予了小希很多无私的帮助。在大三结束的暑假,小希拿到了一个关键的实习机会——罗兰贝格咨询公司的项目实习机会。凭借着一个个实习机会的获得,一次次经验的积累,最终在大四的求职中小希如愿拿到了梦想的投行 offer。

 案例分析

本案例中,小希的情况比较典型,在高考中没有选择到自己理想的专业,面临转行的选择。在咨询过程中,我们发现相当多的大学生表示不喜欢自己的专业,但是并不知道自己喜欢什么专业,还有一些大学生虽然表示喜欢某专业,但是缺乏探索行动,甚至当有机会接触该专业时,发现自己仅仅是"叶公好龙"。因此,本案例展示了职业兴趣的确认环节,通过非正式评估的方法,帮助小希明晰他的兴趣,激发他的动机。另外,本案例围绕实习展开,展示了实习对于小希积累经验、获得工作机会的重要作用。大量的事实说明,大学生的实习对于他们成长和求职具有诸多的意义。我们在问卷调查中得出结论,大学生认为实习最重要的四个收获:"提供了就业机会""提高专业实践能力,加深知识的理解""明确了未来的职业发展规划"。并且从调研结果中发现近七成的大学生通过实习获得了就业机会。

案例12 女大学生的职业选择与人际关系影响

关颖拿到了两个工作性质不同的 offer,而且即将完成硕士论文,和在本校就读的男友一起准备毕业。在很多女大学生频频遭受求职冷遇的时候,被周围很多同学羡慕的关颖却陷入十分沮丧的情绪当中,觉得自己的生活是一团乱麻,认为自己是个失败者。关颖为什么会有这样的困扰,咨询师又是如何帮她走出困境?

> 职业规划师:陈默
> 来询者情况:关颖,女,研三,新闻学专业
> 主要职业困惑:女大学生的职业选择与人际关系影响

我觉得自己是个失败者

关颖的咨询预约信内容很短,除了介绍自己的姓名、专业之外,只简单地写道:"我遇到了求职方面的问题,觉得自己的生活一团糟,是个彻头彻尾的失败者。"

确实,与很多在求职季来到我办公室的女生类似,关颖双眉紧锁,满面愁容。可是通过仔细观察,她又有些特别,和我预想中的不太一样。她的衣饰和妆容都很精致得体,即使是在心情沮丧的时候依然坐姿挺拔端正,看得出来是个很注重仪表、对自己要求很高的女生,而且在这个方面颇有心得和主见。因此我觉得,"失败者"并不是她在生活中时常和惯于扮演的角色,她应该是个内心很有力量的女生。对于关颖这样的来询者,焦点解决技术应该会对于引导她树立信心、寻找解决问题的办法比较有效。

我发现她手里拿的笔记本上面有个手写的花体英文名字"Helen",觉得可以从这个细节入手营造一个轻松些的谈话氛围。

"陈老师您好!我叫关颖,是新闻学院的应届毕业硕士生,最近遇上一些求职方面的问题,十分困惑,想跟您聊聊。"

"关颖你好!很高兴认识你。我发现你本子上的花体英文写得

很好看，Helen 是你的英文名字吗？我也有个英文名字 Monika，和我名字的中文发音很像，你也可以叫我 Monika。你喜欢我怎么称呼你呢？"

"Monika 老师，可以这样叫你吗，没想到您连这个都发现了。是的，那您也叫我的英文名字 Helen 吧，是大学英语课的外教给我取的。"

"好啊 Helen。我很喜欢这个名字，我上学的时候，外教只给令他印象深刻的同学取英文名字。"

"哦，听您这么一说倒确实如此，班上只有少数几个同学是外教取的（名字）。"关颖说到这里的时候很短暂地笑了一下。

看来，这个小小的"套瓷"技巧还是起到了一些作用，使她通过回忆重拾了点信心，为接下来在引导下通过自己的力量寻找解决问题的办法打下基础。

"看来你是个容易给人留下深刻印象的人，我想我和你的外教有同样的感觉。叫我 Monika 或者 Monika 老师都可以，我都很喜欢。我也很愿意和你聊聊你的情况。那给我讲讲看，你最近遇到了什么呢？"

"嗯，是这样的。"关颖思索了一下，开口说道，"最近这个时期对我来说很特殊，我在今年的 7 月份就要毕业了，但是工作还没有定下来，因为工作的原因，我最近也没心情写论文，几乎停滞了，和周围几乎所有亲近的人的关系也都处理得非常糟糕，包括父母、导师、男友。我觉得我的能力太差了，完全不知道该怎么办了，我就是个失败者。"

"听上去你涉及的事情还真是不少啊，不过我要告诉你，你不是一个人在战斗（笑）。在毕业班，**像你一样面临类似情况的人非常多，而且你的情况绝对不算是最复杂的**。所以先不要下结论说自己是失败者，可不可以给我讲讲看，你的工作、论文、亲友，具体都是怎么样的情况，不要着急，可以一样一样来。"

因为不了解别人的情况，很多陷入沮丧情绪的人会比较极端地认为自己是最糟糕的一个。在这种情况下，采用"一般化"的技术，让她发现其他人也面临同样甚至更多的问题，有助于在心理上轻松下来。然后再逐一面对问题，各个击破。

"好吧，那我就先说说工作吧。我现在有两个 offer，其中一个是外资企业的，<u>薪水会高一些</u>，工作团队基本都是年轻人，感觉会非常时尚，只是就职之后竞争也会相对比较激烈；另一个工作是事业单位，<u>薪水比较低，但是相对稳定一些</u>。我个人比较想去外企，因为那样会让我觉得能受到很大的锻炼，而且周围好几个朋友都选择了去外企。但是我父母非常想让我去事业单位，觉得女孩子工作稳定是最重要的。现在为了这件事情我几乎不能和父母联系了，只要联系就是吵架，我妈妈说如果我执意要去外企的话就会把她气病的，但是两家单位的最后期限都快要到了，我非常烦躁。"

谈话进行到这里，关颖在预约信中所谓的工作困境开始被比较清晰地揭示出来。她给自己定位的"彻头彻尾失败者",有些言过其实。于是,我决定就这个话题深入下去。

"失败者"并不失败

"Helen,我不得不说,你最早的表述和事实有些不符啊。你说自己是个失败者,我却觉得恰恰相反,在这几年就业形势非常不好的环境下,你能够拿到两个offer,而且分别是外企和事业单位这两种对工作人员的要求不大一样的单位,说明你的素质很全面。"

"谢谢Monika老师,可是我还是觉得这件事情让我很烦心。"

"好,Helen,那么你现在思考一个问题,是工作本身没有定下来更加让你烦躁,还是你父母亲对于你工作选择的态度更加让你烦躁呢?"

她思考了大概一分钟:"嗯,我想,更加让我烦躁和为难的是我母的态度,尤其是我妈妈的态度。我不想看到她伤心,我小时候有一段时间我爸爸在外地工作,都是她一个人照顾我,她挺不容易的。所以我暗下决心,当自己有能力的时候,一定要尽量孝顺她,让她过得舒畅些。"

"那么你来构想一个让你觉得能够令你父母满意的场景,比如和你这次选择工作有关的,你能给我描述一下吗?"

"这个嘛……"关颖想了一下说,"或许就是我接受了我父母的建议,去了那个事业单位上班。我的父母会很高兴,我们不会再争吵了。"这次,关颖倒是很快给出了答案。

"哦。可以描述得更加详细一些吗?那样的情境之下会发生什么?"

"可能我妈妈会精神状态变好,不再哭哭啼啼,还会做很多好吃的早餐给我,我爸爸也不再责备我,我们一家三口在一起很快乐地吃早餐,然后我去上班。(笑)"

"在构想这个场景的时候,我看到你在笑。那么在刚才想这些的时候,你的感觉是怎么样的,有没有对这个问题有了更加明确的想法了?"

"想这些事情的时候,我觉得很轻松,忽然之间对母亲的负罪感消失了。我发现我还是非常在意父母,尤其是母亲的感受,期望他们快乐。嗯,或许我明白了该怎么做了,我该和他们认真聊一聊,而不是见面就吵,他们的人生经验比较多,坚持让我去那个事业单位或许

这个时候,我感觉到关颖开始没有刚来的时候那么对自己不满了。她对自己负面状态的描述,从最初的"彻头彻尾""十分"等程度较重的词汇变成了"很"之类程度轻些的词汇,而且也开始逐渐从失态中摆脱出来,理智地对待自己遇到的问题,本身比较强的内心力量开始展现。在这种情况下,我决定加入另一个焦点解决技巧:奇迹问句。

有些理由,我应该听一听。而且,刚才想到那个工作的时候,也没有觉得就那么无聊。"

随着谈话的进行,关颖对于工作选择有了更多的思索,并且在处理自己的问题时展现出不错的驾驭能力。同时,关颖所遇到的困境也使我发现,由于受到女性性别特点和社会角色的影响,女大学生的就业问题,不仅仅体现在她们在求职市场中处于弱势地位,也体现在她们的职业选择更容易受到其家庭成员和社会关系的影响。根据这个线索,关颖刚才提到自己的工作问题与导师和男友都有关,很可能也是类似的原因。于是,我打算扩大一下谈话的主题。

触类旁通

"Helen 我发现你真的很棒,你比较了解你自己,也知道该怎么去思考。那么,我们再来说说你的导师如何?他和你找工作又有怎样的关系呢?"

关颖的思索时间明显比刚才变短,仿佛是思维变得更加流畅了:"在我因为选择 offer 而烦恼的时候,其实很想找导师征求意见。和我住在县城的父母不同,他一直在这个大城市生活,比较有智慧和人生阅历。可是,导师本来是期望我继续攻读他的博士,我因为想找工作而放弃了硕转博考试,他已经很失望。所以我其实有些羞于启齿请他帮忙参谋工作上面的事情。后来,我忙于找工作,硕士论文写作过程中跟他的交流次数也比较少,很怕被他批评,就更不敢去找他谈了。现在拖来拖去,这种恐惧感越来越加剧,我想他一定更加生气和失望了。我真的很想听听他的建议,可是如果被批评,我会进一步失去作职业选择和完成论文的勇气的。因此,我非常纠结。"

"听起来,仿佛目前你和导师之间有沟通的障碍啊。那么我很想知道,在你求职这件事情上,你们之间是确实已经出现了实质性的观点分歧吗?或者这是你基于一直以来的一些情况做出的推断?"

"嗯,如果这么说的话……"关颖凝神思索了一小会儿,"其实可能更大程度上来讲是我的推论吧。因为当时在得知我要放弃直博的时候,他确实比较失望。而且最近忙于找工作,我写学位论文确实效率比较低,几件事情积聚在一起,我就更怕遭到他严厉的批评。"

"你的导师对待学生通常都是很严厉的吗?"

"是的,他是个非常严谨的人,也很严格。"

"哦,你跟他学习有多久了呢?"

"其实有快 4 年了。我们本科的时候要写一篇毕业论文,我就是请他做我的论文指导老师,后来就读了他的硕士研究生。"

"看来他是认可你的啊,所以接收你读研,并期望你继续深造。那你回想一下,以前有没有你们相处比较容易的例子,比如你做了觉得会被他严厉批评的事情,但是事实上那并没有发生,或者没有那么严厉。我想你跟老师读书这么多年,或许会有类似的例子吧。"

关颖思考了一会儿,"想想看确实是有的。在研究生二年级的时候,因为和同班同学去外地玩儿,有篇期末课程论文没有在规定的时间内完成,老师很重视守时,以前我都是按时完成的,所以那次特别紧张,鼓起勇气去交了论文,非常担心被批评,但是事实上他并没有批评我。"

"哦?那确实是很特别的事例。那么达成那次的结果是什么原因呢,你说了或者做了什么吗?可不可以再讲得详细一些。"

"我当时没有找任何借口,非常诚恳地承认了是因为自己的疏忽导致了论文迟交,并且跟老师说这篇论文是花了很多心思认真写的,期望得到他的指正。"

"看来诚恳是个可以打动人的品质啊。那后来你的导师如何处理你那篇论文的呢?"

"他也很认真地看了论文,提出了很多修改意见,我又按照他的意见积极进行了修改,他觉得我后面的表现很让他满意,还推荐了那篇文章投稿,后来发表了。(笑)"

"从这里看出,你导师虽然严厉,但是是能够提出建设性意见的老师。"

"是啊。或许我不应该再怕东怕西,应该像上次那样诚恳地去找他,或许能够早点得到指点。"关颖说到这里的时候,露出了比刚才更加真心的笑容。

"你好像已经知道该怎么做了啊。我觉得你是个内心很有力量的人,你看,解决的方法是你自己找到的。现在我们来做一道题好不好,我比较喜欢给我认为内心有力量的人做这道题目。**我们来打个分,如果我们把 0 分作为最低分,把 10 分作为最高分,在你刚刚进来的时候,你觉得能够给自己打到几分,现在又能够打到几分呢?**"

"我想,我进来的时候也就两三分的样子吧,现在聊过这两个问题,我觉得状态好一些了,能够打到五六分了吧。"

"哦?!五六分吗,那可是很高的分数,非常好,看来你状态好多

通过关颖的描述,导师是他很敬重的人,甚至是有些敬畏。同时,由于他们相识已经多年,应该会有很多互动。在处理这种人物间关系的时候,例外问句可能会是个比较适合的技术。

在关颖状态越来越好转的时候,用直接的表达方式肯定她,赞扬她内心有力量,会进一步帮她确立信心。由于她的心里力量一直处在上升的状态,我准备在这个时候增加一个工具,也就是标尺。

了。那么,我们貌似还剩下一个人物了。愿意谈谈你的男朋友吗?刚才你说他也与你的工作有关?"

"嗯,好的,Monika老师,"关颖拉开话匣子之后,不但表达流畅,而且组织语言也很有层次,"说起我男朋友的问题,我现在觉得,其实和父母那个属于同一类,也是关于职业选择。他同样比较建议我选事业单位,不过关注点和父母有些不同。因为他确定的工作已经是在外企,所以建议我选这个有户口的工作,对我们今后的综合发展有好处。我觉得他太'功利'了,只考虑这些现实问题,没有去考虑我的理想究竟是什么,心里比较难受……"

"嘿,Helen,你意识到了吗? 我真的觉得你非常棒。你在刚刚来的时候,只是用'一团糟''处理得很差'这些词来形容你的生活。但是现在你能够归类和判断这些问题是什么性质的。这很好,比如你已经开始注意到你和男友之间的问题和什么有关联。"我"不合时宜"地打断了她一下,表达了我的赞许之情,"哦,抱歉打断你,因为我真的觉得我需要表达一下。请你继续讲吧。"

"好的,谢谢你,Monika! 真的很开心你一直鼓励我。在这之前,每次他提到这个问题我都直接开吵,没有仔细听他的理由,我想,我可以心平气和地找他谈一次,坦诚地交换一下意见。"

"Helen! 我真的需要再次赞美你了。你看我还没问,你却都会抢答了! 那么,你现在觉得能给自己打几分了呢?"我发自肺腑地开怀大笑,很高兴来询者是个如此聪慧的人。

"我想如果夸张一点的话,9分?"

"很高分哦。先不要那么着急下结论。我很高兴看到你渐渐变得开心起来。下面,我想给你几个具体的建议,其实也是咱们在讨论的过程中经过你自己的思索得出来的。**在接下来的这一周里,建议你和父母、导师、男友就你的求职问题多做些有实际内容的沟通,比如行动起来尽快给父母电话,约个和导师谈话的时间,和男朋友吃吃饭聊个天。**然后看看会有什么变化和收获。到下一周的时候,如果有需要,我们再来聊一聊,谈谈上述事情的进展,看看接下来该怎么办。你觉得这样可以吗?"

"好的。我尽快就去做,期望能够有效果。非常感谢你,Monika! 我现在感觉轻松多了!"

"哦! 那我非常高兴! 我也很高兴和你聊! 祝你在接下来的一周顺利!"

> 焦点解决的一个重要组成部分是推动实际行动的展开。因此,在谈话的尾声,我建议关颖尽快行动起来,使这次谈话能够展现效果。

在融洽的氛围中,我送别了关颖。

 案例分析

提到女大学生的就业问题,人们首先想到的就是女大学生在就业市场上处于弱势地位,求职困难。实际上,还有一个要素很重要,由于女性性别特点和社会角色的原因,女大学生的职业选择更容易受到其家庭成员和社会关系的影响。关颖的案例无疑是一个典型,在她进行职业选择的时候,父母、师长、恋人的意见都会对她产生很重要的作用,不但会影响她最终的选择,还会造成情绪上的波动。这是职业咨询师需要引起注意的问题。

同时,在进行职业咨询的过程中,根据来询者的特点,采用一些技术和技巧能够更好地帮助他们确定自己真正的需求,并引导他们通过发掘自身潜力找到实现这个需求比较适宜的方法。对于内心有力量的来询者来说,焦点解决技术是一个不错的方法。

案例13 寻找属于我的职业天空

晓秋因为本科成绩优异,被保送到北大英语系读研究生。虽然刚刚才研一,但她已经意识到就业形势的严峻和求职准备的重要。她打算充分利用好这三年的时间提早规划,但她自己不清楚自己今后到底想做什么,适合做什么?带着这样的疑问,她预约了职业咨询。

> **职业规划师:**吕媛
> **来询者情况:**晓秋,女,研一,英语专业
> **主要职业困惑:**找到适合自我的职业方向

秋季学期刚刚开始不久的一天下午,当我正起身准备收拾东西结束一天的工作时,办公室的电话响了。"老师,请问这里是可以做职业咨询的吗?"电话里,一个女生小心地问,她的声音显得有些紧张和急迫。我立刻停下了手中的动作,尽管一天的工作已经让我非常疲惫,我还是努力让自己以非常热情和柔和的声音回答道:"是的,有什么我可以帮你的吗?"

电话里简单的几句交流使我得知,这个女学生叫晓秋,是北大英语系研究生一年级的新生,本科毕业于北京另一所著名的高校英语专业,因为成绩优秀被保送到了北大。大学时代身边的同学刚刚经历的求职的过程让她觉得找工作是件不容易的事情,而毕业生就业形势逐年严峻更令她感到担心和紧张,同时,家人对她的期望也很高。在各种压力之下,晓秋突然觉得虽然刚刚读研一,但应该从现在开始把求职重视起来,充分利用好这三年的时间,但她自己不清楚自己今后到底想做什么,因此感到不安和担心,用她的原话来说就是"我觉得找不到属于我的职业天空"。

收纳面谈与网上测评

我请她先完成**收纳面谈和网上职业测评**两项工作。放下电话,

我立刻给晓秋发了封电子邮件,包括收纳面谈的表格、职业测评的网址和账号,并在信中请她确认收到表格和账号,并告诉我大致完成的时间,以便我计划好自己的工作来安排咨询面谈的时间。

谁知邮件发出一周之后我始终未见晓秋的回复。是她没有收到,还是出了其他问题?于是我再次打电话向她确认,然而晓秋却告诉我她已经完成了收纳面谈和网上测评,在等我通知她什么时候反馈给我。这让我隐隐觉得晓秋不是个主动的人。

接下来,我认真阅读和分析了收纳面谈表格,和晓秋约定了第一次面谈的时间,并初步拟定了咨询的目标:

帮助晓秋探索自己的职业兴趣、性格、价值观、技能等,明确其自身的优势和劣势。

在自我探索的基础上,帮助晓秋探索职业世界,选择适合的职业发展方向。

在前面两步骤的基础上,帮助晓秋建立职业发展的路径和规划。

> 在正式咨询面谈前请来询者完成收纳面谈和职业测评,可以更加充分地了解其背景信息,使得咨询更加有效率,同时咨询师也可以更加充分地做好咨询前的准备。

第一次面谈

在初秋一个晴朗的下午,晓秋如约来到咨询室。**她略显羞涩和拘谨**地坐在沙发上,背挺得直直的,双手夹在腿之间。我给她倒了一杯热水,随后借口拿材料离开,其实我是想让她先适应适应咨询室的环境,放松下来。咨询室8平方米的空间布置得温馨而私密,两只乳白色的软沙发成45°对着,这为咨询师和来询者进行交流提供了很好的位置和姿势,面前的矮几和房间的四角都摆放着绿色阔叶植物,映衬着浅灰色的书柜和白色的墙壁。当五分钟后我再次进入咨询室时,晓秋身体已经放松了,显然已经不再如刚才那般紧张。

由于晓秋之前做过网上职业测评,于是我们先围绕职业测评结果进行了探索。

> 每位前来咨询的学生通常伴有不同程度的紧张,这种紧张一方面来自其本身受到求助问题的困惑,另一方面也存在对咨询情境的不熟悉和不安感。建立接纳、信任的咨询关系对于后续咨询的顺利开展非常重要。这里,温馨舒适的咨询室布置,以及在正式咨询开始前留给来询者一定的适应时间和空间,是不错的方法。

性格探索

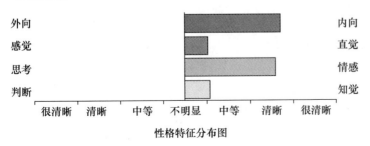

性格特征分布图

晓秋的**性格测试**结果为 SF 型（照顾者型），这种类型的人具有友善、负责、认真、忠于职守、乐于助人、严谨、有原则的特点。我一一为晓秋讲解了 MBTI 职业兴趣测试四个维度的含义，注意到在"内向-外向"这个维度上晓秋测评结果不是很清晰，所以我先引导她进行这方面的自我探索："你在收纳面谈里介绍自己喜欢对外交流活动，有比较开放的心态，你觉得你是个性格外向的人吗？"

"其实也算不上外向吧，我这个人和周围的人都相处得不错，大家在一起的时候也很能玩，也许是学语言的原因吧，我觉得自己是比较喜欢接触新鲜的事物，希望了解外在世界，我大三时曾到美国交流学习了一年，结识了各国朋友，与其中一些关系很好，一直保持联系。"说到这，晓秋话锋一转，"但其实我这个人不喜欢复杂的人际关系，有时候人际交流比较被动。"

"怎么个被动？"我抓住她话语中的这个关键词，继续追问。

"对于那些自己一开始就不喜欢或者没有好印象的人，我不会主动甚至避免和他们接触。和大家能疯玩，也很开心，但我其实不愿意别人更多地走进我的世界，有时候遇到问题自己不断地想啊想，想不清楚也不愿意向别人说出来。"说到这儿，晓秋停了一下，看着我笑了一下说，"就像这次咨询，我之前一直在想要不要来。可能我还是一个偏内向的人吧。"晓秋给自己做了一个判断，这刚好印证了我心中的想法。

"那你觉得其他三个维度的测评结果与你的实际情况符合吗？"我接着问。

"还是比较符合的吧。我确实比较关注细节的东西，这可能还和专业有关系，学语言很需要抠细节，做事情我也喜欢一丝不苟，可能有些完美主义倾向呢。做决策时很少会很理性地分析利弊，很多时候很随性吧，刚才我也说了，我比较喜欢自然的状态，不喜欢很复杂的人和事。另外，我喜欢把生活安排得井井有条，有规律有计划，比如考试前总是安排好复习计划、每天总是按时起床、按时吃早饭。真要有一天临时有个变化我会觉得不适应。"

在对性格测试的四个方面进行确认之后，我拿出准备的材料中关于 NSFJ 型的说明展示给晓秋：

> 对于测评结果的解读，重点是结果不甚明显的部分，可以和收纳面谈中学生提及的自我认识比对起来讨论，也可以请学生结合自我评价和过往经历来探索。

NSFJ

（特征）安静、友好、有责任感和良知。坚定地致力于完成他们的义务。全面、勤勉、精确、忠诚、体贴，留心和记得他们重视的人的小细节，关心他们的感受。努力把工作和家庭环境营造得有序而温馨。

（职业倾向）教育、健康护理（包括生理、心理）、宗教服务，或者其他能够让他们运用自己的经验亲力亲为帮助别人的职业，这种帮助是协助性的或者辅助性的。

职业兴趣探索

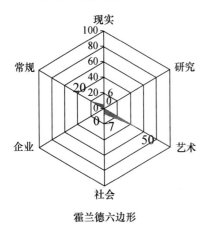

霍兰德六边形

晓秋职业兴趣探索所得到的霍兰德代码为：SCA（社会型、常规型、艺术型）。刚才我们也谈到晓秋喜欢对外交流、与大家相处得也很好，我觉得这正是社会型的体现。我在为她讲解了这六种类型的含义之后问她："你觉得你的兴趣与测评结果是不是一致呢？"

"您刚才说S型的人是天生的助人者，我觉得还是挺符合我的，我以前一直在做家教，其实也不光是为了赚钱，更主要的是我觉得帮助孩子们学习看着他们进步，是很有成就感的事情。我到北大还打算加入爱心社或者教育知行社，到小学去教孩子们英语。至于常规型，我前面也说了我喜欢关注细节的东西，喜欢有计划地生活，而且我觉得我绝对不适合做 leader，我喜欢做团队中的一员，做好自己的本分就很满意了，也许不够勇敢、不够有魄力吧。"

"职业兴趣测评显示你的艺术型也不低，你有这方面经历吗？"

"其实我没什么艺术细胞，我家在农村，从小也没学过什么音乐舞蹈绘画啥的，但我比较喜欢做手工，比如我曾经亲手为妈妈、外婆、姐姐和男朋友织过围巾，为我爱的人织围巾让他们感到温暖，我很开心。"说到这晓秋笑得很甜，我觉得这个例子也印证了她的助人倾向。

职业兴趣探索部分测评的结果得到了晓秋的认可，我再次拿出准备的材料中关于SCA型的说明展示给晓秋，以加深她的认识：

技能探索

类型	喜欢的活动	重视	职业环境要求	典型职业
社会型 S（social）	喜欢与他人合作，热情关心他人的幸福，愿意帮助别人成长或解决困难、为他人提供服务	服务社会与他人，公正、理解、平等、理想	人际交往能力、教导、医治、帮助他人等方面的技能，对他人表现出精神上的关爱，愿意担负社会责任	教师、社会工作者、牧师、心理咨询师、护士
事务型 C（conventional）	喜欢固定的、有秩序的工作或活动，希望确切地知道工作的要求和标准，愿意在一个大的机构中处于从属地位，对文字、数据和事务进行细致有序的系统处理，已达到特定的标准	准确、有条理、节俭、盈利	文书技巧，组织能力，听取并遵从指示的能力，能够按时完成工作并达到严格的标准，有组织有计划	文字编辑、会计师、银行家、簿记员、办事员、税务员和计算机操作员
艺术型 A（artistic）	喜欢自我表达、喜欢文学、音乐、艺术和表演等具有创造性、变化性的工作，重视作品的原创性和创意	有创意的想法，自我表达，自由，美	创造力，对情感的表现能力，以非传统的方式来表现自己；相当自由、开放	作家、编辑、音乐家、摄影师、厨师、漫画家、导演、室内装潢设计师

明尼苏达工作适应理论认为，当工作环境能够满足个人的需要时，个人会感到"内在满意"，而当个人能够满足工作的要求时，个人能够达到"外在满意"。而"内在满意"主要通过衡量个人价值观与企业文化及奖惩制度之间的适配性来评估，"外在满意"主要通过衡量个人职业技能与工作的技能要求之间的配合程度来衡量。因此，接下来我和晓秋一起就她的技能和职业价值观测评结果进行了探索。

测评显示,晓秋最擅长的五项技能分别如下表。

时间管理	管理自己和他人的时间
积极学习	理解新信息的含意,用于解决目前和将来的问题
书面表达	根据阅读者的需求,通过书面的方式有效地传达信息
说服	说服他人改变观念或行为
服务导向	积极寻找帮助别人的方法

"你觉得自己对这五方面技能是不是比较自信?"

"差不多吧,我比较喜欢安排好时间,什么时候该干什么就干什么,比如我和别人约一个时间见面我肯定会算好时间,很少会迟到,也很反感那些迟到的人。积极学习和服务导向我觉得最符合我,我比较喜欢接触新鲜的东西,也很愿意去学习和了解不同的文化。刚才我们也讨论到了,我确实具有很强的助人倾向,喜欢帮助别人。至于书面表达和说服,我感觉不是那么强,可能以前自己没有注意到吧。"

"除了测评显示的这几种技能,你觉得你还有哪些方面的技能?"

"英语比较好,其他的……"晓秋显得有些犹豫。

"技能可以分为知识技能、可迁移技能和自我管理技能……"我为晓秋讲解了技能的具体分类之后,进一步启发她:"那么你能不能先用五分钟时间思考一下,你从小到大觉得最有成就感的几件事?"

过了一会儿,晓秋列出了她的几项成就事件如下表。

晓秋的成就事件

1 经过努力从农村考到北京著名大学
2 在国外交换学习期间结交了几位国际朋友,并保持很好的联系
3 和访谈小组一起采访了几位成功的校友
4 以前一直觉得学车很难,后来通过学习顺利拿到驾照
5 中考和高考数学都考了满分。数学一直不是强项,但是通过考前的努力复习,都取得了满分
6 学会了织毛衣,并亲手为妈妈、姐姐、外婆和男朋友织了围巾
7 教两个初二学生新概念英语,后来他们成绩都有提高,他们的家长也很感谢我

"那么,对照技能词汇表,从这些事件中你能发现你还具有哪些擅长的技能呢?"我一边拿出事先准备好的技能词汇表,一边进一步

引导她思考。

"知识技能方面是英语能力,可迁移技能方面是学习、编织、教授、采访、人际交流等,自我管理技能方面是努力、认真负责、有目标、刻苦、自律、自信、团队合作吧。"

"你总结得非常好。"我及时地对晓秋给予鼓励。

职业价值观探索

测评显示晓秋的职业价值观如下图

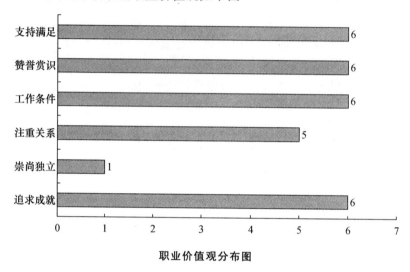

职业价值观分布图

我发现测评结果显示的晓秋的职业价值观不是很清晰,在六个方面的支持满足、赞誉赏识、工作条件、追求成就和注重关系上的得分很接近,只有崇尚独立方面最低。同时,在对收纳面谈表进行分析的时候我就发现晓秋的家庭非常特殊。据她自己描述:她出生于农村家庭,父母都是农民,一边在工厂打工兼顾农活,一直非常辛苦地挣钱供姐妹俩读书,姐姐成绩不是很好只上了中专,但是她一直鼓励晓秋刻苦学习,努力走出去。父亲那边的亲属比较重男轻女一些,对金钱也看得较重,所以晓秋是全家人的希望,从小家里人就希望将来她能够有所成就,要让别人知道女孩子也可以很优秀,给爸妈争光。2008年4月,晓秋的父亲因意外去世,这对整个家庭的打击特别大。看到明显变老的母亲,晓秋更希望自己出人头地,才对得起含辛茹苦的父母。所以,我觉得有必要帮助晓秋一起进行价值观澄清。

"从收纳面谈的情况看,你的家庭对你的影响很大?"我试探性地发问,因为在我看来晓秋也许会比较敏感甚至回避这个话题。

没想到她很坦然地回答我:"嗯,家人培养我这么多年很不容易,我就是想以后能有能力好好回报他们。"

"那么你觉得怎样的工作才能实现你回报他们的这种愿望呢?"

"其实也不是金钱方面的,我家人一向对钱看得不是很重,主要是声誉上的吧,有社会声望、受人尊敬,这样能让他们在亲戚面前扬眉吐气,给家里人争光。"晓秋的回答多少有点出乎我的意料,我以为她会选择薪酬待遇等物质方面比较好的工作来实现这种回报。

"**假如**不考虑你的家庭,你会希望从事什么样的工作呢,当然我知道这个假设可能对你有点难,但我希望你能从自己出发来进行一下思考?"我继续问。

> 假设建构是咨询中常用的有效技巧之一。这一技术帮助来询者在排除外在因素的条件下,发现自己内心的需求与愿望。

"我希望我将来的职业要比较稳定,有宽松的工作环境,有固定的假期,同时工作内容不要太枯燥,最好收入比较好吧,我只是说比较好,不一定要很高薪。还有就是一定要有融洽的人际关系,上下级之间、同事之间容易相处,我很不适应复杂的人际关系。"晓秋描述着自己理想的工作,末了她补充了一句:"当然,其实最重要的还是能让我有精力和时间照顾到我的家庭,尤其是我妈妈,我知道现在高薪的工作需要很多加班什么的,所以我并不是特别在意很多钱。"

晓秋的补充打消了我刚才的疑问,为了帮助她在进行了上述分析的基础上对自己的职业价值观有更深入的了解,我拿出价值观分类卡摆在我们面前的矮几上,请她来分类。

晓秋的职业价值观卡片分类

非常重视	比较重视	有时重视	很少重视	不重视
家庭	同事关系	高收入	身体挑战	冒险
社会地位	帮助他人	影响力	传统	权力
专业地位	追求新意	发挥专长	快节奏	刺激性
工作稳定性	工作-生活的平衡	快速学习	创造性	挑战难题
时间自由	轻松的工作环境	赏识认可	实用性	独立工作
福利保障	变化	环保	信仰	艺术创造性
有益社会	公司知名度	追求成就	知识性	前沿领域工作
稳定的居所	团队合作	工作的精准性	决策力	崇尚独立
	友谊		督导	
	诚实和正直		工作节奏平缓	
	社会交往		竞争	
	归属感			
	个人发展			

之后,我让晓秋自己总结下自我的职业价值观,她思索了一下

说：" 我最重视的是赞誉赏识，也就是社会地位和声誉，同时也重视工作条件，主要是工作的稳定、有保障、和谐的人际关系、有自己的时间来照顾家庭、工作内容不要一成不变、要对社会和他人有所帮助，还有就是不会放弃我的专业英语。我最不重视的是权力、冒险和独立这些方面。"

第一次的面谈咨询进行得很顺利，在帮助晓秋一起对性格、兴趣、技能和价值观进行了探索和分析之后，我问她："那么知道哪些职业比较适合你吗？"

晓秋犹豫了一下说："刚才和您一起聊了之后，我确实对自己的优势和不足有了更加清晰的认识。之前一直希望能在文化、教育、对外交流这些大方向上发展，刚才测评的结果看我的性格和兴趣还真是比较适合教育和社会工作类的，但对适合的具体职业似乎还是不够明确。"

"现在看来，你对职业的了解还不够。在对自我进行充分探索和了解的基础上，还必须充分地了解职业，这样才能和自我的性格、兴趣、能力、价值观等进行可行的匹配，否则很可能出现理想和现实落差很大的情况。"

"那我该如何去了解职业呢？"晓秋关切地问。

接下来，我给晓秋介绍了一些了解职业信息的方法，包括阅读职业介绍的书籍、查询目标企业网站、浏览相关的职业搜索网站（如jobsoso）、进行生涯人物访谈、观看相关的影视作品等，晓秋认真地在笔记本上一一做了记录。最后，**我给她布置了一个作业——寻找自己的预期职业库**。方法是：首先写下自己的霍兰德兴趣类型和MBTI性格类型测试推荐的职业，然后进行充分的头脑风暴写下自己期待的职业，再根据技能和价值观探索的结果，去选择了解5~6个职业，最终确定2~3个目标职业，作为重点考虑对象，到时候我们可以再一起深入分析。

> 职业规划的目标是产生行动。咨询过程中适当给学生布置一些自我探索的任务，增强学生的主观能动性和参与性，推动学生更加自主地达成目标。

晓秋愉快地接受了这项任务。

第 二 次 面 谈

一个星期之后，晓秋再次走进了我的咨询室。同样是初秋晴朗的午后，同样是坐在乳白色的软沙发上，不同的是这次的晓秋不再如上次那般羞涩和拘谨，而是显得很放松。她急切地告诉我："我找到我的预期职业库了，我发现中学英语教师、翻译和教育部公务员都挺适合我的，但具体该选择哪一个我还不是很确定。您能再帮我分析分析吗?"

我拿出事先准备好的生涯决策平衡单,向晓秋讲解了填写的方法。

晓秋的生涯决策平衡单

选择项目 考虑因素	权重 -5到+5	选择一:教育部公务员		选择二:中学英语教师		选择三:翻译	
		加权分数(+)	加权分数(-)	加权分数(+)	加权分数(-)	加权分数(+)	加权分数(-)
个人物质方面的得失							
个人收入	2	1(+2)		2(+4)		4(+8)	
未来发展	2	5(+10)		1(+2)		3(+6)	
休闲时间	3	3(+9)		4(+12)			-1(-3)
对健康的影响	2	3(+6)		2(+4)		0(0)	
他人物质方面的得失							
家庭收入	2	1(+2)		2(+4)		4(+8)	
家庭地位	5	5(+25)		3(+15)		1(+5)	
个人精神方面的得失							
创造性	1	4(+4)		3(+3)		0(0)	
多样性和变化性	4	2(+8)		2(+8)		2(+8)	
影响和帮助别人	4	2(+8)		5(+20)		5(+20)	
	2			2(+2)		4(+8)	
自由独立	3	2(+6)		3(+9)		3(+9)	
被认可	1	2(+2)	-1(-1)			4(+4)	
挑战性	5	4(+20)		4(+20)	-1(-1)	5(+25)	
应用所长	3	4(+12)		3(+9)		4(+12)	
兴趣的满足							
他人精神方面的得失							
母亲	5	5(+25)		3(+15)		1(+5)	
姐姐	3	5(+15)		3(+9)		1(+3)	
男朋友	2	2(+4)		5(+10)			-1(-2)
总分		157		145		116	

决策平衡单分析结果显示，晓秋在教育部公务员上的得分最高，其次是中学英语教师，而在翻译上的得分最低。

"教育部公务员是个很泛化的概念，你能具体说说希望从事哪方面工作吗？"说实话，我对这个结果还是很意外的，原来以为晓秋会在中学英语教师职业上分数最高。

"我希望某天，我能成为国家教育部的一员，借鉴国外的教育理念和经验，结合中西方的教育体制，参与制定最适合中国国情的教育政策，这些政策能使中国的孩子全面成长，能使中国的年轻人在世界舞台上更有竞争力。"晓秋略显兴奋地说。

"这个想法是很好的，那么你了解这方面公务员的素质要求吗？"我其实是想提醒她任何的职业决策都不是轻易下结论的。

"我根据您教给我的方法已经进行了探索，对这类工作的行业状况、工作内容、素质要求、公务员考试等都做了了解，我还打算再去找找相关部门工作的师兄师姐进行生涯人物访谈，有机会还想去类似的机构实习一下呢。"

"那么从现在开始你打算做哪些计划呢？"

"针对这个较具有挑战性的目标，我已经制订了计划实施的时间表：5年后，进入相关部门工作；10年后，能够进入核心工作部门，如参与考察活动，交流访问活动，参与相关活动的组织，参与相关政策的制定；15~20年后，能成为该部门的主管某方面事务的领导之一。具体而言，我近期应该顺利完成学业；我的中期目标是找到预期的工作；长期目标是在所做的工作岗位上有所建树。"

"思路不错，但我建议你能够更加细致地考虑一下你的行动计划，确立好一个个职业目标，职业生涯规划理论上有一个目标制定的SMART原则，就是说目标的设立要具体、明确；可量化的；可以达到但有挑战性；有奖罚机制的；有时间限制的，这样实施起来才有效率。"晓秋点点头，我拿出事先准备好的一份其他同学做的职业目标实施计划给她展示，这位同学的职业生涯规划书在北大学生职业生涯规划大赛中获奖。晓秋一边翻看一边说："我会好好思考细化我的行动计划的，并且随时考核自己的实施效果。"

"另外我想说的是，职业规划并不是绝对的，要根据社会环境的发展变化以及对自我和职业了解程度的变化而调整和发展。不要把你的目光和思路过于集中于公务员这个职业上，而是要开阔眼界，在积极的行动中做好备选方案和调整机制。"我觉得有必要及时提醒晓秋决策的风险性。

"嗯,您说得很对,我会积极准备现在的职业规划计划,但我也会把中学英语教师作为我的备选方案。首先,英语教师的工作性质兼具有公务员的工作特质,与我的性格、兴趣、价值观、技能也很吻合。其次,先在学校工作,之后也有可能成为教育管理部门的公务员,最终与我的职业生涯目标是有交点的。"说到这,晓秋自信地笑了。

在完成了职业咨询预定的目标之后,咨询就告一段落了。我把晓秋送出咨询室,她临出门时转过身,微笑着很认真地对我说:"老师,谢谢您!"我也微笑地看着她,说:"加油!"对于晓秋,她的职业之路刚刚开始,我想她还需要不断地探索、不断地积累、去寻找属于她的职业天空。

 案例分析

在全社会就业形势日益严峻的背景下,很多大学生已经意识到生涯规划和求职准备的重要,但他们中相当一部分人面临着和本案中来询者晓秋一样的困惑,即不知道自己喜欢和适应什么样的工作,对未来发展方向感到迷茫。这类来询者问题在职业咨询中属于综合性的案例,开展这类咨询的一般方法是:1.帮助来询者探索自己的职业兴趣、性格、价值观、技能等,明确其自身的优势和劣势;2.在自我探索的基础上,探索职业世界,选择适合的职业发展方向;3.在前面两步骤的基础上,帮助其建立职业发展的路径和规划。

这个过程中,为了使得正式咨询更加高效,咨询师一般应该请来询者提前完成收纳面谈和网上职业测评。职业测评能够对其职业兴趣、性格、价值观、技能等从常模角度有个评价,而收纳面谈则能了解一些更加个性化的背景情况。在咨询中,可以从测评的结果入手,重在和来询者探讨结果不明显(比如本案例中晓秋性格的内外向维度)、测评结果与学生主观认识不相符(可以询问学生是否认同测评结果)、测评结果本身存在理论上相悖之处(比如兴趣测评中,有的人可能在"研究"和"企业"两个维度上都很突出)的地方,尤其要引导来询者从过往经历中发现自我。要让学生理解测评的结果只是辅助我们更好地进行自我探索,对自己过往经历和经验的回顾和总结可能对于我们认识自我、准确定位具有更现实的价值。

此外,本案例中应用到的诸如成就事件、价值观分类卡片、决策平衡单等都是处理此类综合性咨询问题时常用的咨询技术。

第三章 多元发展

　　大千世界,乱花渐欲迷人眼,面对广阔的天地和复杂的选择,学生该如何找到自己的方向?在了解自我之后,又如何确定适合自己的道路?在分岔路口前,职业幻游或许能帮助他们倾听内心的声音,在犹豫不决时,量化的比较或许能帮助他们认清自己的需求。在人云亦云之外,在去除杂念之后,或许有一种职业规划是自己未曾料到的惊喜,而他们所要做的,就是在多元的价值观中,坚定自己的选择,实现自己的价值。

案例 14　我想做个外交官

在工作一年之后,刘欣准备考国际关系专业的研究生。她的苦恼是,在两所大学中,她不知道该选择哪所学校。咨询过程显示,刘欣对于将来希望从事的外交官职业不是非常了解。通过职业咨询,刘欣对两所考研目标学校和将来从事的专业有了深入的了解,做出了一个满意的选择。

> **职业规划师**：方伟
> **来询者情况**：刘欣,女,工作后考研,新闻专业
> **主要职业困惑**：考什么专业的研究生

我想做个外交官

刘欣是新闻专业的毕业生,她一直对国际政治非常感兴趣,非常想将来从事外交工作。毕业后在一家报社工作了一年时,刘欣选择了辞职,并在北大附近租了一个房子,准备报考国际关系专业的研究生。刘欣目前面临的问题是,自己应该报考北京大学国际关系学院的硕士还是另一所大学国际问题研究中心的硕士呢?这个问题最近一直在困扰着她,所以**她来向我求助**,希望能帮助她解决这个问题。

根据职业咨询以及求学咨询的一般经验,要做好考研学校的选择,对自我深入了解是前提;而对研究生毕业后计划的毕业去向、可能适合的职业进行探索,以及对学校之间的比较分析是必要条件。经过沟通,我了解到刘欣旁听过国际关系的课程,并向两所目标院校的研一新生了解过有关专业学习状况,也对导师有了一定的了解,同时也大致知道这两所学校该专业学生毕业以后的去向。刘欣认为,她对这两个学校的国际关系专业有一个基本的了解。

由于刘欣正好做过职业测评,于是我帮她分析了一下测评结果。从测评的结果可以看出,刘欣是一个人际取向比较强的人,比较在乎别人对她的看法,希望获得别人的认同;但她并非一个研究取向很强

> 刘欣辞了职、租了房子备考,可见决心之大。有目标,但不知取舍,这样更是煎熬。许多人往往是到了职业困惑到自己无法承受的时候,才向专业人士求助,而这个时候自己也有许多被动、许多风险。

的人,喜欢在行动中学习。我觉得在下一步的咨询中还需要和她进一步探讨确认她的优势,并进一步澄清国际关系专业的学科要求以及外交工作的素质要求,以便分析测评结论的合理性。

"你能说一下你希望从事的职业吗?"我问。

"我目前对两个职业比较感兴趣:一个是外交官,另一个是政府政策咨询顾问。"刘欣回答。

"那你觉得如何去实现这些职业目标呢?"

"对于第一个目标,我认为首先考上知名大学研究生,再参加外交部公务员考试,将来做一名优秀外交官,在国际舞台上为国家发挥自己的才能,化解重大国际危机,有效进行国际沟通,为国家赢得安全和荣誉。而对于第二个目标,首先也是得考上知名大学研究生,再申请出国获得美国知名大学博士学位,在国际关系研究领域有较深造诣后,回国做知名美国和台湾问题专家,在教学的同时为政府提供有效的政策咨询。"

"那你有没有进一步的计划呢?"

"首先,考上研究生是最基础、最核心的任务,要不怕任何困难,不惜一切代价考取。在读研究生阶段,潜心学习,发表2篇到3篇学术论文,然后申请去美国读博。我的中期目标或次要目标是硕士毕业后如果出国不成的话,考进外交部做一名外交家。长期目标或者说是主要目标是做一名知名的国际问题研究专家。"

刘欣在职业目标和行动计划部分做了**两个非常具体的目标**,从她的行动计划以及访谈情况来看,她对自己的工作目标有一定认识,就是从事与国际关系专业的相关工作。她对外交官和学者型顾问之间的取舍也很明确,那就是后者是最佳的选择,外交官是退而求其次的选择。但刘欣没有分析实现这两个目标的可行性与难度,如果二者都不能实现,她会再做什么。另外,是否还有其他更适合她的工作?这些都是需要她进一步思考的。

长期目标是职业发展的总体成就,而短期目标是最近要采取的行动。短期目标能否与长期目标有连贯性和因果关系,这是很多人的困惑之一。可以根据长期目标制定自己的阶段性目标,也可以从短期目标的成绩和方向确定长期目标和最终目标。然而,如何确定目标都要根据来询者的意愿。

外交官没有想象中风光

我问刘欣,是否了解外交官和学者型顾问职业生涯、职业特点以及素质要求。她说,还没注意这些方面。于是,我就建议她通过生涯人物访谈以及各种其他途径了解、澄清上述有关问题,以便清晰自己的发展方向,清晰发展方向可能会有助于做出选择哪个学校的决定。另外,再去详细了解一下国际关系专业毕业的研究生其他就业方向的情况。她愉快地接受了我的建议。

刘欣通过一些同学和老师的关系大致了解了一下外交官和学者型顾问的职业生涯、职业特点以及素质要求。外交官在中国主要集中在外交部以及中共中央对外联络部。近年来毕业的大学生一般的职业发展路径主要有三条：第一种是政策研究型干部，数量很少。主要面向博士以及有一定影响的年轻学者，他们一般在国内工作，可以说是政策咨询顾问或高参。第二种是到机关工作一两年后派驻到驻外使领馆，工作三五年甚至更长时间后再回国工作。主要面向硕士毕业生，这批人里面经过严格选拔会产生一些真正意义上的外交官。第三种是在机关做一般性的管理、翻译或技术与事务性工作，主要面向本科生。一般情况下，刚毕业的大学生的行政级别从三秘到一秘发展，对应正科、副处、正处，完成这一发展路径通常需要十年左右。

根据这些信息，刘欣说她比较偏向于第二种。就学者型顾问而言，顾名思义，主要集中在高校与科研院所，他们必须是学有成就的著名学者。他们一般必须是国内外名牌大学博士（或博士后）毕业留在教学科研单位，经过多年知识与能力积累，对理论与现实都有深入了解与研究，著作等身，在国内外有重大影响后才有可能。但现实中政府正式聘任的咨询顾问为数极少，随意性比较大。目前政府正式聘用的顾问主要集中在经济、法律及科技事务方面。

在职业特点以及素质要求方面，外交官所要求的知识结构包罗很广，从熟练的外语水平到广博的国际政治、经济、法律、文化、外交事务等知识，从高超的沟通协调技巧到外交礼仪的繁文缛节，从近似军队的严格的组织纪律与保密要求，到规定的活动范围、生活方式，没有固定的节假日，生活不规律甚至有点枯燥等。

我让刘欣尝试描述10年以后她想过的生活。她说应该是这样的：事业发展到了一个阶段，在所从事的职业领域有很高的知名度。能用所学的知识影响和帮助周围的人，事业和生活之间有很好的平衡，工作之余能和家人一起出去游玩。

为了让她做好职业选择，我请刘欣用 SWOT (strength, weaknesses, opportunities, threats) 分析法，针对自身分析一下国际关系专业硕士毕业后可能具备的基本情况，并让她描述哪种类型的职业对于她来说是机会，哪种类型的职业对于她来说是威胁。

刘欣花了大约10分钟的时间，给自己做了 SWOT 分析。结果如下：

> 我们可以搜集职业信息的渠道很多，有网络、媒体、图书馆资料和职业人。而从老师、同学、行业成功者那里获得的信息是最感性、最准确、最鲜活的。这就是生涯人物访谈的优势所在。

> 职业的真实情况往往与我们所想象的有相当大的距离，同时，职业的真实状态或许与我们想得到的也有许多差距。这些误差都是正常的，SWOT 分析法是解决这个问题的不错的一个工具。

优势：

国内名牌大学毕业；英语过六级，熟练的听说能力；

自己的形象还不错；有比较好的沟通协调能力；

有较高的人际交往的愿望并愿意帮助别人；

有新闻学和国际关系学科的双重背景；很注重实践。

劣势：

本科不是国际关系专业，知识体系可能比本科就学国际关系的要弱一点；

喜欢比较自由轻松的生活，对于过于强调组织纪律的组织不是很喜欢；

对于研究的兴趣不是很强；

计划性不是很强。

机会：

比较适合的职业有：主要和人打交道，并需要一定的人际技巧的职业；需要一定的英语能力的职业；同时需要新闻学和国际关系知识有关的职业；实践性很强的职业。

威胁：

不太适合自己个性与能力的职业：研究性过强，过于强调理论研究的职业；过于强调组织纪律的职业；不能协调家庭生活的职业。

做完SWOT分析以后，刘欣发现学者型顾问一般在科研单位工作，很强调理论研究，不是很适合自己，另外要成为学者型顾问，必须拿到博士学位，也就是说要做大量的研究工作。她喜欢的外交官的工作是一个实践性很强的职业，从能力上来看，她觉得自己还是胜任的。但是也有一些顾虑，那就是她了解到要成为外交官，一般都要做领事馆的领事，可能会长期在国外，经常会远离亲人；由于保密的要求，很多事情不能和别人倾诉；外交官有很多礼节上的要求，另外工作时间也不太有规律并有点枯燥，这也和她想要过的轻松的生活不太一致。她说，**以前只是看到外交官风光的一面，没有去关注并了解这些细节**。考外交官还是有一定难度的，自己也不一定会顺利考上。不过，她说如果真的能考上，她还是愿意去克服自己的一些缺点努力做好的。

<blockquote>人职匹配理论认为，每个个体都有独特的个性特征，而每一种职业由于其工作的性质、环境、条件、方式等的不同，对工作者的能力、知识、技能、性格、气质、心理素质等也有不同的要求。了解自己和职业的基本特点，符合自己的意愿也是重要因素。</blockquote>

<h3 style="text-align:center">选择时要挑最适合的</h3>

当刘欣对以前的两个目标有了较为全面客观的认识时，我问她："其他可能适合的工作会是什么呢？"她又一次陷入了沉思中。我引

导性地问她,国际关系学院的学生的就业方向除了上面的工作,还有哪些?她说,有去大型外企的,也有去大型媒体国际部的。讲了这些以后,她说,大型媒体的国际部也许很适合自己,因为她有新闻学专业的背景,同时也有国际关系专业背景,英语也不错,自己对很多国际问题可以进行专业深入的分析。当我问她实现这个目标的难度时,她的表情变得有点轻松,说不是很难。

在本次咨询快要结束的时候,我们一起回顾了本次咨询的过程和收获。刘欣认为最大的收获主要有两点:一是对于自我有了进一步的系统而深入的认识;二是在对于原来的目标进行了深入的剖析的基础上有了一些初步的结论,找到了一些相对来说实现起来难度低一些但也适合自己的职业。

在刘欣对于自己的职业目标有了较为清晰的认识之后,我们**开始关注她的两个目标学校**,北大和另一所学校在该学科上的差异。由于刘欣之前只是对研一的学生进行了解,可能不够全面深入,我让她对这两所学校都有深入了解的人做进一步的访谈与调查,以便做好选择。她也愉快地答应了。

通过朋友的介绍,她与一位在北大念过本科和硕士,现在在另一所目标大学国际问题研究中心在读的一位博士进行了交流。

她了解到,北大国际关系学院成立比较早,学科门类比较齐全,师资力量比较雄厚。而那所大学国际问题研究中心教师相对要少一些,很多教师原来就是从北大调过去的。据那位博士生说,当初他之所以选择去那所大学念博士,主要的原因是对其中一个刚从美国回来的老师的研究方向感兴趣。从研究的内容来看,这两个机构在研究上都很强,只是那所大学国际问题研究中心由于教师数量的限制,研究的面相对窄一点,但都研究得很深入。北大在国际关系的研究上的广度和深度都还不错,此外北大也有很多从国外回来的青年学者,其专业水平也占优势。那所大学国际问题研究中心在读的学生比较少,他们以研究人员作为职业发展的比较多,硕士毕业以后去研究机构或者继续念博士的比例多一些;而北大国际关系专业研究生毕业以后职业选择面相对比较宽一些,除了在研究机构工作、继续攻读博士、去外交部工作以外,还有很多人去企业、新闻媒体甚至其他性质的党政机关工作。

和那位博士交流以后,刘欣在来咨询的前几天还特地去听了那位博士推荐的几个老师的课程,北大国际关系学院教师水平给她留

> 俗话说,不怕不识货,就怕货比货。比较法是将两个以上的对象放在同等条件下对照异同的方法。比较结果并不是问题的全部,还要根据自己的情况确定。正如同样的药针对不同的病人用法也有区别。在做决定的时候,只有合适的,没有最好的。

下了深刻印象。

一个有用的决策工具

刘欣来之前已经有了一个决定,就是打算报考北大国际关系专业的研究生。她问我这个决策是否正确?我没有直接回答这个问题,而是让她自己去分析一下自己是如何做出这个决策的。

她拿了一张用决策平衡单形式写的一个表格,但不是从自我物质方面的得失、他人物质方面的得失、自我精神方面的得失、他人精神方面的得失这四个大的方面,而是选择一些在她看来重要的项目来平衡(见下表)。她根据各项对自身的重要程度,在"权重"栏目下按1—5打分,重要程度越高分值越高;然后,对两个选择进行得分评估,填入"打分"栏目,将打分乘以权重,得出加权得分;最后,根据各选项加权得分合计,协助她来进行决策。

> 人的思维和想法都是流动的,容易发生变化。最简便的方法就是把自己的想法用笔写下来,然后用相对统一的标准量化打分,这样的结果更准确些。如果是仅仅是想想,可能思路会越来越乱。

通过这种方法,刘欣一方面可以对各个需要考虑的方面进行对比,另一方面可以有一个总体的评价。她告诉我,这是从北大就业指导中心就业指导报网络版上看到的表格形式,并进行了一些修改。

表 刘欣的决策平衡单

考虑因素/选择项目	权重	北京大学国际关系专业		某大学国际关系专业	
		打分	加权得分	打分	加权得分
师资力量	4	5	20	4	16
校园环境	3	5	15	3	9
专业学术氛围	4	4	16	5	20
就业相关	5	5	25	4	20
分数总计			76		65

刘欣向我解释了确定每个选项权重的依据以及打分的依据。谈到"就业相关"指标时,她认为这个很关键,所以在权重上打了最高分5分。北大国际关系专业由于历史悠久、职业渠道、生涯人物、人脉关系比较宽广深厚,毕业生就业面要宽一些,当外交官的比例也高一些;同时,即便考不上外交官,也有很多从事其他工作的机会,例如去媒体、企业甚至其他党政机关工作。随着最近对外交官工作的了解,她现在对外交官的工作的兴趣已经不像原来那么强烈。即使考不上,也不会觉得很遗憾。另外,她说她的决策力比较弱,同时情感导向太强可能是制约她成为好的外交官的重要因素。这也是她想要克

服的一些个性特点,但估计需要花费很长时间。

我问她,你觉得作出这个决策以后会再变吗?她说,应该不会。我告诉她,当做出一个选择之前,需要充分考虑将要选择的方案的缺点,这样做选择时就可以谨慎一点。而一旦作出选择之后,则要多考虑所选的方案的优点,这样才会认同自己的选择,并有一个积极的心态去实现。她说,以前都是选择了某所学校之后,看到的总是该学校的缺点,并去想没有选的学校的优点。比如去年选择考某大学之后,总觉得那家大学也有不如意的地方,而去想北大国际关系学院好的地方,这种想法影响了情绪,使她在考研的过程中没有坚持到最后。今年选择了北京大学之后,要多想想这个选择带来的好处。

> 选择前后的着眼点大有区别,不注意这一点可能会对自己已经做出的决定产生动摇。这也是做决策的一个小技巧。

为了确保她能够解决这个决策问题,我让刘欣在结束这次咨询一个星期之后给我一个反馈,向我说明一下情况。刘欣愉快地答应了。

一个星期之后,我接到了刘欣的电话,在电话里她向我表达了谢意。说最近心情好多了,目前正在积极备考北京大学国际关系专业。

 案例分析

研究生专业选择问题的背后,往往需要解决的是职业选择的问题。如果只是关注专业本身,即使暂时解决了问题,以后可能会遇到更大的问题。在本案例中,咨询师关注的首先是职业选择问题,并对刘欣进行自我分析,让她意识到自身的优势和劣势,从而做好职业定位。同时,对于职业和专业也需要深入的了解。了解的比较好的方法就是做生涯人物访谈,通过有切身体验的人来进一步了解。同时,在做专业选择的时候还可以用一些方法,例如 SWOT 分析、决策平衡单等。

案例 15 我的职业方向在哪里

吕萌是一个开朗活泼的女孩。她在本科时学会计学专业,因成绩优异,综合表现出色而被保送读研。本专业的研究生同学们都很羡慕她,觉得吕萌将来一定会有一个很好的职业前途。可吕萌自己却很苦恼,她不喜欢自己的专业,很想转行但又不知道自己适合做什么。吕萌的职业方向究竟在哪里呢?

> **职业规划师:** 李军凯
> **来询者情况:** 吕萌,女,研究生一年级,会计专业
> **主要职业困惑:** 如何对待不喜欢的专业

我一直想转行

初冬的北京,阳光似乎很吝啬。在一个略显阴霾的午后,我如期来到了咨询室。这时,一个身材高挑、相貌清秀的女孩子走了进来。她穿一件粉红色外衣,浅蓝色牛仔裤,看上去充满青春活力。她的到来,为这个泛黄而萧瑟的初冬增添了一抹亮色。

眼前这个漂亮的女孩子名叫吕萌,现在读研一,会计学专业。吕萌出生于一个知识分子家庭,从小她就是班上的佼佼者,成绩一直非常优异,后来如愿考上北大光华管理学院,学习会计学专业。本科毕业时,成绩优秀、综合表现突出的她又被保送继续攻读本专业的研究生。

"老师,我现在很迷茫,不知道自己的职业方向到底在哪里。"这个看上去充满阳光的女孩子在此时流露出了一丝焦虑。

"别着急,我们慢慢说。"我安慰着她。

"老师,我越来越发现自己并不喜欢会计专业,将来也不想从事会计行业。我希望能选择一个真正适合自己的、自己也比较喜欢的职业。"

"那你能说说你为什么不喜欢自己的专业吗?"

> 咨询的成败有时候不取决于专业的咨询技术,而取决于咨询细节。比如前期的共情,就是职业规划师对来询者的关心、同情等言语行为,会给整个咨询确立一个基调。共情到位,其他方面的问题和内容都会顺理成章。

"整天和数字、公式打交道,缺乏变化和创新,我觉得很闷、很没意思。"

"当初高考报志愿时,是你自己选择的会计学专业吗?"

"**是我妈妈帮我选的**。因为她是一家大公司的会计,她说会计这个职业很稳定,收入也比较高,而且年纪大了也不会被淘汰,属于'越老越吃香'的职业。当时,我对专业不是很了解,所以就听了妈妈的意见。上大学以后,我才发现自己并不喜欢这个专业,但是周围的同学都很优秀,我觉得自己也不能落下,所以我就很努力地学习,后来就被保研了。"

"既然不喜欢这个专业,为什么还要继续上本专业的研究生呢?"我追问道。

"我也说不清当时是怎么想的了。可能人的有些决定有时会受很多偶然因素的影响。当时大家都觉得能够被保送我们本院的研究生是很不容易的事,同学们都很羡慕,所以我也没有多想就这样上研了。"

上研以后,随着对专业方向学习和研究的深入,随着对日后就业方向和职业发展道路的了解,吕萌越来越发现,从事本专业的工作不是自己想要的生活。而读研就意味着自己在会计专业方向上又前进了一步,自己未来的职业道路似乎更要局限于财务、审计、会计师等工作了。想到这儿,她开始焦虑起来,一种强烈的转行愿望开始在她头脑中弥漫开来。

自己的专业是由父母代替选择的,这是大学生不喜欢自己的专业的一个主要原因。而其中也有误区,大多数学生把专业与特定的职业简单地划等号。其实,每个专业都可以针对一个职业群。

她的答案里透露着热情

"老师,我的一些师兄师姐有不少去'四大'工作的,可是我不想从事这类工作。老师,您是规划师,您帮我分析分析吧。"

"你能主动来寻求职业咨询师的帮助,说明你对自己的职业发展比较重视,也有一定的职业规划意识。这很好,职业规划就是在科学分析自我和职业的基础上确定适合自己的职业方向的过程。要做好职业规划,首先要比较清楚地了解自己。"

"你觉得你了解自己吗?"

"我想我对自己有一定的了解,不过,还不是特别清楚。"

"我们一起来看看你的测评报告吧。"

测评结果显示,吕萌是一个比较外向的女孩,她的职业兴趣偏向社会型和企业型,喜欢与人打交道,喜欢变化和创新,喜欢在快速成长、变化的环境中从事创造性和开拓性的工作,对重复性和细节性的工作则缺乏兴趣和耐心。很明显,会计学专业和财务工作多偏向与数据、图表、公式打交道,属于事务型,与吕萌的兴趣类型正好相反,所以,吕萌不喜欢她的专业,也不想从事会计和财务工作。由此看来,事务型的工作的确不太适合吕萌,她转行从事社会型和企业型的工作还是比较合适的。

"你觉得这份测评报告对你有帮助吗?"

"有帮助。我觉得这份测评报告还是比较准确的。其实在做职业测评时,我也一直在思考自己。我觉得我是一个喜欢与人交往、追求创新、挑战和变化的人。我喜欢在一个团队中卓有成效地工作,大家一起来解决问题,每个人都能在这个过程中得到锻炼和提高,即使再累再辛苦,我也会觉得很开心。"

谈到这儿,吕萌的神情也有些兴奋起来。

"看样子,你有过类似的工作经历和感受了?"

"是啊,我最难忘的就是我在一家网站担任校园市场专员的实习经历了。当时,我们那个小组共6个人,我们那个团队合作得非常好,大家一起设计校园推广活动的方案并组织实施,还结合网站的特点,分析用户群的特点、需求,提出客户服务的改进方案,最终形成了一份'优化用户体验计划书'。虽然当时经常加班,但是我觉得自己过得很充实、很有成就感。"

为了进一步了解吕萌的工作价值观,我请她在15项工作价值观的卡片中挑选出自己最看重的5项。结果,吕萌选择了"成就感、创造性、经济报酬、同事关系、智性激发"等几个方面。看来,吕萌非常看重自我的提升和成就,希望能够不断挑战和提升自己。

"那你知道哪些职业比较符合你的兴趣和价值观吗?"

"我曾经考虑过销售,不过我觉得自己并不适合做销售。读本科时我参加的蒙牛营销经理训练营就是让我们去推销牛奶。我在销售时会比较客观地介绍产品,如果我本身就不太认同这个产品,我很难让自己说服顾客去购买。所以,我的业绩不如我的同学好。并不是我没有这个能力,而是我不愿意夸大产品的性能去吸引顾客。"

"其实销售包含很多种,有消费类产品销售也有技术类产品销售。不同类型的销售工作特点不一样,对人的要求也不一样。对于消费类产品来讲,充分介绍产品的优点可能有助于快速吸引顾客购买,而对于技术类产品来讲,则需要销售人员客观理性地介绍产品和

> 做完测评后,一些学生很容易简单地"对号入座",但概念化的内容一定要有事实来证实。在他们证实的过程中,能获得更多的信息,也能引导他们对自己有了更透彻的了解。这对于他们自我决策都是有帮助的。

技术环节。而且,一个真正优秀的销售人员绝不是一个夸大其词的游说者,而是要在充分理解产品的性能和特点,理解客户的心理和需求的基础上,客观科学地介绍产品,为客户着想和服务。我想,你还不宜过早下结论说自己适合不适合作销售,而是需要进一步去了解销售这个职业。"

吕萌略做思考后,接着说:"我还考虑过管理咨询。我挺喜欢那种团队的工作模式,也喜欢咨询行业带给人的新鲜感、挑战和提高。不过,我的父母希望我从事与专业对口的工作,他们说转行会付出很大代价,很多东西要从头学起,在求职时也没有竞争力,我自己也拿不定主意。"

"你对管理咨询行业的情况了解吗?"

"不太了解,只是听说很有挑战性,对人的锻炼和提高很大。"

"**现在看来**,你对职业的了解还不够。只凭感觉是不能做好职业规划的,必须充分地了解职业,才能和自己的性格、兴趣、能力以及现实可行性进行匹配,否则很可能会出现理想和现实落差很大的情况。"

"那我该怎样去深入了解职业呢?"吕萌说。

接下来,我给吕萌介绍了一些了解职业信息的方法,比如阅读职业介绍的书刊、查询目标企业网站、浏览相关的职业搜索网站,参加招聘会、实地参观、社会实践、实习,进行生涯人物访谈等。在整个咨询过程中,我也一直被吕萌的积极、开朗而感染着。我的问题都很简短,但她的回答充满智慧的火花,充满热情。

<blockquote>是否会倾听是职业规划师的重要技能,是提醒咨询水平高低的重要指标。在咨询中,职业规划师要既像话筒又像听筒,也就是说,是个优秀的聆听者,要能理解来询者语言的言外之意,并给他们积极的鼓励或回应。</blockquote>

职业规划并不是绝对的

谈话期间,我告诉吕萌,学校有一个咨询学会,是由有志从事管理咨询行业的学生自发组织的学生社团,他们与很多知名的管理咨询公司都有联系,还经常举办一些行业讲座、校友座谈活动,可以去了解了解。通过咨询学会,一定可以找到合适的人选进行生涯人物访谈。在交谈中,我还了解到吕萌学习成绩优异、英语已通过国家六级,并获得了北京市高级英语口语证书。大学期间参与了院学生会和团总支的工作,沟通能力和组织管理能力较为突出;还做过一些与策划、营销和分析有关的实习和社会实践,具有一定的分析问题、解决问题的能力。吕萌说,她喜欢观察事物和思考问题,比如她到一个餐馆就餐,哪怕是一个小餐馆,她也会留意观察这个餐馆的管理方式、经营运作等。因此,从能力上来分析,吕萌做管理咨询也还是比较合适的。

我告诉吕萌,**职业规划并不是绝对的**,要根据社会环境的发展变化以及对自我和职业了解程度的变化而调整和发展。任何职业和个人都不可能百分之百的匹配。我们做职业规划,不是把自己限制在一个很小的职业范围之内,而是要开阔视野、充分了解自我和职业,还要在积极的行动中根据现实情况不断调整和修正自己的职业方向,最终达到选择理想职业道路的目标。

两个月后,吕萌给我发来了电子邮件。她告诉我她已经加入了咨询学会,并认识了很多做管理咨询的师兄、师姐;她还看了一些介绍职业的书籍,并专门阅读了两本系统介绍管理咨询行业的书籍。吕萌说,她现在对管理咨询行业的了解越来越深入了,同时也越来越喜欢这个行业了。而且,在她的多次解释和深入分析下,她的父母也逐步同意并支持她的选择了。

暑假前夕,吕萌兴奋地告诉我,她已经拿到了罗兰贝格的实习offer。

> 职业规划仅仅是一个深入的计划而已。职业规划的是否有用,就在于来询者是否将咨询过程中的收获用于行动。如果不用,那么自然也就没有用,或者意义不大。行动是获得成功的秘诀。

案例分析

由于对专业缺乏了解,在妈妈的建议下,吕萌选择了自己并不喜欢的会计学专业,之后又被保研继续读本专业的研究生。随着对专业了解的加深和对未来职业发展道路的思考,吕萌越来越感到自己所学的专业和她本人的职业兴趣不符。这种冲突导致了吕萌的烦恼,使她产生了转行的想法,于是来寻求职业咨询师的帮助。这样的情况,在我们做职业咨询时经常遇到。

这时,咨询师首先需要分析吕萌对自己的了解是否准确,她不喜欢自己专业的深层次原因是什么。通过测评和交流,咨询师发现吕萌是一个性格外向,喜欢与人打交道,追求创新和变化的人,兴趣类型偏向社会型和企业型,而她的专业需要经常与数据、图表打交道,属于偏向细节和常规的事务型。因此,事务型的工作并不适合吕萌,转行从事社会型和企业型的工作还是比较合适的。

随后,咨询师通过工作价值观卡片引导吕萌探索自己的工作价值观,以便为吕萌选择职业方向提供进一步的印证和依据。

在探究适合吕萌的职业时,咨询师发现吕萌面临的问题如同很多大学生一样,关键在于缺乏对职业社会和职业知识的了解。因此,启发她去深入、广泛地了解职业,并告诉吕萌一些获取职业信息的渠道和方法。

吕萌本身非常优秀,尽管是不喜欢的专业,学习成绩依然优秀,同时,她还参加了很多社会工作和实习活动,具备一定的沟通能力、组织管理能力以及分析问题、解决问题的能力。因此,从能力上来看,做管理咨询也比较合适。

在咨询师的指点下,吕萌进一步澄清了自己的性格、兴趣、价值观和能力,并开始积极主动地去了解职业知识,从而实现了从最初的迷茫和无所作为到逐步清晰职业方向并付诸有效行动的转变。

职业规划小贴士

职业信息的获取

职业信息的获得与应用,是职业规划中相当重要的内容,也是进行正确合理的职业选择的基础,获取职业信息的方法大致可以分为间接资料获取方式和直接工作体验方式。间接资料获取方式包含网络、出版品、试听资料生涯人物访谈、行业展览会、人才交流会、专业俱乐部、专业协会等;直接工作体验方式包含在企业参观实习、兼职以及进行角色扮演等。

案例 16 孩童时的梦想

金铃，正像她的名字一样让人为之一振。她是北京大学心理学系本科毕业生，在校园里也是个叱咤风云的人物，曾在大学期间担任院学生会主席，某学生社团负责人。除此之外，她还具有良好的表达能力、逻辑思维能力。在老师和同学心目中，她一直是一个专业基础扎实、工作雷厉风行、为人谦虚和气、态度积极向上的阳光女生。但是，面临毕业选择的她，那种阳光的气质却一扫而光，左右摇摆，犹豫不定。

> **职业规划师**：王欣涛
> **来询者情况**：金铃，女，大学四年级，心理学专业
> **主要职业困惑**：为什么没有人理解我

你行我也行

在人才济济的北大，像金铃一样经历的学生，在某些方面相对是比较出色的。预约咨询时，我了解到，她是北大心理学系本科大四学生，院学生会主席，某社团负责人。

"是什么原因促使你来咨询呢？"这是我说的第一句话。

"我是心理学系本科生，对自己的未来考虑得不是很清楚。快毕业了，不知道是选择出国留学还是在国内读研究生，或者是就业？"金铃一脸的茫然。

"你考虑这个问题有多长时间了？"

"最近一段时间，看到身边的同学都已经行动起来了，准备出国的已经考过 GRE 了，准备工作的也选定了目标公司，已经开始实习了。而我还没有打算，真的不知道我现在要做什么？未来的路怎么走真不清楚，只知道做手头的事情，没大的方向，将来不知道想做什么。看到别人规划好了，有步骤地实施，很羡慕。"金铃仰起了头。

"你来到这不也是行动起来了吗?"我鼓励着她,又问,"对于未来的道路你有哪些设想?"

"是啊,我也行动起来了。我其实在系里表现还是不错的,在我们系担任学生会主席,语言和文字表达能力还不错,逻辑思维能力也可以,一般能抓住问题的重点,工作基本上能够得到老师和同学的认可。说实话我走哪条路都可以,研究生我有条件保送,不需要参加考试;就业肯定可以找到待遇不错的单位,在实习时人力资源部的负责人就曾私下找我谈过,希望我能留下来工作;**出国,别人能申请成功,我也一定可以。**"

"是不是可以这样理解,你无论做哪个选择,都是比较有把握的,关键是选哪条路?"我对金铃的言外之意进行了澄清。

"我还是蛮有信心的。"我从她自信的表情和言谈举止判断,金铃是各方面能力比较全面的学生,她的困惑来源于面临的多重选择。

"看来你是很优秀的啊,有那么多的机会和选择,让我们共同探讨探讨!先谈谈出国吧,如果你出国准备读什么专业呢?读完学位将来从事什么职业呢?"

"我如果出国,肯定要申请心理学的 PHD,五年制的。我觉得比较理想的道路是出国读心理咨询,然后回国做心理咨询师,同时可以留在学校教书。"

"**那你为什么还犹豫不定呢?**"我好奇地追问金铃。

"心理系很多老师都是海外留学后归国的,但我发现每个人都不一样,并不像我期望的那样。"金铃这样回答。

咨询师想探究是什么原因让她犹豫不定,于是又追问:"请举例说明。"

"比如,为人处世。有的老师就知道埋头做学术,不和其他老师交往,做事情按照自己的理解来做,很多方面处理得不恰当,造成同事关系、师生关系比较紧张。个别老师的治学态度我也不太认同。等等吧。"

"**还有别的原因吗?**"我感觉到还可能有其他原因。

"我犹豫的原因还有一点就是,担心五年后回国的话,年龄也大了,家庭等方面有可能会有很多遗憾。再说目前世界交流比较频繁,出国交流学习的机会应该很多,单纯从学习的角度来说也不一定要现在毕业就出国。"

"你行我也行",这样的话是句励志的名言。用它来提高我们的自信是可行的,但用这个观念来做职业选择就不太可取了。别人能申请出国成功,我也一定可以吗?这就是个很大的疑问了。做选择的时候,别人的成功经验是可以借鉴的,但能否成为我们自己的选择,一定要根据自己的条件。

金铃十分清晰地说出了自己出国的理想路径,但她还是犹豫不决。在言与行不一致的时候,就是另有隐情的时候。作为职业规划师在咨询的时候要能敏锐地意识到言与行,内与外的不和谐,及时地找到来询者的真实意图。

生活中没有那么多兴奋点

"如果保送读研,你是怎么考虑的?"我话头一转,希望金铃考虑更多。

"我并没有非常明确的目标,只是觉得心理学对专业性要求比较高,如果仅停留在本科生阶段,只能从事一些应用性的工作,从事研究工作有些吃力。再说保送研究生是一个机会,名额也不多,我们班很多同学都希望得到这个机会。"金铃说。

"对于在国内读研究生你有什么顾虑吗?"

"当然有,目前有一些工作对心理学的专业性要求不是很高。"她对此似乎显得有点失望。"这样的话我可以等工作三四年之后再读研究生,到那时选择研究方向会更明确,工作和学习会互相促进的。"

"假如你找工作,你会找什么性质和什么岗位的工作?"我又给她提出一个假设。

"我在国内某著名公司人力资源部实习过,感觉自己不太喜欢。"金铃的回答很直接。

"心理学专业相关的工作岗位很多,本科毕业生一般去各类公司做人力资源、管理咨询、市场调查、心理测评等;如果你将来读研究生可以在毕业后到高校、研究机构从事教学、科研工作,还有部分毕业生到公司从事应用研究。"我帮助她开阔视野,之后问:"你喜欢心理学专业吗?高考报志愿的时候为什么选择心理学专业?"

"我高考的时候在会计学和心理学之间选择,说实话,当时不知道心理学是干什么的?自己是不是真的适合学习心理学?高中时就一个目标,考上大学。后来第一志愿会计学没有被录取,录取到了心理学专业。学习了才知道心理学的分支很多,各个分支的侧重不同,有的偏研究,有的偏应用。我喜欢社会心理学、变态心理学、咨询心理学等偏应用的,尤其特别喜欢社会心理学,比如推销策略、门槛心理。"

得知金铃特别喜欢社会心理学,立刻反问她:"人力资源这项工作所运用的心理学知识应该都是偏应用的,你为什么不喜欢呢?"

"我希望工作能有些挑战性,发挥智力。我在公司人力资源部实习的时候,上班等下班,下班等放假,完全不是工作状态,找不到兴奋点。"

"你说的兴奋点是什么呢?"我注意到她提起了这个词。

"兴奋点就是有个目标,然后去实现它。"

"能举个例子吗?"我追问。

"前不久到一个咨询公司做领导力项目,我主要做访谈、编码、测评、分析等工作,工作的感觉很好,算是找到了兴奋点。但不像我同宿舍的一个同学,她总能找到自己的兴奋点。"

这时,**在她的话语中提及了重要他人**,追问道:"你能介绍介绍你的同学吗? 她是一个什么样的人啊?"我继续问。

金铃仰着脸开始向咨询师描述:"她是非常有主见的人,她的想法虽然不是一成不变的,但她总能坚定自己的想法。她正在申请纽约大学的PHD,很执著,抱着决心一定要成功。所以,她总能找到兴奋点。该考GRE就考,该干什么就干什么。而我虽然有出国的想法,但是一直没有付诸行动。"她带有羡慕的眼神告诉我,她期待像她同学那样找到自己的方向。"她总能找到兴奋点,每一时刻都用心经营,对她来讲不管多小的岗位都能找到乐趣。我想,其实这不来自于工作本身,而是完成了一件事情,我想我可能是结果导向的人吧。"

"你们两个人比较,你有主见吗?"

金铃思考了一会,说:"她有想法一般都比较坚定,而我缺乏她那样的主见,她很关心朋友,说话办事都直截了当。我想我出国主要是受她影响,看她申请出国,我也着急了,考虑是不是我也要申请出国。其实,我并不是太想出国。"她若有所思地说着,不知道她是否注意到,这个时候已经无意中说出了自己的想法了。

靠新加坡电视剧确定理想职业

"你刚才提到系里的老师是从事研究型心理学还是应用型心理学的呢?"我又问。

"是研究型的。你说我是不是对从事研究型心理学的老师有看法啊?"金铃开始反问我。

"这是我应该问你的?"我用鼓励的眼光望着她,希望她继续思考。

金铃又沉思了一会儿说:"我明白了,我的缺点就是容易受环境和别人的影响,缺乏主见,决策时犹豫不决、拖沓。"

"那你想做怎样的选择呢?"

"其实我一直有个梦想。**小时候,看电视比较多**,那时候新加坡的连续剧热播,我特别喜欢看一些关于白领女性的镜头,我就一直想

> 人们的对话都是口语,语句都是非常通俗易懂的,但其中的内在逻辑和言外之意却是不能忽视的。这个时候要关注来询者经常提到的或者突然提到的新词汇。比如金铃这个时候说的兴奋点,职业规划师就是抓住了这个关键词,而引出对她有影响的重要他人的,也由此找到了是否出国的真实原因。

> 当金铃启动了思维的时候,她也能体会到职业规划师的言外之意。这是咨询时最希望出现的情况,所以,应予以鼓励。

将来也进公司,做白领。随着年龄和阅历的增长,看到了更多的工作和生活方式,面临这么多选择的时候,我就缺乏主见了。但是我还是希望能进公司做一些具有挑战性的工作,也能够挑战自我,挑战我人生的高度,哈哈。"

"那你希望从工作中得到什么呢?"

"需要有我自己的事业,需要工作带来的成就感,所以工作要有挑战性;另一方面呢,要有宁静的生活,金钱要能满足我衣食无忧。"金铃洋溢着笑。

"那什么样的工作才能满足你所说的要求呢?"

"我还是希望能到公司做白领。已经有公司准备聘我做市场调查项目经理,要我管理一个团队。开始工作阶段比较忙、也比较累、收入少,前两年,月收入也就5000元~7000元吧,但是两年之后,一般每个月都要1万元以上。最主要的是这个机会能够让我快速成长,特别锻炼人。"

"你研究得还很细致啊?"

"这个我都考虑很长时间了,只是一直下不了决心。"

"那么,咱们刚才也一起讨论了很多可能的方向,现在你的感觉如何?"

"嗯,感觉似乎清晰了很多,我觉得,我觉得可能从内心讲,自己更希望去做市场调查经理的工作吧。"金铃说完,很认真地看着我。

"看来,你已经找到自己的答案啦。那就加油吧!"

"嗯,一定!"

> 对工作世界的认识是通过各种各样的途径完成的。但有些途径,比如电视剧,并不是对工作世界的真实再现,其中可能有技术加工的地方。所以,以此做决策的时候,要进行必要的甄别。

 案例分析

　　金铃在面临毕业选择时,因为她的学业成绩、工作能力以及在大学里的表现均比较出色,使她能够达到各种选择的标准,不同的毕业去向使她产生了选择性困惑。而金铃本人缺乏科学决策的方法和技巧,并且比较容易受环境和别人的影响,缺乏主见,造成在选择毕业方向时犹豫不决。优秀的大学生往往拥有众多的offer,通常被公认为"牛人"或"神人",但是在众多选择之间取舍,很容易眼花缭乱,这部分学生是职业生涯规划咨询的重要群体之一。

　　在个人的职业选择过程中,会不同程度地受到来自家庭、社会、学校的老师或同学等方面的影响。比如,金铃受同学影响要申请出国,并且不喜欢从事研究型心理学的老师也会成为她不出国留学的理由之一,就像一个高中生的历史学成绩好、物理学成绩不好仅仅是因为他更喜欢教历史学的老师,而非教物理学的老师。在分析影响职业选择的因素时,**要注意区分哪些因素是环境和他人带来的,**哪些是个人内心深处的。理性的人一般能够客观认识到这两个方面的因素,经分析和比较后会成为决策的重要条件。

个人的职业兴趣、能力、价值观和性格是个人决策的主要依据和动力来源,清楚地认识这些方面是做好职业生涯规划的重要前提。然而还有一些因素不容忽视,比如,孩童时的梦想是对一个人的一生有着重要影响,这个梦想不管合理也好,荒诞也罢,总是在人们做出选择的关键时刻,起到一些正面或负面的影响。咨询师在咨询此类案例过程中,不能刻意提醒或者直接取而代之得出结论,要使来询者自己自然流露。

人是社会的动物,在成长的过程中,环境是个非常重要的因素。对来询者生存和成长环境的探索,是咨询成败的关键。

职业规划小贴士

心理支持

通过会话为咨询者提供心理支持,这种支持主要有几种形式:一是解释,咨询师运用通俗的语言,把求询者的心理障碍的性质讲清楚,来改善其认识和观念,消除紧张焦虑等不良情绪,增强自助自救的信心,解释不能过多,否则会加重求询者的顾虑。二是鼓励,咨询师以语言、面部表情和动作表情,来增强求询者化解心理障碍的信心,鼓励一定要针对求询者的具体情况,恰如其分,含糊笼统和不切实际的鼓励,只会加重求询者沮丧的心情。三是指导,咨询师指导求询者应该做什么和怎么做,以减轻心理障碍引起的内心矛盾和心理压力,指导之所以是一种有力支持,是因为能帮助求询者掌握处理问题的合适办法和必要能力,指导要明确肯定,具有可行性,同时避免把个人局限的甚至是错误的经验当做成功的普遍经验,生硬地介绍给求询者。

案例17 出国深造还是国内读研？

黄兵是化学学院大三的学生，正面临着毕业后是出国深造还是在国内读研究生的选择。按他的学业成绩，完全可以被推荐免试上本学院的直博研究生，而且他所在学院的学科门类齐全，科研方向很广，国际学术交流很频繁，可以说留校读研也是一个不错的选择，老师同学都很熟悉，周围环境也是自己喜欢的。但是同学中也有不少人在准备出国的各种考试，国外一流大学的诱惑也是很大的。黄兵面对这样的两难选择，不知道如何是好，所以来寻求职业咨询的帮助。

> 职业规划师：张宁
> 来询者情况：黄兵，男，本科三年级学生，化学专业
> 主要职业困惑：是出国深造还是留在国内读研

走科研的道路一定要出国吗？

黄兵进入大三，经过了大一的迷茫和大二的平静，现在是该考虑将来的时候了。**同学当中有忙着考 TOEFL 和 GRE 一心准备出国留学的**，也有一边刻苦学习挣绩点一边实习准备找工作的，还有一边学习一边进实验室开始做科研准备免试读研的。黄兵感觉自己还没有做好工作的准备，希望本科毕业后继续深造，可是他在出国留学和留校读研之间举棋不定。他也和自己的同学讨论过，同学们各有各的观点，他觉得他们说得也都对，但是让自己做选择，他又犹豫了。

黄兵所在的化学学院里有不少科研做得很出色的教授，其中大多数都有海外留学的经历，不过这些教授中多数又是20世纪八九十年代出国留学的。而中国改革开放三十多年来，在社会、经济取得全面进步的同时，教育、科技的发展也取得了长足进步。在 **2014QS 世界大学学科排名** 中，黄兵就读的大学的化学学科排世界第 15 名。黄

申请国外大学，需要准备的英语考试科目视留学目的国和大学的要求而定。除了 TOEFL 和 GRE，GMAT 和 IELTS 也是常被要求的科目。

兵就读的大学是一所著名的综合大学,该大学的国际合作与交流非常频繁,不管老师还是学生,出国交流或者开展合作研究也不是难事。在这种情况下,如果想继续做科研,一定要出国留学吗?

时间一天天过去,黄兵必须赶快做决定:如果准备出国,就得抓紧考 TOEFL 和 GRE,准备推荐信申请国外的大学;如果想留校读研,就要选定研究方向找好导师,尽早进入实验室,并且好好学习,争取免试推荐上研。正在焦躁不安之时,黄兵看到了学校学生就业指导服务中心关于职业规划与咨询的海报宣传。于是,他到学生就业指导服务中心预约了咨询。

在与黄兵的收纳面谈中,我了解了上述的情况,同时我还了解到,黄兵来自南方的一个小城市,父母都是中学老师;他的学习成绩在班上处于中上水平;他的职业目标是做一名大学教授。

黄兵开始还比较腼腆,脸上带着些焦虑和紧张,聊了一阵儿之后,他渐渐放松下来,我们就进入正式的咨询。

> 申请研究生与申请大学本科学习需要考虑的大学排名情况是迥异的。本科学习阶段,人生观和价值观正在定型,选择一所综合性大学可以得到的综合素养的培育让一生受益。而申请研究生学习时,专业学科实力特别是自己明确的科研方向的导师队伍将成为择校就读的首要因素。

正确认识自己才能正确选择

在了解了黄兵的基本情况之后,我没有直接进入黄兵面临的问题,而是想让他先对自己有一个比较清晰的认识,希望他在进行自我探索的过程中逐渐认识到问题所在。

"你为什么想做一名大学教授呢?" 我首先问黄兵。

"应该是喜欢吧,我父母都是老师,我从小就是在学校的环境中长大的,学校的氛围让我内心觉得宁静。"

"那你认为这主要是你的家庭环境所致,还是你自己本身的性格使然?"

"以前我认为主要是家庭的影响,但前几天做过学校就业网站的职业测评之后,我回顾了自己过去两年的大学生活,觉得可能是自己的性格起了决定性作用。"

> 来询者的咨询问题特别具体时,咨询师需要和来询者快速探讨一下咨询目标,验证这一目标是否基本合理,以及具体问题的解决是否能有效帮助来询者目标的达成。

黄兵拿出他的测评结果,他的职业性格是 INTP 学者型(内倾、直觉、思维和知觉),他说:"我觉得这个结果比较符合我的情况,我性格比较内向,在直觉和感觉之间倾向于直觉,我喜欢独立思考去探究事物的真相。上大学学的是化学专业,我越来越觉得自己喜欢这个专业,化学实验很富有挑战性,不但要求你有一定的理论知识,而且还要求你有严谨的逻辑思维能力及较强的动手能力,这正是我喜欢并比较擅长的。"

我对黄兵的思考和分析能力表示了赞赏,鼓励他继续说下去。

"我的职业兴趣测试结果显示是偏向研究型(探索型)和现实性(实际型),这跟我的性格比较匹配。我希望在大学里做教学科研,主要是考虑大学可以提供一个灵活、安静、和谐的工作氛围,让我能够独立工作和思考。在职业价值观测试中,'崇尚独立'和'追求成就'两项测试上我的得分比较高。"

"也就是说,你比较认可这个测评结果,认为自己确实是做科研的料?"我半开玩笑地总结道。

黄兵点着头,但愁云又浮上了他的额头:"做科研似乎是我最好的选择,通过职业测评我更加确定了这一点。但如果选择走科研的道路,大学本科毕业后肯定是需要继续深造的,我现在头疼的是应该去国外留学还是就在国内读研?"

终于触及到黄兵来咨询的真正问题了。

认真比较才能果断抉择

我隐约感觉到,像黄兵这样聪明的学生,既然已经清楚了自己将来的职业选择,之所以还在出国留学和留校读研这两个选择之间纠结,也许他还有没说出来的一些考虑。于是我开始引导他讲出心中的顾虑,实际上是利用SWOT分析法让他分别列出出国留学和留校读研的优势和劣势,机会和威胁。

"我个人认为你学的这个化学专业,现在国内的研究环境也不错,研究力量也很强,所以出国留学和留校读研都是不错的选择,你的同学中选择留校读研的也大有人在。那么你觉得出国深造有哪些优势?"

"可以换一个新的环境,跟着更牛的人学习,开阔视野,锻炼英语能力。学成了可以留在国外,也可以回国。"

"申请出国留学有哪些你认为可能的劣势?"

"不确定性,近年来美国的经济不太好,科研基金申请难度加大,有充足经费的导师不如前些年多了,如果运气不好去了一所不太好的大学或者不太好的实验室,还不如留校学习。国外的环境和周围的人都很陌生;饭菜不可口,生活可能不是很舒适。"

看得出来,黄兵对于申请出国留学还是有过仔细考虑的。我继续问他:"那么留校读研又有哪些优劣势呢?"

"留校好处很多呀,环境和老师都很熟悉。不用参加英语考试和留学申请,节省了很多时间,从现在起就可以进入实验室开始课题研究。中国经济发展很快,国家加大了对基础科学研究的投入,一般来说实验室的经费都比较充足,出国访问交流的机会也很多。学校美食很多,可以天天换着花样吃。"黄兵稍微停顿想了想,有点儿不好意思地说:"在国内的话,想回家看看父母容易多了。""要说留校读研的劣势,我想到的恐怕是如果做得不够出色的话,以后与留学归国的引进人才没得拼。"

谈到这里,我已经觉察到黄兵其实是倾向于留校读研的。但是为了让他自己做出理性的决策,我拿出一张白纸,教他**生涯平衡单**的做法:把出国深造和留校读研要考虑的因素列出来,根据各个因素的重要程度赋予1~5分的权重,然后对两个选择进行打分评估。

黄兵一边思考一边打分,我则在旁边静静地看着他。过了不到五分钟,黄兵抬起头来,眉头舒展开了:"老师,谢谢您教给我这个方法,我想我能下定决心了。"我看了一眼黄兵做出的表格,留校读研的分数比出国深造高出将近一半。黄兵接着说:"我想只要自己努力,留校读研的劣势也可以弥补。现在是一个国际化、互联网的时代,在国内也可以提高英语能力、开阔眼界。"

黄兵做出了自己的选择,咨询也该结束了。我相信他一旦选定了方向,就一定能驾驶航船乘风破浪,到达自己理想的彼岸。

> 生涯平衡单,或决策平衡单,可以帮助来询者梳理考虑因素复杂的问题。通过对物质和精神方面的得失考虑,通过对本人和重要他人的利害分析,能更好地把来询者面临的选择的利弊较全面地摆在纸面上,避免抉择前考虑不周。多数情况下,在生涯平衡单的实施过程中,来询者尚未计算出分值,心中就已经不再纠结。

 案例分析

本案例看起来并不复杂,却是很多理科学生经常面临的问题。随着改革开放的深入和中国综合国力的提升,出国留学并不像十几年二十年前那么吸引人了,因此出国留学还是在国内深造也就开始成为困扰很多大学生的问题。像黄兵这样的学生,其实他们比较理性,也进行过自己的思考和分析,潜意识里也许已经有了自己的选择,但就是举棋不定,下不了决心。咨询师只要引导他们进一步明确对自己的认识,同时运用一些职业咨询的常用工具,例如SWOT分析法、生涯平衡单等,让他们厘清思路,做出正确的决策。

案例18 找准定位才能海阔天空

学微电子专业的陈青是一名大四的学生,因为口语面试不合格,结果与出国留学擦肩而过。无奈之下开始四处找工作,但应聘了很多家单位,都以失败而告终。在一名好友的推荐下,陈青预约了职业咨询。陈青求职失利的真正原因是什么?下一步命运靠什么来改变呢?

> **职业规划师:** 李军凯
> **来询者情况:** 陈青,男,毕业后未就业,微电子专业
> **主要职业困惑:** 为什么没有人接收我

同学遇难题都找我帮忙

"老师,我的很多同学都拿到 offer 甚至有的已经签约了,可是我到现在还没有着落。家里经常打电话询问我的情况,我只好说还在面试和等结果。"陈青垂头丧气地说。

坐在我面前这个叫陈青的男生是一名微电子专业的大四学生。他半低着头,双手不停地来回搓着,脸上露出了无奈和沮丧的表情。

"别着急,先喝点水,我们慢慢说。"

"老师,我们系的同学差不多有三分之一的都准备出国,我也申请了,本来英语考得也不错,只是在口语面试的环节我表现不好被淘汰了。没办法我只好到处找工作,可是应聘了很多单位都没有成功,我也不知道是怎么回事?难道我真的那么差吗?"

"找工作被拒绝是很正常的事,不能因为几次失败就说自己差,只能说到目前为止,你还没有找到适合自己的工作。"我纠正了他,接着说,"找工作的过程其实也是人与岗位不断进行匹配的过程。用人单位招聘的往往是最适合某个岗位的人选,而不是所有应聘者中最优秀的人选。我们对求职中的失败应该有个正确的认识,不能因为遭遇几次失败就丧失信心,甚至怀疑自己、否定自己,那就真的有可

找工作是个人职匹配的过程,企业不录用,只能说明不适合这个企业的这个岗位,而并不能说明不适合所有企业的所有岗位。更不能就此,认为自己失败了,自己就差了。这是一个观念问题。

能找不到工作；积极的做法是不断总结失败的原因，然后进行有针对性的调整和改进，这样才能获得求职的成功。"

"可是，老师，我觉得我们一起应聘的人当中，很多人都比我优秀。他们有很多实习和相关的工作经验，还有很多硕士、博士，我真的没办法和他们竞争。"

看来，求职的失利直接影响了陈青的自信心。我需要先打消他的自卑情绪，帮助他树立信心才行。

"陈青，我们先不谈你的求职。你能否先回忆一下自己生命中的十大成就事件？"

陈青思考了几分钟，说："老师，我想不出来，**好像我没有什么可以算得上有成就的事件。**"

"你能考上北大，这本身就是一个很了不起的成就啊！你在同学当中，应该是佼佼者，怎么能没有成就事件呢？"

"哦，这个也可以算是成就事件。"听了我的话，陈青半低着的头慢慢抬了起来，脸上的表情也稍微舒展了一些。

我继续引导他，"你英语笔试成绩很好啊，说明你学外语也很有自己的方法。不是吗？"

在我的引导下，陈青慢慢进入了状态，"嗯，在学外语上，我最得意的就是词汇量和写作。我有些同学学外语非常下工夫，甚至背字典，可是实际效果还不比我好，我感觉自己学得并不是很辛苦，总体上还是比较轻松的。另外，我动手能力比较强，也善于想出好点子，在遇到难题时，同学们经常喜欢找我帮忙。"

谈到这儿，陈青脸上渐渐露出了笑容。

> 在使用成就事件时，很多来询者很自然地认为自己没有太多的"成就"。这里就是对这个词的误解，在我们平常的意识里，"成就"是指一个人在社会上取得的突出的成绩。而在职业咨询的时候，"成就"是自己的经历中突出的事件。这需要向来询者做一点解释。

自己体面，父母脸上有光

我看到他已经逐渐从失利的阴影中走了出来。就开始切入正题。

"能不能告诉我，你最初决定出国是怎么考虑的？"我问。

"**其实我自己也没有考虑太多，我们系的同学很多都打算出国**，好像已经成为一种传统了，所以，我也申请了出国，只是没想到折在口语上。"他的回答是在我意料之中的。

"出国本身不是目的。无论是将来打算搞研究还是做应用，出国都是为了更多地学习知识和提升素质，是为了更好地就业、更有竞争力地就业。假如你这次出国申请成功，学成之后你怎么打算呢？"

> 出国、考研、就业、创业，是毕业生的几条出路。出国则很有特殊性。陈青做了这个决定却没有考虑太多，是因为系里有出国的"传统"。这是为了出国而出国的表现，没有明确的目的，任何选择都是盲目的。

"我还没有想过。"

"那你最近应聘的都是些什么职位呢?"

"我想出国不成功,就在北京发展吧。所以应聘了一些公司的电子技术工程师岗位,还有一些销售的岗位。结果有的没有进入面试,有的进入面试后也被淘汰了。"

"你觉得自己失败的原因是什么呢?"

"我也说不清楚。可能我性格比较内向,表达能力不太好吧。"

"我们先来分析一下为什么你应聘电子工程师岗位会失败。首先,电子工程师岗位属于研发类职位,企业比较看重应聘者的研究能力和相关工作经验,从简历和你介绍的情况来看,大学期间为了出国,你的很多时间都花在学英语上,与岗位相关的实习和工作实践比较少。现在企业都希望招聘到'熟手'和'快手',能够很快地独立开展工作,而你在这方面显得有些欠缺。另外,北京人才济济,竞争非常激烈,应聘这类研发岗位的不乏硕士、博士,他们的研究能力一般来说会高于本科生,所以从学历和研究能力方面你也不占优势。我想这两点是你应聘研发岗位失败的主要原因。"

"是啊,跟我一起参加笔试的有很多硕士、博士,我一看那种情况,自己首先就没有信心了,有些公司连面试都没有进。"

"其实,**学历并不是筛选人员的唯一标准**,但是当应聘者非常多的时候,学历、成绩等往往会成为一个最快捷的筛选标准,就好像一个门槛,过了这道门槛之后才有竞争的机会。你应聘的那些公司大多都是一些实力很强的大公司,求职应聘的人很多,竞争是非常激烈的。"

"至于销售岗位,一般来说,首先需要应聘者具备一定的沟通能力和学习能力,还要具备比较强的服务意识和成功愿望。作为销售人员,要快速学习、掌握产品的性能和特点,并用适当的语言和方式介绍给客户,要在沟通过程中了解和满足客户的需求。而与人沟通恰恰是你的弱项。这样看来,你应聘销售岗位失败也是情理之中的事了。"

"老师,您分析得很有道理,那我适合做什么工作呢?"

"你刚才说自己性格比较内向,表达能力不太好,我们通过你的职业测评报告来进一步看吧。"

测评报告显示,陈青性格内向,不喜欢从事教育服务性以及频繁与人打交道的职业,但他的抽象思维能力和动手能力比较强,适合从

> 学历是一个简单的划分标准,但这个标准不能代表一切。有大专女生进入微软的例子,也有普通院校所谓垃圾专业进入世界500强的例子,这些人求职成功都不是靠一纸文凭,而是靠自身具有的实实在在,别人无法替代的能力。

事科研、开发等技术类型的工作。同时,他比较注重工作和生活的平衡,追求成功的愿望趋于中等,挫折承受能力不高。

看来,陈青对自己的了解大体上是正确的。由于在交流中,陈青几次提到了他的家人,似乎很看重家人的感受。陈青家在浙江台州,父亲是公务员,母亲是中学老师,他是家中独子,上初中时他生过一场大病,治疗过程中,父母劳碌奔波、为他付出了很多。这次生病的经历,使陈青非常珍爱健康和家庭亲情,对父母怀有深深的感恩之情和责任感。病好后,他便发奋努力学习。后来,他如愿考上北大,用陈青自己的话来说,"当时第一个想法就是最先告诉自己的父母,让他们高兴。"到后来申请出国和努力在北京找工作,也是希望自己能有个"体面"的去处,让父母脸上有光。

我告诉陈青,由于他对出国留学之后的职业发展缺乏考虑,这样的出国是盲目的。即便申请成功,将来在职业选择和发展上可能还会遇到问题。同时,像他这样注重亲情、家庭观念很重的人,远离父母去异国他乡留学,也许并不合适。其实,这次出国申请失败和找工作不顺的经历也未尝不是一件好事,关键要从中分析原因。找工作,首先要分析自己的核心竞争力在哪,然后找准定位,尽量发挥自己的优势和强项,避开自己的弱项,这样才能成功。

> 看不清自己的核心优势,无法利用它,更无法发挥其应有的作用。核心优势是自己具有而别人不具备的优势,是能体现自己特点的核心能力。

"老师,那我的核心竞争力和优势在哪里呢?"

"首先,你是北大的学生,能考上北大的基本上都是非常优秀的学生,一般来说学习能力和综合素质都比较强。在这方面,学校的声誉和影响力会为你求职加分的。其次,你学的是应用性比较强的微电子专业,社会需求量比较大,很多快速发展的高新技术企业需要大量的、像你这样的专业人才。还有,你英语不错,尽管口语不是特别好,但是阅读、写作、翻译都没有问题,这也是用人单位特别看好的。关键看你如何定位?如何去体现自己的优势和核心竞争力?"

说到这里,陈青陷入了沉默,看得出他正在思考我的话。

北京之外的空间也很宽

"其实,做职业规划就是在充分了解自己、了解职业社会和外部环境的基础上,进行合理的职业定位。只要把视野放宽一点,找准职业定位并付诸努力,同样可以取得事业的成功。北京、上海等大城市虽说机会多、具有一定的资源优势,但人才也多、竞争激烈,个人的相对优势并不一定能够体现出来,**而如果选择其他竞争相对小的城市,**

选择适合自己的岗位,或许更能体现自己的竞争优势、发挥自己的才能。"

"老师,您说得很有道理,之前我只想着出国和留北京,其他地方基本都没有考虑过。"

"有没有想过回家乡附近工作呢?现在南方一些中等城市经济和科技发展非常迅速,对人才的需求量很大,很多企业求贤若渴,给优秀人才提供了非常好的工作、科研和生活条件,到那边的发展空间也很大。而且,离家近,你照顾父母和家庭也比较方便。近年来,浙江宁波、无锡、苏州、广州顺德等地方每年都会组织人才高洽会,邀请大学生去当地参观考察,了解当地的经济发展和城市环境,吸引优秀人才去那里发展。"

谈到这儿,陈青好像眼睛一亮。"老师,我明白了。根据我的性格和能力,做研发工作还是比较合适的,而且我觉得自己也比较喜欢。只是我之前把求职目标定在北京,局限性很大。接下来我准备去我们家乡附近的高新技术企业应聘,我想我还是比较有优势的。其实,我们家乡挺好的,气候好、经济发展快、生活也很舒适,不像北京这么干燥,交通又特别拥堵,房子也太贵了。"

陈青一口气说出了一大堆不选择北京的理由,"呵呵,看来你已经有自己的答案了。"

接下来,我告诉陈青,找准自己的职业定位后,还有很重要的一点,就是要锻炼和提升自己的求职技巧。而求职技巧中最关键的一点就是要"扬长避短",要充分挖掘和发挥自己的优势等。同时,我就如何写简历、如何写求职信、如何准备和应对面试等问题给了陈青一些具体的指导。

在我们的咨询接近尾声的时候,陈青紧蹙的眉头舒展开了,眼睛里似乎又闪烁出了希望。一个月后,陈青告诉我,他已经顺利和苏州工业园的一家高科技企业签约了,对方给他提供了非常好的科研条件和工资待遇,还准备让他做项目负责人。陈青说,他现在踌躇满志,决心回去大干一番。他已经把这个好消息告诉他的父母了,父母也非常高兴并支持他的选择。

> 小城市不见得没有大空间。一些世界500强企业为了降低生产成本,把自己的工厂和分支机构在全国布点,已经形成网络。这样,即便是在规模较小一点的城市,也会有很好的职位。二级城市发展需要大量人才,他们引进人才,会对人才开出更有诱惑力的条件。

 **案例分析**

由于缺乏职业规划意识,陈青随同学们一起选择了申请出国留学。由于口语面试不合格,结果与留学擦肩而过。出国不成转而找工作的他,又把求职区域锁定在了人才竞争非常激烈的北京。因在研发岗位和销售岗位均无竞争优势,陈青又遭遇了一次又一次的失败。心情低落的他开始怀疑自己的能力。

这时,咨询师首先帮助陈青树立自信、打消他的自我否定情绪,然后进一步分析求职失利的原因并做出合理的职业定位和规划。而如果在陈青还处在负面情绪笼罩的情况下,就过早进入自我探索和分析阶段,往往不能得出正确的结论。由此可见,职业规划咨询有时会和心理咨询联系在一起。作为咨询师,一定要深入分析来访者的心理状态,应确保来访者在客观理性的情况下进行职业规划。

本案例中,咨询师首先宽慰陈青求职失败是很正常的事情,不能因此而否定自己,应该从失利中找出原因加以调整和改进,才能迎来成功。之后,通过回忆生命中的十大成就事件来帮助陈青走出失利的阴影。当陈青的情绪较为平和后,咨询师才开始引导陈青客观理性地分析求职失败的原因。接下来,咨询师引导陈青分析自己的性格、兴趣、能力以及价值观,找出自己的优势和核心竞争力。结合对自我的分析以及对北京和南方中等城市的综合比较,陈青终于找到了自己的职业定位,即避开竞争激烈的北京,去南方中等城市的高新技术企业从事研发工作。

在职业规划的过程中,经常会用到 SWOT 法,即把个人的内部优势、弱点、外部机会、威胁这些变化因素相互匹配起来进行综合分析,并做出合理的职业定位和选择。

> 退一步,海阔天空。当自己的求职目标更实际、更符合自己的真实愿望时,来询者就会面临更多的选择,而且是更好的选择。职业规划师要做的就是,帮来询者认清自己和外界的求职环境。做到知己知彼后,来询者做出适当的选择就是水到渠成的事了。

案例 19　我能做一个对社会发展有所影响的人吗

小张大四了，本打算进入本专业计算机领域的 IT 公司工作，一个偶然机会听说了选调生招录计划，在计算机软件工程师和选调生之间无法做出选择，前来求助。

> 职业规划师：李妍
> 来询者情况：小张，男，大四，计算机专业
> 主要职业困惑：选调生的职业选择

与价值观不匹配的职业是灰色的，而与价值观匹配的职业是彩色的，因为它具有了理想主义色彩。

职业期待从生涯幻游开始

小张来找我咨询时，搓着双手，显得有些兴奋又有些疑虑。他告诉我，**他听说了选调生招录计划，很想试一试，但是对于选调生不太了解，希望听听老师的建议**。

我首先询问了小张怎么了解到这个信息的，对于选调生了解多少，为什么对选调生感兴趣。小张告诉我，他学的是计算机专业，大四了，班里的同学纷纷确定了毕业去向——保研、出国留学或者找计算机相关的工作。而他自己一开始就想好了要找工作，主要是因为对于搞研究不感兴趣，同时觉得计算机相关的工作好找。说到这里，**小张顿了顿，然后自己点点头**，接着说，本来觉得自己会当一个"码农"的，现在手里已经有了一两个还算可以的 offer，但是自己总觉得不甘心。一个偶然的机会，小张在学校就业中心网站上看到选调生招录的消息，之后在网上查阅了一些资料，感觉选调很有挑战性，所以想试一试。

我让小张讲讲他了解到的选调生工作是怎样的。这时小张面露难色，说他仅查看了一些政策资料，对选调生的认识只是凭借自己的

在求职过程中，职业信息的获取是一个重要环节。对于很多大学生来说，由于缺少必要的实践和探索，对于职业信息的了解往往不足。

这里的"顿了顿、点点头"是一种非语言信息。非语言信息主要包括面部表情、身体动作、声音特征、空间距离和沉默等。非语言信息内容非常丰富，它所表达的内容、情感往往比语言更多、更准确，能对语言表达的内容作补充和修正。这里来询者出现的停顿，可以解读为下定决心或者希望引起重视。这时咨询师要给予足够的重视和关注。

想象和以前对于自己家乡基层干部的观察得出来的,可能根本不符合实际。我连忙鼓励他,这种想象和观察是非常重要的,职业期待的起点往往是从这里开始的。**我问小张是否乐意做一个生涯幻游,小张一听是幻游,舒了一口气,并表示乐意。**在轻柔的音乐下,我请小张先让自己找到舒服的坐姿,并且调整呼吸,然后我缓缓地读起指导语:"想象一下现在你已经乘坐上时空穿梭机,目的地是五年后的某一天。正好是清晨你刚醒来,是睡到自然醒还是被闹钟吵醒的,现在是几点钟?你在哪?观察一下四周是什么样子的,你看到了什么?闻到了什么?听到了什么?……"在幻游的最后,我告诉小张:"过一会儿,我将要求你回到现在。动一下你的指尖,好了,你回来了……看看周围的一切,欢迎你旅游归来。喜欢你幻游的生活吗?喜欢的话可以分享你的经历。"小张睁开眼睛,脸上露出了微笑,向我描绘了他的生涯幻游。小张的生活比较自然舒适,有家人陪伴……工作中有一些事务上的内容,比如开会、写文案和做报告,同时也会调研和走访,进行沟通和协调,解决各种民生问题。说到这里,小张眼睛里闪烁出光芒。我微笑着向他点点头,表示赞许。接着我问道:"做生涯幻游的感觉怎么样?"小张告诉我:"生涯幻游从生活纽带出发,通过想象可以感受到自己的价值观。现实中的浮躁常常遮蔽了我们的向往,也只有在短暂的无忧的思考中,我们真真正正期待的生活图景才会浮现出来。"小张的话有些出乎我的意料,小张的投入使得他逼真地勾勒出了未来,要知道只有认真地投入才能有这样细致的描述和这么准确的总结。

职业价值观再确认

趁热打铁,我引导道:"你觉得感受到了自己的价值观,能否具体说一说?"小张说:"我比较重视家庭,工作上希望比较稳定,有很好的人际关系,并且能够实现自己的价值。我想这就是我的价值观吧。"我点点头,向小张解释道:"价值观就是我们在生活和工作中所看重的原则、标准或品质。它指向我们一生中最重要的东西,因此它也是一套自我激励机制,它支配着人的行为、态度、观点、信念和理想等。"

很多时候咨询过程就是一个协助来询者不断澄清的过程,于是我接着问道:"你希望实现自己的价值,说明了你的成就动机。能否说一说什么是实现自己的价值。"小张略一思考,说道:"在刚才的生涯幻游中,我看到了自己能够广泛地接触社会,并且通过制定政策和

生涯幻游活动是结合音乐欣赏,透过幻游的画面,带领参与者去他想象中的未来空间。并鼓励参与者分享自己的幻游情景,最终协助参与者了解自身的期待与价值观,对未来给予规划。对于职业信息不足或者不善于表达自己职业期待的来询者,生涯幻游往往能够引导来询者放松心情,放下负担,考虑到自己真实的意愿,想象出逼真的职业图景。

这里的"能否具体说一说"等提问运用的是具体化技术。具体化技术也称为澄清技术。具体化技术是指咨询师聆听来询者叙述时,若发现来询者陈述的内容有含糊不清的地方,或者自己没有认真思考过的地方,咨询师可以以"何人、何时、何地、有何感觉、有何想法、发生什么事、如何发生"等问题,协助来询者更清楚、更具体地描述其问题。

运用权力帮助人们,做出对社会发展有意义的事情。"我进一步问小张:"如果把你提到的价值观一一划掉,只留下一个,你会选择哪个?"小张有些困惑地问我:"为什么一定要划掉其他的呢?我觉得我想象的工作能够满足我所有的价值观。"我告诉小张:"你的问题很好。确实某一工作往往能满足人们一些价值观。不过在具体工作中,往往有一些核心的价值观。在将来你会发现这些核心价值观能够帮助你抵御外在的诱惑,也能够在你遇到困难和挫折时鼓舞你。当你遇到选择冲突时,常常也是出于核心价值观的考虑。就像今天,当你在'码农'和选调生之间选择时,你希望选择选调生一样。"小张点点头,说:"是的,其实做'码农'也能满足我的其他价值观,但是我觉得不如选调生接触社会面广,也不会直接做一些改善民生的事情。我想做一个对社会发展有所影响的人。"我高兴地点点头,给小张举了马云的例子,告诉他马云公司的价值观就是让天下没有难做的生意。当阿里巴巴公司上市时,他回答记者关于上市后寻找新的机会的问题,马云的回答是每天要对五百个机会说 no。原因很简单,如果为了赚钱他有很多的机会,但是他在创立阿里巴巴的时候就确立了为中小企业服务的观念,这就是他的价值观。听了这些,小张有些兴奋,他告诉我,他对于乔布斯的那句话——活着就是为了改变世界,也有深深的认同感。

  小张对于自己的选择有了进一步的认同感,对于他的价值观我们进行了初步探讨。不过对于大学生来说价值观正处于形成期还不稳定,于是我向小张讲述了价值观的来源、形成和变化的特征,并且告诉他价值观需要时时关注,常常追问,与他人探讨和自我对话。同时建议做一个职业测评,进一步审视自己的价值观。也可以了解一下自己的职业兴趣、性格和技能等方面的情况。不过职业测评只能作为一个参考,最重要的是将测评和生活中的自己进行比对,给出合理的解读,引发自己的思考和行动。

选调生的招录条件与理性选择

  接着我问小张对于选调生的选拔条件和应聘等的了解情况。小张做了一定的功课,他告诉我,他查阅了就业中心的网站,看到了一些招录选调生的信息,读了有关招录条件,觉得自己还是比较符合的。我向他进一步解释了选调生与公务员的区别,两者主要有四方面的不同:1.报名条件不同;2.培养目标不同;3.选拔程序不同;4.培养管理措施不同。除了符合国家公务员的选拔标准,选调生一般还要求是党员或者共青团员、学生干部;选调生不仅仅具有国家公务员身份,还作为党政领导干部后备人选和县级以上党政机关高素质的工作人员人选进行重点培养;选拔过程中,一般需要经过学校的推荐,各地方的组织部门组织考核、录用等工作和入职后进行专门的跟踪培养。

小张的价值观中比较重视家庭,我问他家里人会有什么看法。小张说自己的家乡在一个小县城,从小到大,家里人都很尊重小张自己的意愿,他的父母很信任他,也很支持他。关于选调生这件事,小张还没有和父母商量,他觉得自己的考虑尚不成熟。我说:"看起来只要你经过慎重的选择,能向父母解释清楚,他们都会支持你的。"小张微笑地点点头。我进一步向小张说明了选调生的一些情况,选择选调生不同于进入企业从事本专业的工作,因为选调生需要付出更多的代价:放弃本专业,接受比较低的薪酬待遇,工作初期也会比较辛苦。选调生需要在基层工作,基层的情况是比较复杂的,各地方也有各地方的特点,需要不断地学习。另外,能否顺利地进入角色与个人的适应能力与人际交往能力等也有很大的关系。小张表示赞同,问我怎样才能进一步了解选调生的情况。我告诉他,选拔优秀人才到基层工作得到全国各省市以及高校的普遍重视,咱们学校也非常重视,提出了毕业生"到祖国最需要的地方去""我回家乡作贡献"的倡导,并且开拓了一些地方选调的渠道。现在已经有一些毕业生在地方做选调生。小张的家乡在南方,可以重点了解一些南方省市招录选调生的情况,还可以进行一些**生涯人物访谈**。小张一听访谈,连忙问:"访谈是不是和参加选调的师兄师姐聊一聊,了解他们的工作情况呀?"我说:"是又不是,访谈不同于普通聊天,它是有目的性的,而且为了达到目标需要提前做功课,做好访谈提纲,这样才能比较全面和深入地了解一个职业,避免得到的信息有失偏颇。另一方面,由于访谈涉及个人的体会与经历,往往带有主观色彩,所以,要仔细沟通,了解前因后果,最好能多进行几个访谈,达到自己的合理判断。"我给了小张一份访谈提纲的模板,并且给他介绍了两个参加选调的师兄。小张这时候已经跃跃欲试了。

我又向小张介绍了学校开展的"毕业生就业党员示范引领班"。这个团队聚集了一些有志于参加选调、报考公务员,志愿服务西部、基层等方面的优秀党员。学生在这里可以和志同道合的人进行交

生涯人物访谈,是通过与一定数量的职场人士(通常是自己感兴趣的职业的从业者)会谈而获取关于一个行业、职业和单位"内部"信息的一种职业探索活动。通过访谈,了解该职业岗位的实际工作情况,获取相关职业领域的信息,进而判断个人是否真的对该工作感兴趣。生涯人物访谈实际上是一次间接、快速的职业体验。对于大学生来说,他们往往希望从师兄师姐那里获得有关职业信息,但是由于缺乏必要的访谈准备,有时得到的信息过于主观和不够具体。因此,咨询师需要将生涯人物访谈和普通的沟通聊天做对比说明。

流,也可以参加引领班里的讲座和报告活动。这些活动一般由有关专家和地方政府官员来讲国际国内形势、政府工作和职业生涯发展等方面的内容,而且还会安排相关的校友回来与学生做面对面的交流。

听到这里,小张告诉我,他觉得自己对于未来有了更好地把握了,无论将来能否顺利参加选调,他已经对自己有了进一步的了解,更重要的是他对于如何进行职业探索有了一定的认识,他不再迷茫。

案例分析

选调生的职业选择不同于在本专业领域中的职业选择,一方面在于选调生这一项目对于个人能力素质有较高的要求,需要他们应对各种复杂情况和适应地方的人才发展要求;另一方面选调生的发展没有太多的参照系,这就要求他们要有更多的开拓创新精神。而在当今的大学生群体中,他们有时缺乏实践能力和开拓精神,这导致了优秀的大学生不敢和不愿意选择选调。近年来,由于国家和地方政府的重视,以及人才选拔机制的调整,来自基层的选调生得到了进一步的重视,这对于有志于服务社会、贡献国家的大学生来说无疑是一个契机。本案例重点帮助小张了解职业探索的方法,让缺乏职业信息的大学生能够找到有效认识职业的途径。并且,对于选调生的选择,本案例主要展示了职业价值观的非正式评估方法,之所以重点讨论职业价值观,是因为价值观往往是个体做出职业选择的重要方面,尤其在面临多个选择和冲突时,价值观往往可以指导个体对各种选择进行排序和取舍。同时,职业价值观能够激发个体的成就动机,适合在有职业抱负的个体中进行。我们相信:与价值观不匹配的职业是灰色的,而与价值观匹配的职业是彩色的,因为它具有了理想主义色彩。

职业规划小贴士

选调生是各省区市党委组织部门有计划地从高等院校选调的品学兼优的应届大学本科及其以上的毕业生的简称,这些毕业生将直接进入地方基层党政部门工作,作为党政领导干部后备人选和县级以上党政机关高素质的工作人员人选进行重点培养。2000年,中央组织部发布了《中央组织部关于进一步做好选调应届优秀大学毕业生到基层培养锻炼工作的通知》,对进一步做好"选调生"工作提出了明确要求。

选调生属于公务员系统,但与普通公务员有一定的区别。一是报名条件不同。选调生的报名条件除符合国家公务员的报名条件外,选调的对象应是政治素质好,有志于从事党政工作并有发展潜力的优秀学生。主要选调本科生、研究生中的共产党员、优秀学生干部和三好学生。二是培养目标不同。一般公务员招考的是非领导职务国家公务人员,选调生不仅仅具有国家公务员身份,其重点是培养党政领导干部后备人选。同时,为县(处)级以上党政机关和企事业单位培养和输送高素质的工作人员和管理人员。三是选拔程序略有区别。采取本人自愿报名、院校党组织推荐、组织(人事)部门考试考核相结合的办法选调。选调对象必须通过公务员录用考试。选调生名单由省区市党委组织部确定。四是培养管理的措施不同。从省级党委组织部门到选调生所在单位的党组织都需要对选调生进行跟踪、重点培养。例如:选调生在基层工作期间,至少要脱产培训一次,时间一般不少于3个月。在基层选调期间,选调生要经受严格的实践锻炼。

选调生的发展前景:根据中央组织部的通知要求,选调生在基层工作2到3年后,要按照干部队伍"四化"方针和德才兼备的原则,根据岗位需要,择优选拔任用。适合做乡镇、街道领导工作的,及时提拔到乡镇、街道领导岗位。适合从事党政机关工作的,有计划地补充到县以上党政机关。今后,县级以上党政机关补充工作

职业规划小贴士

人员,应优先从选调生中挑选。对其中适合做机关领导工作的,应提拔到机关领导岗位。破除"论资排辈""求全责备"等陈腐观念,大胆选拔使用选调生。并且鼓励参加公开选拔、竞争上岗等有力措施进行重点跟踪培养,帮助选调生脱颖而出。

选调的信息来源一般为学校就业信息网、相关省(直辖市、自治区)政府网或人事人才网。达成选调意向的毕业生可以签订三方就业协议书,毕业时户口和档案派遣至当地的组织部门。

案例20 大学生村官的职业道路选择

和班里大多数同学选择保研或者出国不同的是,谢英本科毕业后打算直接工作。不过,用她自己的话来说,学历不高、专业不够热门、实习经验不多、外地生源,同时又希望留在北京,她应该选择怎样的道路呢?咨询师建议她关注北京市大学生村官,谢英又是如何对待的呢?

> **职业规划师:** 陈永利
> **来询者情况:** 谢英,女,大四,新闻学专业
> **主要职业困惑:** 我是否适合去当大学生村官

第一次辅导:明确职业探索的方向

三月份一个周末,我来到办公室整理资料并安排下周的工作。这时,一个女生出现在我办公室门口,她见我刚好在办公室,显得非常惊喜,但转瞬又似乎多了几分犹豫和顾虑。

"同学,你有什么事情吗?"看她欲言又止的样子,我主动和她打招呼。

"嗯,您是陈永利老师吧。我上周刚听过您给全校毕业生做的就业动员讲座,给了我不少信息和信心。但我目前对个人未来的职业选择还是有些困惑,想听听您的建议,就直接过来了,没想到我还真是幸运,周末您还上班呐。"

尽管这位不速之客一下子打乱了我今天下午的安排,但作为老师,我始终不会拒绝学生的请求,更何况她的眼神里满含期待与迫切。"好吧,那我们聊一聊吧。"我微笑着示意她进来坐下,"先说说你的情况吧。"

"太感谢您啦!"她几乎是蹦跳着进来坐在我面前的椅子上,第一感觉她应该是一个非常活泼热情的女生。"我叫谢英,是新闻学院大四的学生,我们系本科毕业就找工作的不多,工作的去向也比较广

泛,这不现在已经进入毕业年级,我自己还没有想好将来该做什么。不过我打算直接工作,不继续读书啦。"她的介绍倒是言简意赅,说明她是个干脆利落的人。

"其实你也不是完全没有想好未来规划,起码目前你已经形成初步的职业决策,就是不读研而直接去工作了。**是这样的吗**?"我再次和她确认。

"嗯,这一点是肯定了的。"她的眼神显得非常坚定。

"那么,能说说你为什么会选择直接工作吗?"

"倒不是我不喜欢读书和学习,只是觉得自己从小到大在学校待了这么多年,特别想要早点进入社会,更多地了解社会,也就是通常人们说的让社会这所大学教我更多,变得更加成熟吧。"说到这,我发现谢英的眼睛里再次充满期待。她想了想,又补充道,"还有就是家庭因素吧,我来自江西农村,父母和亲戚们都对我寄予厚望,希望我将来留在北京发展,我也想早点出来工作打打基础、历练历练。"

"你说到希望更多地了解社会,那么读书期间有没有一些社会实践或者活动经历?"

"有但不多,我之前曾经在一个互联网行业国企实习过挺长时间,在学校也参加过几次暑期社会实践。但总觉得对社会的了解还不够深入,还是停留在用学生的视角观察社会,所以希望能够真正融入社会,以一个工作者的角度来认识社会。"

"以一个工作者的角度,这个概括很特别。那么,企业实习应该是最接近你期待的这种身份角度了,能说说你这次实习的感受吗?"我开始引导到关于工作的思考。

"说实话挺没意思的。"谢英倒是很坦率。

"哦,能进入大国企实习是学生都很向往的呀?那么你对于工作的期待是什么样的,你有想过这个问题吗?"我进一步引导她。

谢英想了想,有点不好意思地说:"也不怕您笑话,其实我是挺有政治追求的人,可能政治追求这个词不是特别准确,就是我希望能够做一些改变这个社会的事情。我家里面有亲戚是经商的,但我觉得挣钱只能改变自己和有限范围内家人的生活,而我希望改变更多人的生活,我觉得从政是最可能的道路。"

"这很好啊,心怀天下的家国情怀一直是咱们北大的传统。"我鼓励她说。

"哦,但我还有很多顾虑,因为我是本科生嘛,又是女生,学得也

> 咨询师在咨询过程中需要对来询者表达的诸多语意进行归纳,必要时需要明确提出,请来询者给予肯定。这样一方面有助于双方达成共识,另一方面有助于来询者进一步坚定自己的认识。

不是热门专业,而且我目前还没有入党,我知道这些都是从政的劣势,好像听说最近几年报考公务员还要求两年基层工作经验呢。所以,即使我有这方面想法,估计现实也不太可能。"

"那你了解你所谓的从政的工作状态吗?"我进一步问她。

"也不算特别了解,但我的爷爷和一个叔叔都是公务员,从小耳濡目染了解一些,而且我平时也比较关注时政类的东西。"

我发现其实谢英对于自身的发展还是有很多思考的,并且职业兴趣已经有了较明确的分化。"通过刚才咱们的交谈,我已经大致了解了你的想法了,其实也不是没有可能,你之前关注过基层就业的项目吗?"

"您是说选调生吗?我还是想留在北京发展。"

"基层就业项目不光是各地方的选调生,也有大学生村官项目,比如北京市每年就有大学生村官项目,我们每年都有本科毕业生去区县做村官的,你可以关注关注。"**我给了她一个建议。**

"北京大学生村官,我很感兴趣!"谢英的语气中透出一点点兴奋。

"这样吧,今天咱们先聊到这,给你布置个作业,回去之后查查这方面的资料和信息,再做选择。"

"嗯嗯,我马上动手。"谢英愉快地接受了这项作业,"陈老师,今天和您聊得非常有收获,有进展我再向您汇报!"

第二次辅导:确立职业选择的目标

过了大约半个多月的一天傍晚,当我结束工作准备离开办公室时,谢英再次来找我:"陈老师,我是谢英,之前因为毕业选择的事请找过您的,我有新的情况想咨询您,正好路过您办公室就进来啦,没打扰到您吧?"她笑盈盈地,看起来心情不错。

"哦,谢英,你最近怎么样,找工作进展如何?"

"今天来就是来交作业啦,之前您建议我关注下北京市大学生村官项目,我回去仔细看了相关材料介绍,又和家里人商量了一下,我决定报名今年的村官。"谢英很坚定地告诉我,"目前已经要网上报名,而且一个人只能报一个区县,您看我报哪个区县比较合适呀?"

"今年一共有十几个区县都要选聘大学生村官,不同区县招录的人数可能差别很大,像朝阳、海淀这样离市区相对较近并且经济发达的往往是大家选择的热门,但招录人数相对较少,都是几十名,而像

传统的职业规划咨询一般要求咨询师不给来询者任何意见和建议,请来询者自己进行体悟和探索,但在高校环境下,我们需要灵活处理,将规范的职业规划咨询与经典的高校辅导员工作开展统筹考虑,某些时候可以给学生一些方向性的建议,但不是明确的指令。

房山、顺义、昌平、密云、延庆等远郊区县,招录人数要多很多,相对竞争也会小很多。此外,就是专业,大部分的区县选聘大学生村官都不限专业,还有一些区县会列出更加倾向和急需的某些专业。这些都是咱们报考的重要参考。"

"那我们往年当村官的师兄师姐,去哪些区县的比较多呢?"

"相对来说,房山、顺义、朝阳和海淀的多些,2006年我们向房山区输送了18名同学,2012年顺义区选聘了8名同学。后来学校定期也去看望这些同学,与当地组织人事部门交流,建立了比较好的合作关系。"

"嗯嗯,那我重点考虑这些区县,有那么多师兄师姐在那儿多好呀。"谢英笑着说,"那陈老师,我还有一个问题,我看村官的政策三年后还面临再次择业的问题,我是想继续在体制内发展的,如果到时候留不下来怎么办呀?"

"你考虑得还挺长远,值得表扬。按照目前有关大学生村官的政策,确实需要三年后再次选择,但任何地方都希望留住真正的人才,**给你讲一个真实的案例吧**。我们2006年向房山区输送了一名叫陈丽娟的大学生村官,法律硕士,她当年在房山区黄辛庄村担任村主任助理,她在这个村土地综合利用规划、区县人大代表换届选举、办公信息化、计生妇联、农村合作医疗、活跃村民精神文化生活等方面做出了突出成绩,使她在房山区同时赴任的200多名村官中脱颖而出,被评为北京市优秀大学生村官,后来还被推选为北京市第十三届人大代表,成为北京市人大代表中唯一的一位大学生村官,也是8000余名大学生村官中唯一的市人大代表。她可以说是我们大学生村官的出色代表。后来村官届满后她也很顺利地留在当地。和你讲陈丽娟的例子是想说基层工作大有可为,只要你愿意下工夫、动脑筋、做实事,一定能够得到组织的认可和良好的发展。"

> 榜样教育是高校学生咨询辅导中常用的一种有效手段。通过能够引起学生共鸣的典型人物事迹来达到启发、鼓舞、示范作用。需要注意的是,榜样的选择非常重要,一般要符合学生心理特征、在学生能力范围内并且具有正面激励作用。

"这位师姐的经历太励志啦。"谢英说。

"其实北京市非常关注大学生村官期满卸任后的出路问题,**政府在这方面也做了很多设计和安排**,比如村官期满的时候,北京市会安排市属国有企事业单位拿出专门的岗位招聘大学生村官,并且确保每年的岗位数不少于村官人数的两倍,有些招聘的企业单位都是不错的单位,三年的基层锻炼经历也是很多单位非常看重的。"

"嗯嗯,听您这么一说,我就更加有信心啦!"谢英笑着说。

"不过,我还是要告诉你一点,几年前,由于北京市大学生村官可以解决北京户口,任期满后再考公务员或进入事业编制单位时有着较明显的优势,所以这个项目对很多外地来北京读大学、毕业后又想留在北京的学生往往特别具有吸引力。但从这两年的发展趋势来看,随着大学生村官人数越来越多,把村官当做北京户口和未来进入公务员队伍的跳板的话,想要成功的可能性越来越小。因此在最后报考之前,你还得认真考虑,因为如果没有足够的扎根基层、吃苦干事的思想准备,虽然只有三年任期,可能也是无法坚持下来或者达到满意的结局的。"作为老师,我觉得自己还是有必要提醒谢英。

这部分兼有"政策咨询"的内容,咨询师在向学生进行政策介绍时,除了介绍政策的利好之外,亦有责任向学生讲明存在的某些问题,帮助学生客观理性地决策。

"陈老师,我明白!您放心好啦,我本来就是农村出来的孩子,吃苦我不怕,而且我真正是想做些事情,下基层的困难我有思想准备,也对自己有信心。"之前谢英说话总是笑呵呵的,可说到这,她变得严肃起来,我想她是真的想好了。

第三次辅导:面试的指导和建议

又过了两天,我接到谢英的电话,说她已经通过了北京某远郊区县大学生村官的笔试,明天将要参加面试,希望我能给她一些指导。尽管当天的工作日程已经排得非常满了,我还是答应谢英和她聊聊。

"有关面试技巧,网上其实已经有很多介绍了,虽然是不同行业不同岗位,但万变不离其宗,你可以先去了解一下。具体到村官面试,我觉得你要着重准备好三个问题,这三个问题肯定是面试官最为关心的:第一,你为什么选择当村官?第二,你觉得你是否适合当村官?第三,你今后的职业规划是什么?"时间有限,针对她的疑问,我给出了明确的建议,同时还给她引荐了一位村官毕业生,可以请教具体经验。

"嗯嗯,有一个问题,如果面试官问我是否适合当村官的时候,我是全说自己适合当村官的方面呢,还是要客观一些呢?呵呵。"谢英故意加重了"客观"两个字的读音。

"面试的基础是真实和真诚,其次才是技术和表现。你可以多说说自己的优势,比如学习新闻,文笔不错,对社会生活比较关注,自己是农村出身,对农村和农民都很有感情,有一定的学生活动和社会实践的经历,性格开朗乐观、善于与人沟通,本科毕业可塑性也很强等,然后可以**补充说说自己的不足**,比如缺乏实际工作经验、协调处理复杂事务能力有待提升等。这些不足都是可以通过一段时间的实际工作得到培养和提升的,如果你在面试中如实相告,一方面展示你非常

面试中适当地、艺术性地坦言自己的不足和缺点,反而会令面试官感受到你的真实、诚意和勇气。

真诚和坦率,另一方面也显得你非常客观和理性,相信面试表现会更加有说服力。"

"我明白啦,我今晚回去就好好准备准备。"

又过了一段时间,我接到了谢英的一条短信,她告诉我她已经正式签订三方协议,即将成为北京市大学生村官中的一名新成员。

 案例分析

大学生村官是着眼于社会主义新农村建设人才输送的一项重要的政策性就业项目。北京市从 2005 年开始试点招录大学生村官,制定一系列优惠政策,比如大学生村官收入比照基层公务员,还能提供住宿,期满卸任后解决北京户口,并由政府安排多种就业渠道。在就业形势越发严峻、北京户口越发紧俏的情况下,北京市大学生村官对不少希望留京、进入体制内工作的学生来说,具有很大吸引力。但近两年随着大学生村官热度持续上升、村官队伍逐年壮大,以及一些区县在招录时往往倾向于本地生源学生,大学生村官的竞争也日趋激烈,加上基层就业本身对人员的综合素养要求较高,而应届大学毕业生往往缺乏实际工作经验和协调驾驭基层复杂局面的能力,压力承受能力也比较欠缺,所以高校就业指导老师在积极宣传相关政策性就业项目、引导和鼓励毕业生面向基层就业的同时,也要结合学生个体实际情况,给予兼顾岗位需要和学生发展的全面指导。

本案例的辅导过程共分为三次。第一次,咨询师和学生共同解决了探索职业方向的问题,即咨询师帮助来访学生明确不读研要工作的基础上,通过回顾以往实习经历和询问工作期待,来询者进一步澄清了自我的职业倾向,这里兼具高校就业指导老师身份的咨询师适时地提出北京市大学生村官的职业建议,并建议学生进一步探索。第二次,咨询师和学生共同解决了确立职业选择目标的问题,即来询者通过自我探索,初步拟定了职业目标——报名北京市大学生村官,咨询师围绕这个阶段学生的新困惑,通过榜样教育对学生进行正面激励,帮助其树立职业信心,同时通过一定的政策介绍,引导学生更加理性地对初步拟定的职业目标进行评估和确认。第三次,咨询师和学生共同解决了求职技巧的问题,即对学生进行了问题导向的面试指导。

案例 21　为人生画卷增添一笔橄榄绿

李之浩是四川人,刚进入大学校园,他就感到迷茫和矛盾,一边是向往已久的军营梦,一边是丰富多彩的大学校园生活。他内心不知道如何选择,也不知道未来的发展走向,是军营还是校园,如何面对这两难的选择呢?

> 职业规划师:王欣涛
> 来询者情况:李之浩,大一,地球与空间科学学院
> 主要职业困惑:选择军营与未来人生

十月的北京,树叶黄而未落,正是一年中最美的季节。此时的大学也是最充满生气的时刻,刚刚入学的一大批新生正努力探索着这个偌大而未知的校园,思索着未来四年,甚至六年、九年的生活,规划着理想中完美而成功的人生。当时,某部队招募新兵的消息在校园里传开,而我就是在这个时候认识李之浩的。

我想现在就参军

那天下午,忙碌了一天工作、已经很疲惫的我接到一个陌生的电话,电话那头传来一个男孩子的声音:"您好,请问是王欣涛老师吗?"当得知他是李之浩的时候,我立马放下手中的工作,因为之前我就听说过这个学生有意向报名入伍,而这已经是许久之前的事情了,看来他因为这件事情**犹豫、纠结了很长一段时间**,最终还是决定打这个电话,找老师寻求帮助。电话里我和他商定了见面的时间,请他第二天下午两点半来我办公室。

第二天下午,还有两分钟到两点半的时候,一阵轻微的敲门声响起,而我的门是虚掩着的。"请进",顺着我的回应,我看到眼前这个男孩眼睛细长,皮肤白皙,很瘦,也有棱有角,算是一个帅小伙。他的左手在衣服上稍微摩擦了一下,显得有些腼腆和局促。

我向他笑笑,"之浩是吧?你随便坐,喝茶还是喝咖啡?"

> 通过见面前的一些细节,往往能判断出咨询者的很多信息,长时间的犹豫说明这个学生鼓起了很大勇气,仍旧难以做出抉择,可见对于他来说,选择的确是两难的,任何一边都不舍得放下。

"不麻烦您,我喝白水就好。"

我递给他一杯水,**笑着和他开玩笑说我有一条和他相似的运动裤**。然后我们都笑了,他也不是那样僵硬地坐在沙发上了,办公室的气氛一下子融洽了许多。

我决定把话语的主动权交给他,笑着对他说:"说说你的想法吧。"

"老师,我想参军。"

"好啊,国家和学校都需要你这样的大学生。"我马上对他的想法表示肯定。

"我想现在就参军。"他这次把"现在"两个字重重地说出来。

"你要不要再考虑一下?你才刚刚入学一个月,对学校的环境还不熟悉,对自己未来的规划可能都不明确。"

"我想当兵已经很久了,本来想直接去军校,父母阻挠后来错过了军检。"

"既然你想清楚了,那为什么不去呢?在犹豫什么?"

"主要是担心回来以后学业跟不上。"

"像你这样现在去参军的,回来以后应该是要继续大一学业的,相当于多出两年。当然这两年也不是白白耽误,你会有很多收获。"

得 与 失

我看他坐在那里没有说话,就接着说:"当然,有得必有失,看你最想要的是什么。"说着**我拿出纸笔,在纸的一边写上"去当兵",另一边写上"不去当兵"**,然后把笔递给之浩说:"现在轮到你了,写写看去当兵和不去当兵的得失。"

之浩想了想,在"去当兵"的那一边,写下了"梦想、历练、国家、未来"四个词,又在"不去当兵"的那一边写下了"主流、时间"两个词。

看他写好了,我指着纸上的词语问他:"你用两年时间换来了人生宝贵的历练,换来了你对国家的责任,换来了一直以来的梦想,你觉得值吗?"

"值得。"然后他自己主动拿起笔,划掉了"时间"这个词。

我又接着对他说:"你觉得你是一个很独立的人吗?"

他完全没有思考,回答说:"是的。"

"那别人的选择会影响你么?"

"基本不会。"他似乎想到了什么,不好意思地笑了笑,又补充说,

> 一个小小的玩笑就能拉近老师和学生之间的距离,轻松的氛围是一次成功咨询的必要条件。

> 尽管要让学生占有话语的主动权,但咨询师要坚持掌握整个对话的主动权,以便引导学生。

> 引导学生将想法写下来,稍加提示或引导,孰轻孰重学生便自有分寸。

"不光是我,每个北大人都是独立思考,追求自由的。"

"你追求的自由是绿色的。别人不去有他们的理由,而你去,也有你的追求。"我接着说道。

他再次拿起笔,这次之浩把"主流"也划掉了。

到底值不值得

"不去当兵"这边的词语已经都被划掉了,于是我接着问他:"那你现在还顾虑什么吗?"

"我的父母好像不同意。"之浩又说出了新的顾虑。

"父母是你最亲的人,一定会设身处地为你考虑,替你着想,不仅是考虑你的未来规划、发展,也会考虑你的意愿。"

之浩想说什么,我停下来等他开口。"王老师,说实话,他们觉得去当兵的,没有几个是顶尖大学的学生,我不划算。"

"部队更多的是人格、身体、意志的历练。当然,到了部队以后,你的专业技能也会受到重视。"我喝口水,其实也是给他思考的时间,停顿了一会然后说:**"看一件事情值不值得,不是看做这件事情,或者不做这件事情的人。而是看你自己这样去做,到底值不值得。"**

"这我知道。个人的收获会有很多,也能实现个人价值。"

"其实学校、国家在你们退伍之后都给了很多优惠政策,学业、就业、生活方面都有。这些年也不是白白浪费的,服役期间都视为工作经历,考取公务员和企事业单位工作人员,也是要给你们算入工龄的。不仅如此,考研也是可以优先考虑的。像你是四川人,找到工作以后,还可以办理进京落户手续。"说着我拿出一本小册子给他,"里面有往年的入伍战士和各种优惠政策。你可以拿去看一看,也给你的父母讲一讲。"

我看了看他,又接着说:"当然,你也要充分考虑父母的意见,听取他们意见的可取之处,对于不解之处,随时给我打电话,老师愿意为你指点迷津。"

"好的老师,谢谢您。"

"回去和父母好好交流交流。"

"您可以帮我给我的父母说一说吗?我觉得我可能说不通。"之浩显得有点没信心。

"你先自己去尝试,老师愿意帮你,但老师更愿意相信你的能

> 咨询师应该从学生的角度出发,设身处地为学生着想,让学生全面了解信息、自己做出选择而不是先入为主地替学生做选择。

力。"我用鼓励的眼神看着他,同时轻轻拍了拍他的肩头。

"那我交流完以后再给您打电话,可以么?"

"当然,我等着你的消息。"

第二次见面比我想象得要快得多,仅仅两天之后的上午,我就接到了之浩的电话。

"王老师,我下午可以来找你么?"他在电话里的声音比较高,甚至有点喘气声,夹杂着些许兴奋。

"好的,两点半我在办公室等你。"

又是两点二十八分左右,我听到一串轻巧的脚步声,随后是轻轻的敲门声。之浩仍然很有礼貌,但是这次明显不局促,更是掩饰不住满脸的笑意。

"我的爸爸妈妈不再反对了。"他一进门就迫不及待地告诉我。

"哈哈,这么快就做好父母的工作啦?"

"我很着急,害怕错过了入伍报名!"

"不觉得会浪费你的'北大头脑'了么?"

"父母在我的劝说下,认可了这条路,无论是个人发展,还是个人意愿,还是对学校,对社会,对国家,都有好处!"

看着之浩斗志昂扬的样子,我问他,"对于军营生活有什么想法?"

"很向往,也很忐忑。"他倒是非常坦诚。

"没关系,我可以介绍几个已经退伍的师兄师姐给你认识,和他们好好交流交流。"

"谢谢王老师。这几天我一定好好锻炼身体,提前做好当兵的准备,不丢咱们北大的脸。"他停了停,又接着说,"不知道未来还会发生什么,我应该怎么表现才好呢?"

"重要的是不丢自己的人呐,心中常存未名水,而今迈步从头越。"

"记住了!"

"要多走一些岗位,既有自己的想法,又能听从整体的安排,遵守军队的纪律。"

"我明白的,一定不会让您,让学校,让国家失望!"

秋日午后的阳光照在他的面庞上,那一张稚气未脱的脸上充满了朝气,写满了兴奋和向往。我相信,这一刻,之浩的内心一定被一份坚定的信念充满着、温暖着。看着自己的学生能够追随自己的心

> 相比帮学生做选择,不如引导学生自己了解自己的内心,然后走向自己内心真正的意愿,并且为之努力。

> 看到学生如愿以偿地走上自己想走的道路,实现自己的梦想,咨询师也非常欣慰。引导学生做出自己心底的选择,这是我们的使命。

意,又能兼顾人生发展,同时报效祖国和社会,作为老师我也深感快乐与欣慰。

 案例分析

在价值多元化、选择也多元化的今天,很多学生面临着更多、更复杂、也更具有诱惑力的选择。此时,学生也更容易遇到心理上的困惑,甚至因为外界的压力,做出不适合自己的选择。

面对来咨询这类问题的来询者,一般先引导其放松下来,能够理性、客观地陈述自己的问题,并说出自身症结所在。再对其纠结、徘徊的问题,用写下来的方式,把每个选择的优劣都明确衡量,并对每个优劣进行引导。实际上,参军入伍对于很大一部分学生,尤其是能够吃苦耐劳的学生来说,都是一个不错的选择,更不要提一直有这样梦想的某一部分学生。学生的职业规划,应当先尊重他们的自我探索,再进行引导。必要的时候,可以帮助他们做一些性格、职业测试,再在测试的基础上,与其一起分析。

在本案例中,每一个细节其实都表现出李之浩同学自身强烈的参军愿望,只是受到了一部分来自外界的阻挠。而咨询师要做的,就是替他拨开迷雾,看到自己真正的意愿,进一步帮助他分析自身的意愿是否合理,是否对自己、对学校、对社会、对国家有益,能否实现自身价值。

第四章 毕业准备

毕业季节,学生真正面临职场时,不要焦虑,也不要逃避,情绪不应当成为求职的阻力,确定自己的优点并自信地展现出来,也是职业规划的益处之一。了解政策、优化简历、掌握面试技巧,则能帮助学生抓住机遇,使求职之路更加顺利,帮助他们找到最满意的新起点。

案例22 就业政策早知道、求职顺利得保障

很多同学在求职过程中都不太在意就业政策和手续流程,把主要精力放在求职技巧和岗位搜索上面,其实政策方面的知识大家还是非常有必要了解,这样才能减少不必要的麻烦,求职过程更加顺利、自我权益得到维护,同时为今后免除很多后顾之忧。

> 咨询师:吕媛
> 来询者情况:即将出国留学、出国工作和国内工作的毕业生
> 主要困惑:了解就业政策和就业手续

一个星期五下午,新太阳学生中心小教室照例举办每周一次的就业主题工作坊,主题是关于就业政策和权益保护。作为工作坊的主持人,我发现学生们在求职中对于就业政策、手续流程和劳动权益方面的了解还是不多,而这些知识对于学生顺利求职、保障自身劳动权益非常重要。因此,我特意组织了这场主题工作坊。

报名参加工作坊的几名学生都是今年应届毕业生,前期报名时已经请他们填写了目前的求职进展,这些学生有的已经拿到单位的入职邀请、正在单位实习,有的还在求职中,还有两个学生是正在申请国外高校准备出国深造。

"欢迎大家来参加今天的工作坊,关于就业政策和手续流程,很多同学在求职过程中都不太在意,把主要精力放在求职技巧和岗位搜索上面去,其实政策方面的知识大家还是非常有必要了解,这样才能减少不必要的麻烦,求职过程更加顺利、自我权益得到维护,同时为今后免除很多后顾之忧。"我先简要介绍了举办这次工作坊的用意,"今天我打算这么安排,我先简要介绍下大家毕业前需要了解的基本政策,过程中大家可以根据自己的去向选择和遇到的问题随时举手提问。"学生们都点点头,一些学生还拿出笔记本准备记录。

"大体上,大家毕业后的去向可以分为出国、考研和就业三大类。

毕业时就业相关手续的办理,最主要的是妥善处理好自己的户口和档案转移,以及领取就业报到证。"我先介绍了整体的原则,同时把毕业生就业流程图展示在 PPT 上,"请大家看这幅图,对于出国的同学如果是出国读学位,需要将户口和档案派遣回生源地,领取就业报到证,也可以将户口和档案转移到教育部留学服务中心,这样就先不领取就业报到证。而如果你是出国读博士后或者工作,就只能选择回生源地了。而要读研的同学,毕业时需要把户口和档案迁到读研高校,如果你是继续在本校读研,那就不用了。对于工作的同学,如果用人单位可以解决户口,那么你需要和单位签订就业协议书,并在毕业领取就业报到证时,将户口和档案迁到单位,如果单位不能解决户口,则需要将户口和档案迁回生源地,领取回生源地的就业报到证。"

就业意向书与三方协议书的区别

"老师,我有一个问题,我已经通过了单位的"终面",单位让我先去进行三个月的全职实习,然后再签三方协议,这样是合理的吗?会不会最后又不录取我了?"经济学院的硕士毕业生孙钊提出了这样一个问题。

"那么你有和单位沟通过你的疑问,问问他们为什么要三个月后才签三方协议呢?"

"嗯,我问过,他们说是因为整个集团招聘的时间拉得比较长,但签约是需要和集团总部签的,需要等各个子公司都招聘完才能一起签。而且实习过程中如果没有重大过失,一般是不会刷人的,只是让我提前熟悉工作。"

"听起来也是合理的,而且确实有很多大型的集团是子公司分别招聘、总公司统一录用的。"

"对了,老师,我对先实习三个月再签约这件事不太放心,所以问他们能否提前给我一个承诺,他们说可以和我先签个就业意向书。就业意向书有用吗?"看来单位的解释还是没有完全打消孙钊的顾虑。

"双方就业意向书并不等同于就业协议书。就业协议书是国家教育部统一印制,由学校、用人单位和毕业生三方签订的,而双方就业意向书通常是由用人单位自行制定,由用人单位和毕业生两方签订的,对两方还是有约束力的。有些单位为了提前留住学生,同时也考察学生的签约诚意,往往急于和学生先签订就业意向书,如果你的这家单位是在你的要求下为了打消你的顾虑和你签的,说明单位还是有诚意录用你的。"

"哦,老师,我听说没签三方还可以找别的单位,那我需要一边实习一边也找找其他单位,以防万一啊。"看来孙钊是个非常谨慎的学生。

"从政策上讲,就业意向书只是用人单位和毕业生两方的协议,学校不会作为根据来做就业方案,有关违约问题的处理也并不适用于就业意向书。从这个角度说,你的想法是没有问题的。但是就业最讲究诚信,如果你后面找到一家单位也录用你了,你最终只能去一家单位,那么对另一家企业来说会造成一定的影响,因为单位招聘也是有成本的,尤其是如果之前已找到的岗位是解决北京户口的,那么有可能这个原本给你的户口指标会作废。"我试图帮助刘钊分析今后可能出现的情况,"而如果你最终选择后一家单位,那么和前一家单位签订的就业意向书依然会对你有约束。所以,如果你要和现在这家单位签就业意向书,也需要仔细看看其中的条款,是否在自己能够接受范围内的。"

"嗯,多谢您的提醒。"孙钊点点头。

单位不解决户口需要签三方协议吗?

这时,旁边的一位同学举起了手,我示意他直接说。"老师,我是法学院的刘晓鹏,您刚才说到三方协议书,说如果用人单位可以解决户口,那么你需要和单位签订三方协议书,但如果单位不解决户口,还需要签三方协议吗?"

"你的这个问题问得很好。从政策角度讲,三方协议是就业派遣的依据,学校依据三方协议将你的户口和档案派往用人单位,因此,如果单位不给你解决户口,那么是可以不签三方协议的,只需要签订劳动合同即可。但是,现实中可能很多同学都会遇到这样的情况,单位明确说不解决户口,还是要求和你签三方协议。"说到这,我发现身边好几个同学都点点头,"那老师,这样的话我们还签吗?"有人着急地问。

"有些用人单位即使不解决户口,也会以签订三方协议的情况而形成最后的录用名单,不签就可能会失去加入该用人单位的机会。所以这种情况下你需要自己权衡下,如果自己非常想进这家单位,后面也不再找其他单位了,那么可以签,现在就落实;而如果后面还想再找找其他机会,那么就先不要签,以免后来发生违约的情况就比较麻烦了。"

"老师,您刚才说三方协议是就业派遣的依据,如果不解决户口和档案这种,签了三方协议会不会给我派遣到单位呢?"旁边一位女生问我。

"一般学校会在三方协议书上注明'不作为派遣依据',但毕业生自己需要格外注意,要在毕业生就业系统里申请将户口和档案转回生源地,到毕业时领取到生源地相关部门而非就业单位的报到证。"我补充道。

出国留学就业的户口档案处理

"老师,我是打算毕业后出去读硕士的。您刚才说出国同学的户口和档案可以转回生源地,也可以放到教育部留学服务中心,这两者有什么差别吗?"元培学院本科毕业生方丽丽问。

"教育部留学服务中心是专业管理出国留学人员档案的机构之一,但这里只接收出国留学成行人员档案和户口,也就是你已经拿到国外高校的录取通知书,户口和档案放在这里的优点是比较专业,在国外留学期间所需证明及回国后一些手续的办理比较规范。如果毕业时不能确定出国能否成行,那么户口和档案只能申请派回生源地,派回生源地的优点是离家近,利用户口档案比较方便,缺点是可能有些地方档案管理不规范。"我解释道,"丽丽,你现在申请进展如何呢?"

"目前已经拿到香港大学的 offer,还在等美国几个大学。"

"对了,补充一点,有些情况下户口和档案是不能放在教育部留学服务中心的:一是毕业研究生出国做博士后,这是属于出国工作范围;二是所有到港、澳、台地区就读的;三是不能办理纸质签证手续的学生,以及一年以内短期出国留学的学生,教育部留学服务中心均按照只保存档案,不给保存户口的方式管理。但建议所有上述情况的毕业生将户口和档案一并转回生源地,避免"户档"分离,给将来回国就业造成不必要的麻烦。"在以前的工作中我也遇到过因为毕业时没有妥善处理好,导致"户档"分离,给回国后的工作生活带来麻烦的案例,所以特别和学生们强调了这一点。

"老师,我还有一个问题。您刚才说出国工作的同学户口和档案只能派回生源地。可是最近我在面试的一个日企,说如果录用要我和他们在中国的人才中心签三方协议。这是什么意思呀?"外国语学院的张家睿问。

"这两年是有这种情况了。境外的用人单位委托国内一个人才服务机构来接收新员工的户口和档案,毕业生就与该人才服务机构签订就业协议,学校将其户口和档案派遣到该人才服务机构,算是人才代理的一种模式。不过境外单位如果没有国内人才服务机构接收户口和档案关系,学生就必须将户口、档案派回生源地就业主管部门。"

"嗯嗯,这下彻底明白啦!"

……

问问答答中,时间已经过去两个小时,"就业政策和手续办理的内容非常细碎,但可能关乎今后我们是否能顺利工作和生活,请大家一定多多了解,不懂就问。今天由于时间关系,我们的工作坊就到这,建议大家好好阅读一下就业中心发给每位毕业生的《毕业生就业政策60问》,很多问题都有详细的解答。个别特殊的问题大家也可以给我打电话或者在BBS就业中心版面、就业中心官方微信平台上发问,我们每天都有专门老师负责网络值班,给大家答疑解惑。最后,祝愿大家毕业一切顺利,每个人都有理想的去向。"

 案例分析

本案例是一次团体辅导,主题是了解就业政策和就业手续。我国毕业生就业工作实行"市场导向、政府调控、学校推荐,毕业生和用人单位双向选择"的就业机制。毕业生就业涉及很多政策和手续,这些需要毕业生提前知晓,负责就业工作的教师也有责任向学生宣传相关政策、讲解相关手续。这其中主要包括:第一,国家和省市地区针对高校毕业生就业制定的各项政策法规,国家为促进毕业生就业推出的各类政策性就业项目;第二,毕业生应该懂得的和就业有关的概念,比如派遣、三方协议、户口、档案、人事代理等;第三,本校制定的就业管理工作规定,以及毕业生就业手续办理的流程和方法、咨询方式等;第四,大学生自身就业权益保护。社会是复杂的,大学生就业过程中可能会遇到一些虚假信息、求职陷阱、就业歧视和企业违约等情况,高校就业工作教师有责任宣传相关劳动权益保障的法律法规，以保障其自身合法权益免受侵害。

  本次政策咨询采用了团体工作坊的形式。咨询师先介绍了总体的政策要求，然后结合各种不同去向学生的具体问题进行集中讲解，使得个性化问题和共性化问题通过工作坊得以解决。此外，高校毕业生就业政策和手续方面的指导咨询还可以通过发放政策宣传手册、网络社区公开答疑等方式开展。

案例 23　我该接受哪个 offer

　　对于求职的大学生来说，李奇是最幸运不过的了——同时接到了三个用人单位的录用通知书。其中一个单位要求某天下午五点之前必须签订就业协议书，否则将视为毕业生本人自动放弃。到了那天下午，李奇还是拿不定主意是否该去签约。在感到最焦虑不安的时候，他突然想到了职业咨询……

> 职业规划师：张宁
> 来询者情况：李奇，男，硕士研究生三年级，法律专业
> 主要职业困惑：选择哪一个工作？

三个 offer 也闹心

　　一天下午刚过上班时间，一个面带焦虑神色的男生走进我的办公室。他急切地问："老师，请问您可以给我做职业咨询吗？"

　　"可以。别急，有什么事情我们慢慢说。"我把他领到职业规划咨询室，给他倒了一杯水，先和他随意聊了几句。**看似随意，实际上是借此机会让来询者先把问题倾倒出来，同时把收纳面谈的工作也做了。** 在来询者描述问题和心情的同时，他的焦虑情绪已经得到缓解。我了解到，来询者叫李奇，是北京某著名大学的法律硕士，本科学的是经济学，现在面临毕业。因为有经济和法律两个专业的背景，李奇找工作的过程还算顺利，到年底已经有三个用人单位给了他录用通知书。这本来是值得高兴的事情，但是其中一个国内有名的民营企业要求他当天下午五点之前必须去指定地方签订就业协议书，否则将视为毕业生本人自动放弃。用时下毕业生中流行的话来说，签约就意味着把自己"卖"给用人单位了。李奇遇到的问题是："卖"到谁家才划算呢？签约对初涉职场的李奇来说是人生的一次重大抉择。签还是不签？李奇思前想后，理不出个头绪。

　　等李奇的情绪慢慢平静下来之后，考虑到他的事情比较着急，我

> 面谈是咨询最有效的方式，第一次访谈的情形叫收纳面谈，是通过来询者说的情况和写下的情况，了解来询者的职业问题和尽可能多的真实、鲜活的信息，为正式咨询做准备。

决定直接从问题入手开始咨询。

"为什么下不了决心是否跟这个民营企业签约？能谈谈你是怎么考虑的吗？"我问。

"您知道，这个民营企业在国内很知名，总部在深圳，很多毕业生想进去。如果放弃了这个机会我觉得很可惜，但是他们这么早就逼着我签约，我又不甘心。**万一以后还有更好的机会怎么办？**而我不想违约，不想给学校和自己造成不好的影响。很难办的是，还有另外两个用人单位也给我发了录取通知书，这两个单位也很不错。"

> 什么是更好的机会呢？评价的标准是什么？是待遇，是发展机会，是获得的荣誉，还是为了满足虚荣心？如果目前的这个机会本身就不适合，那为什么还选择它呢？

"不想违约的想法是很好的，所以签约前一定要慎重考虑。"我对他的慎重表示赞同。

"是呀，就是因为这个，我才这么痛苦。"

"没有得到任何 offer 的同学心情郁闷，而像你这样得到几个 offer 的同学也不好受，**到底谁更难受呢**？"我笑了笑，想让他缓和一下焦虑的心情。李奇也笑了一下，说："还是没有 offer 的同学更难受，我们班就有一些同学投出简历后还没有任何消息，他们真是寝食难安。"

> 这是一个很好的问题，既幽默又很尖锐，值得深思。仅仅站在自己的角度，看问题的角度不丰富，就可能自寻烦恼——或许是身在福中不知福呢。

和同学比"谁挣得多"

"你本科是学经济学的，为什么又来学法律呢？"我想探究他的学业兴趣。

"其实我是喜欢经济学的，也希望从事有关经济、金融方面的工作，但是我觉得再学一些法律方面的知识更有利于从事这类工作。"

"从找工作的过程来看，你的这个想法得到一些验证了吗？"我问。

"嗯，我有经济学和法律两方面的专业背景，我的目标工作岗位也是跟经济和法律都相关的，**所以求职还比较顺利**。"李奇对自己的选择也有一点得意。

"平常学习之余，你喜欢看什么方面的报刊？或者你关注哪些方面的消息？"

"我喜欢买财经类的报纸杂志来看，对金融、证券都比较感兴趣。"

"做过职业天空的职业测评吗？"

"做过。"

"还记得你性格测试和兴趣测试的结果吗？"

> 人们在做职业选择的时候，都有一些自发的行为，这些行为都属于试探性或者经验性的。这些经验和探索都是十分可贵的。如果有了科学的职业规划理论指导，这种自发就会变得更加有目的，更加有效果。

李奇性格测试的结果是 INTJ 型,这种类型的人对于感兴趣的问题,是优秀的、具有远见和独到见解的组织者,能逻辑地、分析地做出决定。而金融领域都要求高度发展的分析能力,这正是许多 INTJ 型人所具有的。李奇的兴趣类型主要是企业型,其次是社会型,说明他喜欢竞争和冒险,喜欢从事组织策划和领导型工作,例如企业家、经理人等。他的职业价值观主要是追求成就,下面我还要具体和他讨论他工作的价值取向。

"你对测评的结果有什么感受?或者说你觉得你对自己的认识清楚吗?"

"我觉得,测评结果基本上反映了我的情况。"

"从前面的叙述来看,你对于工作单位还是有过认真的分析,因此投简历的目标单位比较明确,收获也明显。能告诉我你得到的 offer 都是什么单位或者什么岗位吗?"

"深圳一家公司给我的岗位是法律顾问,另一个单位是一家银行的青岛分行,可能会先到营业部工作,还有一个是著名证券公司的上海分公司。"

"哦,都挺不错的,难怪你做选择时这么为难。三个单位中哪个单位给你的薪酬最高?"我笑着问他。

"深圳的民营企业。"李奇回答。

"哪个单位给你的岗位你最喜欢?"

"上海的证券公司。"

"你对工作地点有什么要求吗?"

"也没什么特别的要求,觉得这三个地方都还不错,都是沿海经济比较发达的地区。"

"能谈谈你家里的情况吗?"

"我家以前在浙江,不过现在父母都搬到上海去了。"李奇还谈到以前家里经济不是很宽裕,父母现在退休了,年龄也大了,需要人照顾了。看得出李奇比较看重亲情。

"从你家庭的情况或者你自己本身的情况来考虑,你觉得你更看重工作中的什么方面?"

"我们同学一起聊天的时候,一般都是看谁找的工作挣钱多就觉得谁的工作好。但是我想挣钱多固然好,不过一开始工资高的工作也不一定意味着今后增长得也快。更重要的是这个工作能不能发挥我的能力,我想,我还是更看重这个工作是不是自己喜欢的,自己能

> 测评的准确与否,有很多因素,其中一个就是测试者在答题时的心情、态度等。在同样的测试中,不同的人可能有不同的表现,也有不同的效果。所以,职业规划师在参考测评结果的时候就要找来询者进行印证,以更好地利用和参考测评结果,推动咨询的进程。

> 这里的一段对话很精彩,是帮助李奇区分几个选择的特点。人都容易受外界的影响,比如同学的看法等。当自己的看法与环境的看法有差距时,是坚持己见,还是从众呢?这也是问题之一。

不能从中得到成就的满足。"

哪个是平衡的支点?

我向他提问:"如果让你把薪酬、岗位、工作地点排序,**把你最看重的放在前面,你要怎么排?**"

李奇想了一下,果断地说:"岗位、薪酬、工作地点。"

"你跟家里谈过你的情况了吗?他们怎么看?"

"我父母说尊重我的选择,但是我还是希望能离他们近一点好照应他们。"

咨询进行到这里,我注意到李奇的眉头渐渐舒展开了,语气也平静多了。其实,这个时候,我隐隐可以感到他对深圳那家民营企业的态度了。我教给他生涯决策平衡单的做法,让他列出这三个工作选择的平衡单,看看能不能做出选择。

正在此时,李奇的手机响了,我示意他可以接听。从李奇的答话中可以猜出,是一个同样被深圳那家民营企业录用的学生打来的。李奇果然说:"你去签约吧,我就不去了,**我决定放弃**。"挂了电话后,李奇自己决定结束咨询:"老师,谢谢您!我想我知道该怎么选择了。"

虽然我没有问李奇他到底做了什么选择,但是我想通过这次咨询,他应该是理清了自己的思路,并且知道了做选择的方法。

由于时间关系我们没有详细讨论制定目标和行动计划的方法,但李奇表示他会去学习这方面的知识,为自己的职业生涯发展好好做一次规划。

> 这是用简明的方法协助李奇了解自己的价值观。价值观是在每件事的背后的,有弱有强,时隐时现,这也是来询者经常迷失自己的原因。明确价值观是做选择的最根本的依据。

> 最终,李奇选择了放弃。其实,放弃也是一种选择。在面临选择的时候,人们更多的时候想的是"得",于是在"两者不能得兼"的时候,就困惑无比。很少有人想到"舍",其实,这"舍"字后面是个更大的智慧,因为已经知道了自己做选择的根本标准。

 案例分析

李奇这样的情况在找工作的毕业生中是比较常见的。在没有得到 offer 前,毕业生郁闷不安,得到几个 offer 了又不知做何选择,于是焦虑不安。问题主要在于毕业生缺乏职业规划的概念,表现在对自己的认识比较模糊,对工作世界也缺乏了解,对自己的职业生涯发展缺乏规划,也不知道该怎么规划。

很多毕业生找工作时并没有明确的目标,见到用人单位就投简历,结果是虽然投了很多简历,得到面试的机会却很少,得到 offer 的机会就更少了,在这个过程中毕业生的自信心受到很大的打击。另外,有些比较优秀、综合素质较好的学生很快就能得到offer,而且往往不止一个offer,就像李奇这样。这时他们面临的困惑往往是难以取舍,做不了决策。每个用人单位都有他们所看重的方面,到底该选择哪一个呢?所以,有的毕业生开玩笑说:"要是我看重的东西都集中在一个单位就好了。"这种情况下,咨询师要帮助他们理清自己的思路,进行自我探索和职业探索,明白自己最喜欢、最适合做什么工作,最看重工作带给他们的是什么,同时要教给他们正确抉择和制订行动计划的方法。

在这个案例中,李奇对自己和职业世界的认识还算比较清楚,而且行动能力也比较强,只不过缺乏职业规划的思路和方法,不知道怎么把自己的兴趣、价值观等与职业进行合理匹配。因此,在选择时显得无所适从。职业规划师只要帮助他理清思路,他就知道如何选择了。

职业规划小贴士

了解自我

自我了解是职业规划的第一个环节。系统化职业规划是一个"从内而外"的过程,因此在职业规划时,要先认识自己。诚实地自问:我有哪些人格特质?我的兴趣是什么?哪些东西是我生命中不能缺少的?我最看重什么?我有哪些技能是与众不同、赖以为生的?人是一个负责的有机体,如果没有这方面的意识,可能一辈子也不了解自己。

案例 24　工作，也是一种逃避

现在越来越多的学生通过读研来逃避找工作带来的压力，其实，工作对于某些人来说，也是一种逃避。小婧就是如此。她决定放弃保研的机会去找工作，但又不知道自己该选择什么样的工作。在这样选择的时候，她同样非常困惑。通过职业咨询小婧确定了自己的职业方向，但发现要实现自己职业理想的最佳途径却是上研究生。是什么样的情况让小婧不想上研究生呢？咨询师又是如何帮助她找到了解决困难的方法呢？

> **职业规划师**：庄明科
> **来询者情况**：小婧，女，大学四年级，英语专业
> **主要职业困惑**：工作还是考研

找工作时，妈妈没主意了

小婧是某高校英语系的大四学生，她的决定让人难以理解：想放弃保研的机会直接就业。但是，她自己却不知道该找什么样的工作——这就是她前来进行职业咨询的原因。

小婧拿出了她的测评报告，很小心地递给我。测试结果显示：小婧是一个非常内向的女孩，人际影响愿望比较低，成功愿望较低；注重工作和生活的平衡，挫折承受能力不高。我们的话题就从测评结果展开了。

"你如何看待测评的结果？"我问。

"我觉得测评结果显示的都比较准确，但还是不知道自己应该怎么办。"她回答。

"那你评价一下你自己？"我引导她关注自己。

"就像测评所说的，我是一个性格内向的人。非常注重生活，对于一些挫折的承受能力一般。"

"那知道这些特点之后，对于选择职业是否有帮助呢？"

"是有一定帮助,但是我还是不知道具体的职业要求什么样的性格。"

"做职业规划就是从了解自我和了解职业开始的,不要着急。"

我和她一起探讨和澄清了测评结果,使她对测评结果有更为深入的了解。初步沟通后,小婧开始深入谈自己的情况。"**小时候很多事情都是妈妈给拿主意**,比如买衣服买什么颜色的,但每次妈妈都不满意,于是就听妈妈的意见了。**在人生的重大问题上,也都是妈妈拿主意,比如高考填志愿。在找工作的问题上,妈妈也没主意了,我就不知道怎么办了。**"

> 一旦习惯于依赖别人的意见,自己就丧失了主动性。小婧就是一个例证。从小到大,几乎所有的决定和主意都是母亲来做,所以,妈妈没有主意的时候,她就彻底丧失了方向。然而每个健康的人都有自我意识,职业规划师要耐心地对待,从其中找到咨询的突破口。

不想保研是不喜欢宿舍

"那你对哪些职业比较感兴趣呢?"我问。

"**周围的很多同学在考公务员,我的一个亲戚也说不错,我却不太感兴趣**。因为确实也不是对其很了解,所以,觉得需要进一步了解。"

她的回答不明确,于是我又问了一遍。"那你目前比较感兴趣的职业是什么呢?"

"我觉得当老师不错。我当过家教,也去支教过,感觉自己挺适合当老师的。看着学生有所进步会有很大的满足感。"她说的时候很认真。

"那你是喜欢当大学老师还是中学老师呢?"我继续帮她澄清。

"感觉中学老师压力太大,围着高考转,还是大学老师有意思。上大学的时候很喜欢外教的英语课,喜欢这种活泼生动的形式。但是觉得这种方法如果在高中实施,可能会有阻力。"

> 职业规划的主体应该是每个人自己,如果父母包办一切决策,学生的自主意识、职业规划的能力也就不会提高,并且可能走上自己并不喜欢的职业之路。

"那你现在去应聘大学教师会有问题吗?"我乘机追问。

"要成为大学老师,需要一个硕士学位,这个我不具备……"她说这话的时候,有点迟疑了。

"那你为什么不准备上研呢?"我继续提问。

她陷入了一段时间的沉默,才犹豫地说出了原因。小婧自称是一个很敏感的人,同学的作息时间和自己很不一样,这样睡眠不是很好。最关键的一点是,她觉得同学的很多举动都是针对她的,因此她更为难受。令人不喜欢的宿舍生活,让她很痛苦。

话题很自然地转到人际关系方面。她认为,总体来说人际关系还算不错,但总是很难完全融入其中。总觉得其他同学对自己有成

> 在交谈中,沉默是非常难耐的,但有时候咨询师没有必要马上打破它。恰当的沉默可以给来询者一点压力,让他们面对必须思考的一些问题。

见,不过现在想想也不完全是,可能是自己误会了。我和她谈了一些非理性信念有关的知识,她觉得这些就属于非理性信念,这些信念影响了她与室友之间的关系。

"原来小婧是为了躲避大学的宿舍生活,而想放弃保研,去工作的呀。"我问:"如果这种生活上的问题不再困扰你,是否会选择继续读研?"她说:"会的!"这时候我就引导她去想解决这种困扰的方案。通过交流,我们共同讨论了出去租房子,和宿舍的室友达成协议等方法。这些提示,都让她感觉到,原来自己考虑问题的时候不够开放,容易陷入死胡同。

> 小婧表面的问题是工作与保研间的矛盾,实际上她是想躲开不喜欢的宿舍生活。在一些问题背后,往往是一些来询者敏感隐私的问题,一旦消除,那个最表面的问题就不是问题了。

我让她把自己的一些非理性信念列出来,同时看看是否有一些更为理性的信念可以替代。

小婧的非理性信念和重新的解释

小婧的非理性信念	理性信念
以前有一段日子和室友的关系比较紧张,因此当她们有人用电脑时把声音放出来的时候或者他们在大声聊天的时候,我通常选择离开,然后去找朋友诉苦	我也知道寝室并非学习场所,有时弄点声音出来很正常。毕竟很多人都喜欢热闹的,娱乐一下也少不了
我约一个好朋友出去逛街或干别的一些事情的时候,她经常带上她的室友(她们关系也很好),我心里就会有一点点的不开心	现在我基本上不会不开心了,因为我总不能要求我的朋友只有我一个朋友吧,况且大家出去人多一点也很好的

> 换个角度,用个冷静、理性的办法把心理问题通过对比重新评价。心理是行动的内在因素,心理的困惑引发行动的障碍。在职业规划时遇到心理问题要特别注意,如果不具备心理学的素养,应该考虑转介的方式。

小婧对自我有了更为深入的认识,**开始意识到,可以用另外的方式来看待遇到的问题,这种方法更积极更有效**。对于如何处理人际关系,也有了一些更好的方式。她学会了如何去发现和纠正自己的一些不合理信念。我感受到,很多职业问题背后隐藏的都是心理问题,一旦心理问题得到解决,职业问题就比较容易解决。

所有的问题都可以应对了

第二次咨询的时候,小婧告诉我,**她感觉对周围的很多事情很多人都有了重新的认识**。"最近觉得室友变得好多了。"她笑着说,"不见得是她们有多少改变,而是自己的心态有了一些变化吧。"

她告诉我,来咨询的前一天给母亲打了一个电话,交流了一下职业发展的问题。她觉得,母亲也不是那么专断,只要自己能主动交流,并有耐心,还是能和她进行沟通的。母亲希望自己能有一个稳定的职业,这是她的一个基本愿望。

她说,最近见了几个当老师和当公务员的师兄师姐,详细了解了他们的职业情况之后还是喜欢当大学老师。一方面自己对于这个职业比较有兴趣,另一方面尽管自己比较内向,但基本的人际沟通技巧没有问题。我问她,就业方面还有哪些劣势。她说,可能自己在人际交往中的主动意识还不够。这可能会对将来的职业发展造成一定的障碍,需要有意识地提高一下。

然而对于小婧来说,从事大学教师这个职业的可能性究竟有多少呢?她说,本科水平很难直接进入大学从事教学工作;而硕士就比较容易,很多师兄师姐就是硕士毕业以后进入大学从事英语教学工作的。现在想还是继续读研究生吧,按照目前的成绩来看还是有直接保送的可能的。通过生涯人物访谈,她确定了自己的方向。

困扰她校园生活的宿舍问题如何解决呢?她说:"争取上了研究生之后找一份兼职的工作,这样可以自己有钱在学校附近租一个房子。"我问她:"如果实在不行必须还得过集体生活呢?"她想了想,说:"就当做是磨炼吧,反正研究生的时间也不是很长。"

"那么,如果保研失败怎么办?"我把她可能面临的情况都提示出来,看她的反应。她说:"就再考一次,同时也准备找工作。"再者,选择什么方向的工作呢?她说,对于外语自己还是有兴趣的,可以去外企从事行政或者国内的企业从事翻译有关的工作。然后再考虑读研究生。将来的目标还是当一个大学老师!

"所有的问题她都可以应对了。"她制订了行动计划,就标志着咨询接近尾声。我们一起回顾了咨询的历程,使她对整个咨询的过程有更好的认识,并清晰勾勒出未来的职业框架。她说,两次咨询的时间尽管很短,但通过这段时间的咨询,对自己有了新的认识。对于自己的决策能力也更有信心,最关键的一点是,明白了为什么要做出这样的决策。

当她带着笑意离开咨询室的时候,我感到窗外的阳光格外明媚。一个月之后,小婧给我发了一封电子邮件,告诉我她已经顺利保研。

有句格言说:自己是对的,世界就是对的。当小婧的心理困惑消除之后,她行动的主动性就能得以完美的发挥。以往的问题,都可以自己找到应对的方案了。

 案例分析

很多职业问题的背后其实是心理问题,所以要解决职业问题之前首先要解决心理问题。这样作出的职业决策才会更加合理。小婧需要的是提高自己的人际交往技能，并学会正确理解他人的行为。同时，要认识到，自己职业目标与当前选择之间的关系。选择工作还是读研，应该从最终的职业目标出发来考虑。

小婧来咨询的时候是解决职业选择的问题，但她最喜欢的职业却需要她继续念研究生。小婧选择工作的原因是想回避集体生活带来的困扰，这时候就需要帮助她来解决这个问题，这样再解决职业问题的时候就会容易一些。在解决心理问题的时候，用了理性情绪疗法，帮助她找出一些非理性信念，再用理性的信念去替代。当小婧逐渐走出心理问题的困扰之后，就作出了一个更为合理的职业决策，选择继续读研究生，因为这对于她将来去大学教书还是很有帮助的。

在做职业咨询的时候，会遇到很多心理问题，作为咨询师就需要作出评估再决定是否需要提供帮助来解决。如果心理问题不会对职业选择造成困扰而就业又比较迫切，那就应该先解决职业问题。如果心理问题对就业产生了很大的影响，就需要先解决心理问题。作为职业咨询师，也需要接受很多心理咨询技术的训练，这样才能做好职业咨询。

> 心理咨询与职业咨询联系非常密切，但又有很大的区别。职业咨询更关注与职业相关的部分，而不要过多关注心理治疗的部分。

职业规划小贴士

ABC 理论

理性情绪疗法（REBT）是由美国心理学家阿尔伯特·艾利斯（Albert Ellis）于20世纪50年代创立的，其理论认为引起人们情绪困扰的并不是外界发生的事件，而是人们对事件的态度、看法、评价等认知内容。因此，要改变情绪困扰不是致力于改变外界事件，而是改变认知，通过改变认知，进而改变情绪。艾利斯指出外界事件为A，人们的认知为B，情绪和行为反应为C，因此其核心理论又称为ABC理论。该理论认为绝对化的要求、过分概括化以及糟糕至极是非理性信念的三个主要特征。

咨询过程一般分为四个阶段：心理诊断阶段，明确来询者的ABC；领悟阶段，使来询者在更深的层次上领悟他的情绪问题不是

职业规划小贴士

由于外界事件产生的,而是他现在所持有的不合理信念造成的,因此,他应该对自己的问题负责;修通阶段,咨询师运用多种技术,使来询者修正或放弃原有的非理性信念,并代之以合理的信念,从而使情绪症状得以减轻或消除;再教育阶段,使新的观念得以强化,从而使来询者在咨询结束之后仍能用学到的思维方式、合理信念等应对生活中遇到的问题,更好地适应现实生活。

在 ABC 理论中,咨询师是一个指导者、说服者、分析者,也是权威的信息提供者以及与来询者非理性信念对抗的辩论者。咨询师所扮演的是一个积极主动的角色。当来询者年纪较轻、智力和文化水平较高、领悟力较强时,则咨询效果更好。来询者所扮演的是一个充分发挥主观能动性的角色。因此,该理论对于大学生群体的职业指导有很强的适用性。

内容扩展:

1. 大学生职业规划和择业中常见的不合理信念

大学生在职业规划和择业过程中,常常感到心理压力大并产生焦虑情绪,其认知偏差是其中一个重要原因。常见不合理信念主要包括(例举):

①与自我概念有关

如果我毕业时找不到工作,我就是个失败者。

为了获得价值感,我必须在所有方面都是优秀的、成功的。

如果我在职业选择时违背了父母的意愿,我就对不起他们。

②与专业和职业有关

一旦选择某个专业或者职业便将决定终生。

对每一个人来说,只有一个最适合的职业。

在职业追求上,要么成功,要么失败,没有中间道路。

③与职业规划和决策有关

职业决策时的犹豫是不成熟的表现。

别人(同学、权威人士等)知道我最适合干什么。

职业世界变化之快,我根本无法规划未来。

2. 认知行为疗法

认知行为疗法是一组通过改变思维和行为的方式来改变不良认知,达到消除不良情绪和行为的短程心理治疗方法。其中有代表性的是阿尔伯特·艾利斯的理性情绪疗法(REBT),贝克(A. T. Beck)和雷米(V. C. Raimy)的认知疗法(CT)以及唐纳德·梅肯鲍姆(Donald Meichenbaum)的认知行为疗法(CBT)。

认知行为疗法具有以下特点:①来询者和咨询师是合作关系;②假设心理痛苦在很大程度上是认知过程发生机能障碍的结果;③强调改变认知,从而改变情感与行为;④通常是一种针对具体的、结构性的目标问题的短期教育性治疗。

案例25 在机遇中做出职业规划

她因追从热门专业选择了企业管理,又积极参加学校各种活动希望改变自己性格内向不善交际的方面。一个偶然的机会,她获得了去一家大型外企工作的机会。接受工作是不是就意味着自己在大学里的努力白费了呢?是否应该接受这份工作?她陷入了两难的抉择中。

> 职业规划师:庄明科
> 来询者情况:刘雨,女,大学三年级,企业管理专业
> 主要职业困惑:接受实习机会,还是坚持专业方向

为了专业苦了自己

刘雨学企业管理专业,刚上大三。一个偶然的机会进入一家外资企业绩效控制部门实习。实习的具体内容和财务很有关系,之所以找这样一份与自己所学专业不同的实习,只是想增长自己的实习经验,为自己求职时做准备。由于她工作比较出色,公司决定正式录用她,并派到上海工作。**这个突如其来的好消息让刘雨不知所措,她没有丝毫的思想准备,不知道如何应对。**

她在大学的所有努力都是为了将来从事管理工作,她下决心着重提升自己的人际沟通能力和组织协调能力,于是参加了学生会和社团活动。然而,这个机会让她觉得很是为难,**如果接受这个工作,那么以前的努力似乎都浪费了**;而不接受这个工作也挺可惜的。上海是她的老家,她当然很想回上海工作。同时,这家公司也是国际大公司,实习的时候觉得这份工作也挺有意思的。经过了几天焦虑地思考之后,还是不能拿定主意,于是打来电话预约职业咨询,想让职业咨询师帮自己出出主意。

优秀的实习是她很得意的经历,于是我们的话题从这里展开。我想从她最关心的问题出发,帮助她分析自己,以便做出一个选择。

> 刘雨的担心有一定的代表性,但以往的努力不仅仅能获得人际能力的提升,其实还获得了自信和更丰富的做任何事都用得上的宝贵经验。这些或许是她没有意识到的。也正因如此,她的非专业实习才会很优秀。接受一个适合自己的工作,有什么浪费可言呢?!

"那个公司要录用你,一定是你实习表现非常出色。谈谈你做的实习工作和你的感受吧!"我的话让她嘴角挂上一丝笑意。

她介绍说:"在大学里也学过一些财务方面的课程,并且目前的工作主要是辅助型的工作,所以还是能应付的,但不知道这个方向是否真正适合自己。将来如果真正从事这份工作怕自己会难胜任,比其他同事做得差,这些同事都是财务背景出身。"

"你能具体地描述一下这份工作吗?"

"主要做绩效控制,对公司的财务数据进行分析,然后写成报告,供决策层参考制订计划,并参与公司年度预算的制作等。对于工作的内容我还是比较喜欢的,我担心的是自己的背景会制约我的发展。我还觉得大学期间做的很多职业准备好像和这个职业没有很大的关系,如果接受这个职位觉得有点浪费。"

"你在大学里都做了哪些准备呢?"我问。

"高中时代,我是一个非常内向的人,不爱与人打交道。当时报企业管理这个专业并没有考虑自己的性格因素,仅仅是因为这个专业比较好就业。进入大学以后就有危机感了,如果还像高中那样,工作肯定有问题,于是就强迫自己参加学生会以及社团,并努力成为骨干。尽管开始觉得有点别扭,但发现通过努力还是能做得很好。其实自己还是不太喜欢人际协调的工作,而愿意自己一个人静静地思考一些问题,干一些事情。"这是个想法与做法比较矛盾的所在。就此,我针对她不喜欢人际协调工作的情况进一步探询:"那你在群体的活动中有什么感觉?"

"每次参加完活动回来总觉得非常疲惫,没有像有些人那样非常兴奋。平时能不参加的团体活动,我就尽量不参加,觉得还是一个人待着的时候舒服一些。有时候会觉得自己选错专业了,认为会计专业可能会更适合我。不过时间久了,发现自己人际交往的能力好了很多,也慢慢喜欢上了现在的专业。"

公司需要做什么角色

接下来我们**谈起了她以前做过的性格测验以及她的职业兴趣**。刘雨做事有条理、有计划,性格有点内向,同时,对事物有较好的判断和研究能力。从职业测评的结果整体来看,刘雨的职业朝着专家型的路线发展会比较合适,一般的管理岗位或者财务岗位均不太适合她。而这家公司给她提供的岗位是财务分析和决策支持相结合的岗

> 性格是一种习惯化的思维方式和行为模式。人与人的心理特征差异导致每个人认识问题的方式不同,而在不同的环境和情境下,直接影响每个人能力特长的发挥和表现。对自我性格深入而准确的认识有助于更好地自我定位,从而做好职业规划。

位,还是比较适合她的性格和兴趣的。需要进一步评估的是,这份工作对刘雨的能力和专业背景是否有特殊的要求,以及刘雨是否真能胜任。于是,我让刘雨找从事过这个职位或者对这个职位比较了解的公司同事进行深入地交流,以确认她是否胜任该职位,从而协助她能更顺利地做出决策。

回去后,刘雨找机会和部门经理进行了深入的交流。刘雨的部门经理已在该部门工作6年,就是他向公司提出留下刘雨。部门经理说,目前这个部门的人员都是财务背景,而这个部门的成果最终是为管理决策服务,所以想引进一些非财务背景,最好是有管理学背景的人,使整个部门的工作更有成效。另外,部门经理说,财务知识是这份工作所必需的。因此,让刘雨在正式入职之前看一些相关资料,同时,公司也会给刘雨安排系统的培训。

通过这次沟通,刘雨不再担心自己的能力,**还发现自己管理学的专业知识也会派上用场**。这个顾虑打消以后,她变得轻松了一些。这份工作一方面比较适合她的兴趣和性格,另一方面在能力要求上也基本符合她的实际条件,与同事相比,她还有一定的优势。

但一些新的顾虑又开始困扰刘雨,她怕接受了这份工作就意味着失去其他更好的工作机会。于是,我让她明确一下,所谓的"更好的工作机会"到底是什么样的?她说,其实自己也不是很清楚,只是有这个担心。为了让她更好地作出选择,我从就业中心的数据库里调出了最近几年刘雨所在学院的毕业生就业情况。仔细研究后发现,目前的这家公司尽管从实力上来讲不是最好的,但也有相当的竞争力。通过对比,刘雨觉得没有必要再等其他的工作机会,现在就可以决定接受该职位。

刘雨对签约程序不是很了解,又提出了疑问。我简要地作了回答,并让她回去仔细阅读学校编辑的就业常识手册,手册里对此有详细的描述。

几个月之后,刘雨给我发了一个邮件,她说已经顺利签约了。论文已经基本完成,所以已经提前进入了全职工作状态。她说,这几个月感觉自己的能力提升还是很快的,已经基本胜任目前的工作了,并非常喜欢它。

> 一些人的职业困惑来自于"我以为""我认为"。如果仅仅依据自己的想象做判断,结果就会偏离事实。而争取的方法则是,了解更多的观点、角度、看法。沟通就是解决这类误解最常见也是最有效的方式。

案例分析

刘雨之所以不敢确定是否接受这个工作机会,是因为**这个工作偏离了原来的计划**。这时候就需要评估原来的职业发展计划的合理性,同时要评估,现在的工作计划是否更适合她。人生总是充满机遇,而职业发展计划也不能一成不变。一方面需要对自我进行持续的审视和分析,了解自己的需求和能力;另一方面,需要对外在的机遇作出判断,看是否适合自己。如果觉得合适,职业发展进入新的轨道,需要对职业发展计划进行调整。

在本案例中,刘雨在大学阶段按照自己所学的专业作出了一个职业发展计划,并在大学期间努力培养目标职业需要的能力。但一个工作机会的来临,就让她遇到了难题。这也是一个机遇,使她审视原来的职业发展计划的合理性。刘雨性格内向、喜欢探究,做事有计划有条理,走专家型发展路线更为合适。当刘雨开始真正审视自己内在的需求,而不是完全注重外在情况的时候,她很快找到了答案。

在职业生涯规划的方法中,有便捷的生涯规划法和系统化生涯规划法。由于很多人职业规划意识比较薄弱,大多按照便捷的方法进行职业生涯规划,例如,在高考志愿选择的时候只是选择热门的专业,在选择职业的时候只选择热门的职业,并不考虑是否适合自己,也不了解自己真正的需求。这种职业生涯规划的方法往往会对将来的职业发展造成障碍。同时,即使是一个系统化生涯规划方法作出的职业发展计划,也需要随着时间的推移不断完善,根据个人能力的发展以及面临的机遇做出调整。职业发展计划不是静态的,是动态发展的。

> 计划是做事前的设想,而实际的情况是瞬息万变的。固守计划未尝不可,但少了些灵活和主动。这里,咨询师的分析和提升就是最好的策略。

案例 26 过去的经历是我宝贵的财富

在招聘启事上写满了"有工作经验者优先",但一位有四年工作经验的女研究生竟在求职过程中数次受挫,这是为什么?年龄偏大?女生就业难?还是个人专业能力或综合素质欠缺?她不知道是什么原因,却开始不断地怀疑自己,认为自己本科毕业后的工作浪费了自己的青春,屡次失利让她意志变得有些消沉,自信心越来越少了。

> 职业规划师:王欣涛
> 来询者情况:杨柳,女,研究生一年级,新闻专业
> 主要职业困惑:如何看待过去的经历

谈起文学电影就眉飞色舞

杨柳是一个比较出色的北京某大学女硕士研究生,读的是新闻学专业。她在本科阶段学习的是微电子专业。大学毕业后在西安一所中专学校做了四年专业教师。硕士毕业时面临着就业选择的问题,来咨询前的几次面试都没有成功。

"老师,虽说我有复合学科的背景,但是好像两边都不占优势,特别是我都28岁了,年龄太大了,刚刚被中国移动西安分公司的面试拒绝,希望您能够给我一些指点和帮助。"杨柳紧紧地抱着自己的书包,坐在咨询室的沙发上。这是她开口说的第一句话。

复合学科的背景一般是毕业生求职的优势,但是杨柳却认为自己两边都不占优势,说明她对自己产生了怀疑,自信心不足。首先需要做的就是要肯定她的成绩,恢复她的自信心。

我抓住困扰她的问题开始发问:"你认为年龄大有哪些劣势和优势啊?"

杨柳认真地回答:"劣势主要是可塑性不强,容易思维定式,但是与同年龄的人相比我的心态算还比较年轻啊!优势嘛,主要是我比较平和,功利心不强,做人做事比较踏实"。

> 复合型人才是不可多得的,在竞争中的确会有优势。但是不是具有优势由谁来评判呢?由企业,或用人的一方。如果像杨柳这样在不了解情况的时候就认为自己没有优势,那就是忽视自己的优势了。

她说话的语气很平缓,结论也比较中肯。我问话的目的就是想了解她如何对自己评价,并在这个过程中时刻观察她的肢体语言和表情。

"你再描述一下你的学习情况,比如你对哪些课程比较感兴趣、你的学习成绩、外语能力等这些方面如何?"我接着发问。

"我喜欢文学、电影等方面的课程,成绩大概是全班51人里前10名,英语过了国家六级,阅读能力不错。"谈起这些,她有些眉飞色舞,但突然神情又暗淡了下来,接着说:"但是我听说能力比较差,现在正在努力学习英语听说,一直觉得收效不大。"

"你的成绩很优秀啊,班级前10名,英语水平也不错。"我一面对她的学习成绩进行肯定,一面继续问:"那你的课外生活是怎么度过的?或者说你有哪些兴趣爱好?平时参加哪些社团的活动?"

"我喜欢写作、听音乐、看电影,觉得自己具有一定的音乐、影视鉴赏水平;也喜欢旅游,我还考了个导游证;参加了北大山鹰社、电影协会、摄影协会、素食协会。"

我发现她的爱好和兴趣比较广泛,并且参与的社会活动基本与自己的兴趣相关。但她是如何看待自己的优点和缺点的呢?于是又接着发问:"你如何评价你的特长和缺点?"

"写作能力还可以。我的上进心比较强,能够不断学习,不断进步。善于沟通,从小到大人缘都比较好,具有一定的策划组织能力,学东西很快,悟性还可以。我的缺点是有时三心二意,容易分心,表现得有点马虎大意。"她的回答给人的感觉依然比较中肯。

但她的困惑又从何而来呢?是现实与她的期望有差距吗?于是,我问她:"你毕业以后有什么计划吗?"

"我倾向于做公务员和报社文字记者,负责文艺、电影和科教方面的报道。争取经过一段时间,能够成为所在岗位的专家。"

准备考研没请一天假

为了能够帮助她思考未来理想的生活和工作,我建议共同做个生涯幻游的活动。在我的指导下,她描述了她理想中的未来工作和生活的场景。

"我早晨起来的时候,阳光透过窗户照到我的床上,旁边有个人正看着我,他是我的爱人。家离单位不远,吃过早餐,我开车去单位上班。我作为公司的高管,在去我办公室的路上,我和我的同事互相

> 这里,杨柳滔滔不绝地在说,而职业规划师仅仅是一般的提示。在职业咨询的开始部分,要尽可能地让来询者多表达,让他们主动地探索自己,梳理自己,重新认识自己。从这样的表达中,咨询师可以发现,哪些方面是他们愿意讲的,哪些关键词是他们重复次数多的。

问候。然后进入我宽敞的办公室,开始忙碌起来,先处理文件,然后吩咐秘书召集开会研讨和布置工作,上午的时间很快就过去了。中午在办公楼的食堂和同事边吃边聊,然后回办公室休息一会。下午的工作比较清闲,打电话监督一下项目的进度,然后找两本非工作类的书籍看看。下班的时间到了,我不希望加班,回到家里做个饭,和家人一起吃。看书、聊天或看看电视就可以睡觉了。"

"你回忆一下这一天,觉得满意吗?"我看着杨柳正沉浸在幸福中,满脸灿烂的笑。

"满意!非常舒服、非常充实。"

从生涯幻游中,我们可以得出结论,她是要求工作和生活要平衡的人。为了再确认一下,就再提起她喜欢旅游的事情。"你刚才生涯幻游的时候没有提到旅游啊?"

"那是工作日的一天,到了节假日我一定会跑出去旅游的。我特别喜欢旅游、度假。我在西安工作期间,收入还算比较高,我喜欢玩,甚至会一个人跑出去旅游,每到一个地方都给我妈打个电话,有时候我妈妈都吓了一跳。我要求生活一定要有规律,我觉得我是比较喜欢生活的人。"她讲起旅游也是滔滔不绝。我的想法得到了她的印证。

那么,她具有什么样的工作价值观呢?从散乱的价值观卡片中,她挑出重要的价值观部分,排出的顺序是"经济报酬、同事关系、成就感、声望地位、生活方式"。

> **知识库:**
> 15 项工作价值观
> 利他助人、美的追求、创造性、智性激发、独立性
> 成就感、声望地位、管理权力、经济报酬、安全感
> 工作环境、上司关系、同事关系、变异性、生活方式

这样的工作价值观排列的顺序和她理想的职业,比如公务员、报社记者、编辑应该是比较符合的。可是她为什么要应聘中国移动西安分公司呢?

她说:"我应聘中国移动西安分公司主要是移动的工资待遇好,再说我对西安比较熟悉,再回去工作也不错。"

"当初你为什么从西安考研究生出来呢?你刚才说了当时你的收入也很高啊!在西安读个在职的研究生继续做本专业的老师不

生涯幻游可以排除目前一切的困扰,让来询者自由地想象未来。这有助于了解他们内心真正的需要。在生涯幻游的时候,要提示来询者叙述得越详细越好,争取可以看得见,摸得着,关注场景、细节、颜色、动作等方面。

选择最深层次的依据是一个人的价值观,选择表面的依据是人的职业目标,而目标不清晰的时候,选择的依据则是与他息息相关的现实利益。了解了价值观,对于了解人的求职行为有很好的指导作用。

行吗?"

"当时我确实考虑了,但我觉得我不喜欢当时的工作。我们学校师资力量比较少,我要承担很重的工作量,还有就是同样的课程要给很多班讲授,比较枯燥。结果我在这个单位浪费了四年时间。"

"当时学校领导和学生如何评价你呢?"我问。

"学校领导当然对我很重视,在我考上研究生辞职的时候,领导跟我谈了多次话,希望我能留下来,说我是所授课程的骨干教师,的确是这样的。**学生也喜欢我讲的课,反映还不错。**"

在西安做教师阶段的工作与她的工作价值观的确有冲突,虽然工资待遇很高,**但是重复枯燥的授课无法满足她的成就感**,并且辛劳的工作与她的生活有了冲突。

"你为什么会一个人跑出去旅游?"我的突然发问,让她一下陷入了沉思。

"有时候觉得工作特别无趣,就一个人跑出去放松放松。不!我觉得应该是为了短暂逃避这个工作状态。"她好像找到了什么线索,急切地说:"我当时白天工作很劳累,但是我还是坚持晚上复习考研,那么辛苦,就是为了结束这个工作状态。我考上研究生的时候,校长很诧异,因为我没请一天假就成功考上了研究生,而且还是国内名牌大学,再说还是跨专业的。老师,你说是这个原因吗?"她要求我给她印证。这的确有价值观方面的原因,也是她个人努力的结果。

> 学生喜欢自己的课,是不是一种成就;什么是真正的成就感呢?对于一个注重声望的人来说,别人的追捧就是成就感。而对于一个具有创造性的人来说,重复枯燥的方式就没有成就感。心里的感受是很主观的、很自我的。要以自己为出发点。

两方面的优势如何结合呢

我继续把问题再拉回来。"如果你真的去了西安移动和你在西安教书有什么区别呢?这和你刚才提到的做一个做公务员或者报社的记者会一样吗?"

一连串的问题,让她比较紧张,她似乎寻找到了答案,紧锁的眉头开始舒展。

"老师,我知道了。我当时花了那么大精力考研就是希望能够做一个公务员或者报社编辑记者之类的工作。我选择西安移动,或者说我再次选择回西安工作,是因为我习惯了西安的生活,但这却不是我理想中的生活。如果我真的到西安移动工作的话,有可能是我另一个痛苦工作的开始。"她的悟性让我也有点惊讶。

"你觉得你选择应聘西安移动对你目前的状态有影响吗?"

> 在来询者倾诉的过程中,要以他为主。在探讨问题寻找事实依据的时候,来询者的思路可能会天马行空。这个时候需要职业规划师思路清晰,不必要的事情要恰当地打断,保持咨询中心不散乱。

"是的,被西安移动拒绝对我的打击挺大的,其实当时我应聘的时候还有一个原因,就是希望能证明我的能力。结果这个事情反而让我开始怀疑自己的能力。老师,我现在已经知道了。"她显出豁然开朗的样子。

我并没有因为她找到了答案而结束谈话,还希望能够再帮助她拓宽思路。"你刚来的时候提到你的复合背景,本科学习的微电子专业,研究生读的新闻学,好像两边都不占优势?现在你怎么认为?"

"我挺感激我有西安那么一段经历的,在我教授专业课程的时候,原来本科阶段学习的课程都不够用,总是利用课余时间补充专业知识,所以,我微电子方面的知识还是比较扎实的。新闻学的专业一直是我的兴趣所在,比如平时生活上网,我都会主动了解关注这方面的知识,复习考研阶段比较下工夫,在学校又进行了系统学习,比较轻松地就做出了毕业论文,并且受到了导师的较高评价。"

"那你怎么利用你这两方面的优势呢?或者说这两方面的优势能否结合呢?"我继续追问。

"噢,我可以!比如我去应聘计算机类的报社或杂志社,利用我新闻学的知识,加上我理科专业的背景,工作也不影响我的生活,嗯,收入应该也不错。谢谢老师!我明白我该怎么做了,谢谢您!"

"你现在的感觉怎么样?"我笑着问她。

"老师,我很高兴,主要是我更轻松了。"我真的感到,现在的她是彻底地轻松了。

咨询结束后,我给杨柳布置了作业,要她做职业测评。她发邮件告诉我:"我做了性格测试、技能测试、学习能力测试、兴趣测试,结果显示我是一个艺术型与社会型的人,推荐我的职业是管理咨询类的、艺术指导类的、高校教师类的、公务员类的,没有写到记者。呵呵,我会将这些结果作为我的参考,认真思索我以前和将来要走的路。您所从事的真是一项非常有意义的工作,能够给别人带来帮助和鼓励。希望工作能够给您更多的快乐。送您一首歌吧,齐豫的《这就是人生》。"

毕业前夕,她来到我办公室,这时的她与某科技日报社签约了,就是她一直想要的工作。

有双重学业背景的人,就多一个角度,多一个机会。那么如何利用各自的优势并使其有机结合,是一个最根本最核心的问题,这能帮助求职者获得"1+1=2"的效果。只要拓展思维,总会有更多的可能。

案例分析

对于初涉社会的毕业生来说,一定的工作经验和社会经验可以帮助毕业生快速地适应工作环境和岗位要求,"上手快"成为很多用人单位的重要选择标准。但是,对于有过工作经历的研究生来说,在过去工作中所积累的工作经验和习惯并不一定都能够照搬到新的岗位中去。因此,根据新的定位改变自己已经习惯的工作和生活方式是很重要的,**否定自己的过程是比较痛苦的**,而如何帮助来询者正确客观认识和评价自己过去的经历是咨询师的首要任务。

杨柳本来是为了逃离重复、枯燥地讲授一门课程而又劳心劳力的工作,不惜辛苦,白天工作,晚上学习,考取了研究生。过去的她是工作单位的骨干,领导和学生对她的工作评价较高,是一个被需要的角色,这种被需要的感觉支撑她工作了四年。但是,她最终选择了离开,因为这并不是她想要的工作和生活。

在杨柳又一次面临职业选择的时候,过去担任教师期间的工作和生活经历或多或少会影响到她,此时她并没有按照自己所学的专业和自身优势以及个人理想去求职,而是习惯性地继续选择了她比较熟悉的西安,无论她是否熟悉所应聘行业。当她应聘和她专业不太相关的单位又屡次被拒绝的时候,自然开始怀疑自己,不能正确评价自己的过去,给自己找了若干个不自信的理由。

所为咨询师首先要肯定来询者已经取得的成绩和自身优势,帮助其从失败中解脱出来,再恢复其自信心,协助来询者澄清自己的兴趣、能力、性格和价值观,引导来询者正确评价自己的过去和现在,这是解决此类案例的关键所在。

> 所有的经历都是有价值的,这为我们的决策提供着不同的依据。所以,否定自己是比较痛苦的,其实也是可怕的,那会使自己丧失了自信。职业规划师对于有自我否定倾向的来询者,首先要用鼓励和赞美来消除自我否定的副作用。并用成就事件扩大战果。

案例27 我的简历为何总是石沉大海?

陈锋之前投的简历绝大部分都是石沉大海,很少能通过第一关。他觉得很委屈,自己的经历也算比较丰富,也非常用心地准备了简历,可为什么收效甚微?该如何改善自己的简历呢?

咨询师: 吕媛

来询者情况: 陈锋,男,研三,环境科学专业

主要困惑: 简历提升技巧

夜幕初上,校园里回荡着熟悉的"燕园之声"广播。当我结束一天的工作,准备下楼离开办公室时,突然看到一个男生略显沮丧地呆坐在楼梯的台阶上,他穿着一身西服,手里还捏着一沓简历,看样子像是刚刚从招聘会回来。我不禁走近他,轻声问:"同学,你还好吧,看起来不太开心的样子。""老师,我没事,就是刚被拒了。""没关系,慢慢来,心态要调整好。"我想安慰他两句,这个学生突然站起来,说:"老师,您是负责就业指导的吧?能帮我看看简历吗?我之前投的简历绝大部分都是石沉大海,很少能通过第一关。"看着他满怀期待的眼神,我邀请他到办公室坐一坐。

基本原则一二三

坐定之后,我认真打量了下眼前这位同学,他穿着不算太合身的西服,一坐下更是露出了裤管下白色的袜子。发现我看着他的衣服,他自己不好意思地说:"这衣服是借我室友的,今天是我第一次参加面试,还没买正装呢。"

"看来你的求职准备还不够充分呀。"我笑着对他坦言。

"那您看一般要做哪些准备?"他好像很认同我的评价,非常诚恳地问我。

"为自己准备一套合体的正装就是其中重要的一环,良好的个人形象体现一个人的职业化和专业化。另外,还要提早准备好简历……"

话音还没落,他立刻说:"那您帮我看看简历吧!"说着就把简历递给我。

他叫陈锋,是环境学院的应届硕士生。"你这份简历是准备投什么行业或者岗位的?"我大致浏览了一下他的简历,发现有很多问题,想先了解下他的求职目标。

陈锋迟疑了一下,好像还在理解我的问题,然后很不自信地说:"基本上都投吧,很多师兄师姐都说求职一开始海投是王道嘛。"

"HR筛选简历的节奏都很快,一般来说在几秒之内简历里面没有找到他想要的内容,可能你的简历就被放在一边了。所以简历不能对所有企业和岗位都用统一的模式,要根据岗位要求的不同进行内容的调整,突出单位感兴趣的重点。"我先给陈锋大致讲了**简历写作的基本原则**。"经常说知己知彼、百战不殆,我们也要想想HR是如何看简历的。也就是HR看重什么、习惯什么、要找什么?

所有经历的描述是要以展示你的各项能力和素养为导向,另外排版要简洁,绝无重复和无效信息,也要符合人的阅读习惯,把关键信息和字眼尽量放在中上部,最重要的是按照你对岗位需要能力的理解来突出你的能力。"

> 简历撰写有三个基本原则:能力导向、简洁有序、人职匹配。

基本部分一个不少

陈锋一个劲儿地点头。我手中这份简历一共四页,用了非常好的铜版纸彩色打印,拿在手里沉甸甸的,看得出陈锋是挺重视简历制作的。我接着说:"针对不同岗位需要设计不同的简历,但万变不离其宗,我们还是需要先制作一份标准版的简历。"

"老师,标准的简历应该是什么样的呢?"陈锋迫不及待地问。

"首先,从形式上一般都是一页纸,正面是中文简历,背面是英文简历,像你这样多页的肯定不行,需要把内容进行精简和整合。纸质一般用80克的A4复印纸就可以了,太厚或者太薄的纸都不标准。"

我看陈锋已经拿出笔在手里简历的空白处记录起来,看得出他是个很认真的学生,只是缺少相关的技巧。

"其次就是内容上的了。一般来说,毕业生的简历可以分为姓名、联络信息、教育背景、实习经历、学生活动、奖励荣誉和个人信息几个部分,一般也基本按照这个顺序来排列。"

"老师,我研究生阶段企业实习很少,主要在实验室做了几个项目,也发表了几篇科研文章,这部分还写吗?"陈锋现在的简历上主体部分写的正是这些科研经历,他的疑问其实也是很多理工科研究生在简历填写时通常会遇到的问题。

"我刚才说的简历结构是一般而言,如果个人科研经历突出或者所申请的岗位属于科研或者研发类的,那不仅要写科研经历,还要放在比较靠前的部分。"我补充说,"另外还有一种情况,如果个人实习和学生活动都不是很丰富,可以在靠后的部分增加一些参与科研的信息,因为我们首先要保证简历内容充实,不留空白。"

"老师,其实我也不是特别想继续从事科研和研发方面的工作,只是觉得其他也没有什么特别突出的地方,所以就把科研经历写得比较多。那您看我这种情况,怎么写实习和学生活动呢?"陈锋问。

"你这个问题提得非常关键。这部分往往是用人单位非常看重的,而很多学生在写简历的时候,都苦恼于如何描述自己的实习和活动经历。其实,**无论是经历简单,还是经历复杂,最关键是要条理清晰、体现你的能力**。"说到这,我稍微停顿一下,看到陈锋还是比较困惑,我解释道,"一段实习或者活动经历,一般可以用2~3个点句来描述,所谓点句就是用动词开头的短句,一般不超过一行,比如你这里写的'参与院系元旦晚会的组织策划和现场表演'。点句的写作可以按照先描述你在这段经历中的职责或者承担的角色,再描述你所做的工作,最后是你取得的成果。"

> 当学生觉得难以描述自己的某段经历时,也可以请学生像写故事一样把整个经历详细地记录下来,然后按照职责——工作——成果的方式逐条归纳,原则是以体现自己的能力为导向。

以能力为导向描述经历

为了便于陈锋理解,我指着他简历上的一条实习经历给他具体解释:"比如这条在某研究咨询集团做项目助理,你现在写的是:

作为研究部项目助理,参与多个项目的设计和协调,负责项目流程过程中的问卷设计、深度访谈、数据分析、报告撰写以及项目陈述等研究工作,如A区劳动和谐关系企业测评、B区社区工作绩效评估等,获得专家全票通过,本人工作得到项目经理高度肯定。

这样写显得层次不够分明,重点不够突出,如果按照我们刚才讲的原则,可以改成:

● 参与A区劳动和谐关系企业测评、B区社区工作绩效评估等多个项目的设计、协调和研究工作。

● 负责＊＊份问卷设计、＊＊次深入访谈,使用某某统计软件进行数据分析,撰写报告《关于＊＊＊＊》和《关于＊＊＊＊》,并代表团队进行项目汇报陈述。

● 项目报告获得专家全票通过。"

"确实感觉提升了不少呢！"陈锋非常兴奋地说。

"有一点提醒你关注：在简历写作中，**我们要学会用数字说话，用量化的方式直观地表达你的工作水平和成绩。**"

"嗯嗯，一些内容通过量化也显得具体而真实。"看来陈锋已经感受到了这种变化。

"量化可以体现在几个方面：一是'钱'，通过你的努力，增加了多少收入，争取了多少赞助，节省了多少成本；其次是'时间'，主要指你如何想方设法在很短的时间内取得很大的成绩，以体现你的高效率；另外还有'数量'，数量往往能从规模方面突出你的效率和能力。"我进一步解释，"你可以按照这个方法尝试着修改其他的经历。"

> 真实性是简历写作的第一原则。有些学生可能会为了美化自己而夸大自己的经历或者成绩。如果被 HR 发现简历中有一点不实之处，结果可能导致对你整体经历的质疑，所以务必要将真实作为前提。这里，量化和具体化的方式都可以帮助简历显得更加真实。

简历是一份客观的表达

突然，我发现陈锋简历最后一页"自我评价"一栏写道："我是一个做事踏实、认真负责、敢于创新、抗压能力强的人，善于团队合作和人际沟通。"并用加粗加黑的字体字号大大地补充一句："给我一个机会，还您一份惊喜！"

"如果你是 HR，当你看到这样的自我评价时，你会完全认同吗？"我笑着问陈锋。

"哦。"陈锋不好意思地笑了。

"可能你写的每一条都是真实的，但简历是一份客观的表达，要避免主观的评价词汇。你是否善于团队合作、抗压力是否强，这些应该通过你的相关经历来呈现，而不是自说自话。HR 也不会因为你写自己是一个敢于创新的人，就认定你是一个这样的人。"

"对对，我回去就把这部分删掉。"

"不光是删掉，如果你觉得这些特质是你身上非常重要的特长，也是要应聘的岗位非常看重的地方，你就要想办法通过实习实践、学生活动的点句描述把他们呈现出来。"

"写实习和学生活动经历，都要以展示自我的能力或者特长为导向。"看来这个学生已经理解了简历写作的要点了。

"另外，还要给你提个小建议。你看你给我的简历 A4 纸中间是对折过的，这样就显得有点随便和不重视。你递给用人单位招聘人员的简历应该是平整的，没有折痕的。从人的心里感觉上来说，是不是会好一些？"我指着他递给我的简历说。

"这我之前倒没有注意过,就是怕边角损坏才把它折起来的。噢,老师,我想到了,可以买个 A4 大小的塑料透明文件夹装,即使放在包里也不怕损坏。"陈锋倒是挺聪明的,马上想到了解决办法。

"我们经常说好文章是改出来的,其实好简历也是改出来的。不用着急,你的经历还是挺丰富的,可以按照我们今天聊到的一些方法试着去调整一下,或者请身边同学帮忙看看,提提建议,相信会改进不少。"

"谢谢老师,和您聊了一下感觉自己满血复活啦!"陈锋给自己做了一个加油的手势。

 案例分析

简历是向用人单位介绍你、展示你,从而获得与用人单位 HR 进一步面对面交流机会的敲门砖。不少同学认为写简历是一件容易的事情,"简历不就是把自己以往做过的事情按照几个模块列出来吗?"这样的简历顶多算是履历表。一份好的简历必然是需要精心设计和推敲打磨的,简历里的每个字都是有效信息的表达,都是要展示你最闪亮之处或者用人单位最希望看到的素质。同时,由于 HR 看简历时间非常短,你需要用最简洁和高效的方式呈现上述内容,因此准备一份一页纸体量、以能力为导向的标准简历无疑是简历准备的基础。在此基础上根据不同单位和岗位的能力要求不同,每次投简历时再调整出"因岗制宜"的不同版本简历。

总体来说,简历撰写需要遵循真实性、相关性、简洁性三个基本原则,即所有内容必须真实可信,切勿夸大;所写内容需要与所投岗位需求相关,不相关的经历可以少写或者不写;言简意赅,每个字词都表达特定的含义,没有重复和无效的字词。此外还要注意用点句和关键行为词说话,体现你的能力要素,善用数字,量化地体现你的工作成效。

本案中陈锋认真准备简历的态度是值得肯定的,但他忽略了相关性和简洁性,同时对自我能力突显不足。咨询师建议他先制作标准版简历,并按照 PAR 法则来撰写点句,突出能力要素。此外,为了保证简历的美观,简历的收纳也是非常重要的细节,需要求职者格外注意。

职业规划小贴士

利用 PAR 法则描写一段经历

在描述实习经历或者学生活动时,我们可以使用 PAR 法则来分三个点句撰写:第一句体现 problem(p),即问题、背景,可以概括一下你的工作职责和主要内容;第二句体现 action(a),即行动,你为履行你的工作职责所做的工作;第三句 result(r),即结果,最终你取得的成绩成就。运用 PAR 法则可以让每一项实践经历更加条理化、清晰化地展示出来。例如:

2013.04 – 2014.05	**北京亿峰信息技术有限公司产品经理助理** 　　全程参与某某省全国总商会信息平台的设计、管理和维护,实现商业交流信息化平台的上线运行。 　　负责与近 50 家客户沟通,调研需求,参与谈判,独立编写需求调研分析文档并完成系统流程设计稿。 　　负责协调工程师进行产品开发和安装,在一个月内完成了整个系统平台的开发、安装和调试。平台用户超过 10 万。

案例 28 在无领导小组讨论中找到适合自己的定位

冉馨的面试经历不算少,但她说 80%的情况止步于第一轮面试,而第一轮面试基本都是无领导小组讨论。她很羡慕在无领导小组讨论中主动担任团队领导和滔滔不绝发言的同学,觉得他们特别显眼,而令她苦恼的是自己内心其实并不喜欢那样表现,觉得与自己平时的性格和为人差别太大。如何应对这种情况呢?

> **职业规划师**:吕媛
> **来询者情况**:冉馨,女,大四,世界历史专业
> **主要职业困惑**:无领导小组讨论中的自我定位

深秋的北京已是寒意料峭,连日的雾霾更是加重了几分寒冷。下午 3 点,冉馨准时来到我的咨询室。

"你很准时嘛,我们约的是 3 点,现在是 2 点 58 分。"我一边为她递上一杯温水、一边笑着说。

"嗯,其实我 2 点半就到了,怕打扰您的工作,就在楼下等了一会才上来。"眼前坐着的这位女孩子说话细声细气的,戴着一副无框的眼镜,穿着卡其色的风衣和深蓝色的牛仔裤,看起来斯斯文文的,第一印象就是给人非常干净和舒服的感觉。

"你很会从他人角度想事情。"我继续表扬了她。冉馨很灿烂地笑了,咨询室的气氛很快变得融洽和愉快起来。

表现强势 ≠ 更能胜出

我微笑地看着她,故意停顿了一会儿,其实我是希望她能够主动开始今天的正式谈话,但五秒过后她始终没有主动开口,相反却开始有点紧张起来,坐在沙发上的她微微挺直了身子。我大致判断她不是一个特别主动的人。为了避免将刚刚营造起来的轻松氛围陷入紧张,我只好首先开口:"你在预约邮件里说最近的求职遇到了一点

> 在咨询开始阶段,关系的建立是非常重要的。这里咨询师采用肯定和赞美的方式与来访学生快速建立了信任、融洽的咨询关系。

困难?"

"嗯,从九月份正式开始求职到现在,算起来也有三个多月了,期间也有不少面试,但最后总是被拒。"冉馨的声音变得更细了,能听得出来其中还夹杂着失落和焦虑。

"**这是很正常的**,很少有人通过几次面试就能拿到满意的工作,每次面试都顺利过关也几乎不可能。"我用平静的语气告诉她。

> 正常化技术的运用,能够缓解来询者的紧张情绪,达到共情的效果。

"这些我明白,但我还是对自己面试的表现非常不满意。"这一次,冉馨的语气倒是透着十足的坚定,看来她确实对自己的现状不太满意。

"那么,**你能具体说说哪些方面不满意呢**?"

> 具体化技术的运用,能够进一步使来询者深入挖掘和思考自身需要解决的问题。

"我很多面试都是在第一轮被淘汰的,基本上80%的时候走不到第二轮。第一轮主要是无领导小组讨论,我觉得自己特别不擅长这类的测试。"说到这,冉馨的眼中流露出些许挫败的神色。我没有接话,而是微笑地看着她,鼓励她继续说下去。"无领导小组讨论的时候,很多同学总是积极争取发言,一旦讲起来也是滔滔不绝,还总是主动地要求担任讨论组织者或者小组总结发言的代表,相比之下,我觉得我自己就比较被动,不愿意和其他成员去争抢,更不用说自告奋勇地要求当小组里面的领导了,结果在小组里面表现并不突出。"

"听起来你对目前自己面试的表现不满意,主要是因为觉得自己不够主动,希望能够更加积极表现一些? 是这样吗?"我向冉馨确认。

"我也不确定,因为自己内心挺矛盾的。一方面,当看着一些同学抢着发言、担任团队领导角色,获得大家更多关注的时候,我特别羡慕他们,觉得自己也应该向他们学习,表现得更加具有进攻性一些;另一方面,自己内心并不喜欢那样表现,觉得和自己平时的性格和为人差别太大。好在自己可塑性还是挺强的,如果让自己那样,自己也可以表现成那样,但那不是真实的自我。"冉馨似乎显得左右为难。

"那么你觉得自己平时的性格和为人是怎样的呢?"**我抓住她话语中的"真实的自我"这一字眼,继续追问道。**

> 咨询师需要善于抓住来访学生言语中的关键词语或者信息,运用追问的技术,引导学生深层次探索问题、发现自我。

她略微思考了一下,边想边说道:"我不是个特别强势的人。和同学、朋友在一起的时候,我不喜欢张罗事情,也不太会调动气氛、组织大家,基本上就是一个参与者,自己也觉得这样挺好,很舒服。生活上也不太喜欢和别人争。但我自我感觉还是有能力的,如果让我担任团队领导或者组织者,我也可以把事情办得很好,就是自己不会主动要求担任领导。"

"看来你对自己的认识还是比较清楚的。"我对她刚才的描述给予肯定。

"嗯,我还在就业中心的网站上做过云梯的职业测评,MBTI 性格测试的结果显示我是 ISFJ 型的人,偏重内向,比较注重与人交往时和谐的人际关系和别人的感受。我觉得还是挺符合我对自己的认识的。"冉馨进一步说。

"那么平时在学校的集体活动中,你一般都扮演什么角色呢?"

"我参加的集体活动不是很多,不属于特别能折腾的那类人,也曾经参加过院研究生会和一两个学生社团,都不是主要负责人,后来也逐渐淡出了。"

经过以上交谈,我对冉馨的基本情况有了一个大致的了解。于是我接着问她:"回到关于面试的问题上面,那么据你观察和了解,面试中那些用你的话说'抢着发言、争当领导'的同学和类似你这样'不愿去抢'的同学相比,结果有明显差异吗?换句话说,是不是前一类同学更有可能面试成功?"

冉馨想了想,有点犹豫地回答:"好像也没有明显差异,至少我感觉是。"末了她又补充道:"起码我身边几个同班同学里面,也有平时性格特别强势的,好像也没见她面试更加顺利些。"

"也就是说根据你的经验,面试表现是否强势与结果没有必然联系?"我进一步追问。

"嗯,我觉得是。"这次,冉馨回答得更加坚定了。

团队需要不同角色

"那么你有没有想过用人单位在面试中为什么要设立无领导小组讨论这种形式,而不是直接一对一地进行面试呢?"在帮助冉馨就面试表现强势与结果并无直接关系这一问题上达成认识后,我开始引导她思考面试的意义。

"可能是观察我们在团队中的表现,怎么与同伴沟通,共同处理一件事情吧。"冉馨若有所思地回答。

"你的理解非常准确。现代职场工作很少有人是单兵作战,更多时候我们需要在团队中工作,所以一个人除了需要具备工作岗位所需要的专业知识和技能之外,还需要有良好的组织协调、人际沟通、

咨询过程的主体是来访学生,但咨询过程的主导应该是咨询师。咨询师应该在倾听的基础上,做一个好的发问者,即通过有针对性的发问把控整个咨询过程。这里,在对来访学生个人探索进行到适当阶段,咨询师要把话题及时切回到咨询的主要问题上来。

口头表达、团队合作、情绪管理和时间管理等方面的能力,以及自信、乐观、进取、积极等方面的态度,这些都可以通过无领导小组讨论呈现出来。"看冉馨听得很认真,我接着说,"我看你的简历里面也有参与学生社团活动的经历,那么你觉得社团里面都需要哪些角色呢?"

冉馨想了一会说:"要有社团的会长和各部门的部长作为领导,有普通会员负责活动的执行,有骨干会员负责活动的策划、宣传。哦,对了,往往还有一些特别会玩能说的负责组织各种联谊活动,增加社团凝聚力。"

"你概括得很全面。在任何一个组织里面,都需要多种角色的成员相互配合,才能保证团队有效运作。有团队领导,有提供新思路的智囊团,有开拓新业务的前锋,有保障组织正常运转的支持者,还有宣传联络的外联人员等,不同角色需要不同特点的人来承担。用人单位的招聘也是要找到符合不同岗位、具体有不同特质的人。"

"嗯,老师,我明白您的意思了。用人单位需要招不同类型的员工,所以面试过程中不一定所有人都要表现得具有领导能力。"冉馨看起来有点兴奋。

"你基本说对了,无领导小组讨论这个环节最关键的还是需要结合自己的性格特点,找到你在团队中的定位。如果你不是特别具有领导能力,同时团队中有成员有这方面的强烈意愿,你可以试着寻找其他定位。比如有的人擅长归纳和整理,可以承担小组讨论记录的角色;有的人性格偏内向,可以不必争抢着发言,而是先听后说,尽量使发言更加深刻、具有总结性,等等。总之,找到适合自己的角色定位是非常重要的,这样既有利于特长的展示,同时也不会因为勉强承担自己不擅长的角色而产生不适应甚至反作用。"

"嗯,我觉得自己比较关注他人的感受,有时候身边的同学闹了矛盾什么的总是来找我帮忙调解。"

"这个特长非常重要,你不妨在今后的无领导小组讨论时试试担任团队协调者的角色。比如大家为一个问题争论不休时协调大家的情绪、推动任务的继续。"我用鼓励的眼神看着冉馨说。

"嗯,我也觉得这个比较适合我哦。"冉馨的眼中再次绽放了光彩。

积极主动仍是必须的

"不过需要补充一点的是,在面试中还是应该积极主动一些,这和表现得强势、时时处处去争还是有区别的。"**我提醒冉馨**,因为根据刚才和她短暂的交流,我感觉她不是一个特别积极主动的人。

"嗯,您能具体说说哪些环节?"

"比如,面试结束的时候通常面试官都会问你有没有要问他的问题,这个时候最忌讳的就是不提问题,因为这不仅仅是提问,更是一个很好的机会,主动向用人单位展示你对岗位的理解、对这个工作的兴趣和热情等。不提问题,只会让用人单位认为要么你对这份工作并无太多兴趣和研究,要么是不善思考和表达,提不出问题。"

"嗯,老师,那我应该问些什么样的问题呢?"

"这个问题很好,是我们在做每一次面试准备时候需仔细考虑的,建议你自己先认真考虑下,可以结合网上的相关经验介绍,争取自己归纳出来一份常用问题列表。"

"好的,老师,我今天回去就着手准备。关于面试,您还有什么其他想要嘱咐我应该注意的吗?"冉馨说。

"很好,看来你已经学会在人际沟通中主动表达啦。"我笑着对她点点头,"面试是一门实践的学问,最关键的是多多练习、多多思考、多多总结,找到适合自己的道路。有时间可以参加就业中心组织的模拟面试活动。"

"好的,谢谢老师!"

> 咨询的目的不是给来访学生一一找到答案,而是应该为学生指引思考方向,鼓励学生发挥主观能动性,沿着达成的努力方向去展开切实的行动,寻找适合自己的答案。

案例分析

面试是用人单位和求职者面对面沟通和选择的重要形式。一般来说,面试分为好几轮,很多用人单位采用无领导小组讨论作为初始面试的形式。无领导小组讨论是评价中心技术中经常使用的一种测评技术,它是通过8到10名求职者组成一组,采用情景模拟的方式,要求在有限的时间内对一个开放性的任务进行探讨,给出可行的方案,来对考生进行集体面试。讨论过程中不指定谁是领导,让求职者自行安排组织,面试官来观测求职者的组织协调能力、口头表达能力、辩论的说服能力等各方面的能力,以及自信程度、进取心、情绪稳定性、反应灵活性等个性特点。

小组中往往有一个团队领导的角色，有很高的显示度，也往往是求职者竞相争取承担的角色。但并非每个人都适合担任团队领导，因为这个角色一般要求求职者逻辑思维强、表达能力好、时间观念强、组织协调优，不具备以上素质的求职者如果勉强担任了这个角色，也会对整个讨论过程缺乏控制力和公信力，不仅会影响任务的完成，可能还会给面试官留下减分的印象。

因此，在无领导小组讨论中，求职者应该根据自己的性格特点选择适合自己的角色定位。除了领导者，团队中还有类似时间控制、讨论记录、团队协调、总结发言等其他角色。如果准确定位，在恰当的时机展示自己的特点，同样会具有较高的显示度。更何况不是所有面试都是招聘未来的团队领袖，面试官会根据不同岗位的特点选择具有不同性格特质的求职者。

但是，不去争当领导者并不代表不应该积极主动。相反，面试需要求职者积极主动地与面试官交流和沟通，这些可以体现在积极回答、主动提问、讲究礼仪等诸多方面。

在本次咨询中，咨询师引导学生澄清了关于无领导小组讨论中表现得富有进攻性的非理性信念，接着通过引导学生回顾自身在校园活动中的过往表现和个人性格特质，帮助学生找到正确定位，并指导学生如何在面试中积极主动。

第五章 创新与创业

　　近年来,不仅大学生就业的选择日益多元化,国家对大学生创业的支持力度也在日益加强。对于敢担风险,想法活跃的毕业生来说,创业或许是追寻理想实现价值的最优选择。但在新颖的想法和年轻的热情之外,创业也需"按部就班"。犹豫的创业者如何坚定信心?热情的创业者如何寻找灵感?创业也有门路可循,职业规划在帮助求职者之外,也能帮助创业者确定最为稳健的方案。

案例29 一个金融学生的创业梦

刘松是金融专业大三的学生,他十分热爱英语,不仅在学校内担任英语社团团长,组织各种活动,更是附近地区知名的英语家教,也在一些著名的英语培训机构任职。经过大学三年的学习以及社会实践,他对当初的专业选择产生了怀疑,尤其是现在他发现了自己在英语方面的能力以后,他希望在英语培训方面施展拳脚。他正在犹豫是否要退学专心做自己的事业,于是他预约了职业中心的咨询,希望能给自己一些方向。

> **职业规划师**:方伟
> **来询者情况**:刘松,男,本科三年级,金融专业
> **主要职业困惑**:是否应该退学专心创业

成功带来的烦恼

寒假刚过去,大街小巷的空气里还残留着新年的气息,校园中也是充满了年味,留校生的宿舍窗上贴着大红色喜庆的窗花。路上来来往往的学生脸上都洋溢着笑意,相互聊着假期里发生的趣事。但是一个个子高高、身形有些瘦削的男生却和四周的气氛格格不入,形单影只的他皱着眉,像是在思索什么难解的问题。

很多大学生都会做一些兼职,不仅可以挣些零花钱,还可以丰富自己的社会阅历,刘松就是大学生兼职大军的一员。作为一个金融系的学生,找份家教的兼职工作还算容易,而且他自身的英语水平也不错,也愿意在教学过程中潜心研究英语学习、英语教学、心理学等相关内容,所以经过三年的兼职生活,他已经成为学校最热门的英语家教,甚至被某知名英语机构聘请作为辅导老师。

刘松是热门的金融学的大三学生,他的兼职工资不仅可以满足自己的日常生活,还能补贴家用,更能获得社会阅历。其他学生对他的经历羡慕不已,却不知**刘松自己正陷入迷茫之中**。

> 一无所有的起步没准会少了很多顾虑,人生痛苦的是被金手铐铐住,既想实现自己的梦想,又舍不得大家都觉得好自己却不喜欢的职业。

当初他选择金融专业是因为金融专业容易就业，工资也相对较高，可以帮助他缓解家庭经济压力，但现在他却发现了更适合自己的领域——英语。显然大三想转专业已经来不及了，而且随着实践经验的积累，他更加明确了自己的理想——他不仅想成为一个英语教师，更想成为一名管理者，将他摸索出来的教学方式应用于实际教学管理中。他认为金融学专业的学习对他的理想没有显著的帮助，但是就此放弃学业追逐梦想他又不甘心。就在这个时候他预约了职业咨询，希望能够得到专业老师的建议。

在了解了刘松的大致情况以后，我开始对他进行咨询："听了你的描述，你现在最大的困惑是不知道是否该继续自己的学业，对么？"

刘松说："可以这么说吧，相比较金融和英语，我发现我自己更擅长英语。而且我对数字并不敏感，也不喜欢整天对着报表工作，对证券投资也没什么兴趣。"

对他的专业我了解得并不多，但我知道金融专业是北大比较热门的专业，毕业生的平均年薪也相当可观，是什么让他想要放弃自己的学业呢？我想听听他对金融专业的描述："学习了三年的金融专业，能讲讲你对这个专业的看法么？"

他思索了片刻，回答说："我们专业还是很不错的，不论是师资水平还是课程安排都很优秀，听学长说就业前景也很好。我们不仅学财会和投资等专业课，还学习社会心理学、中国经济改革一类的课程，能让我从整个宏观的角度去了解国家的金融环境。"他在这里停顿了一下，又补充道，"但这不是我的兴趣所在，我真正想做的不仅是挣钱，我觉得我人生的价值不在这里。"

"你认为你人生的价值在于哪里呢？"我问道。

谈及这个话题，刘松的神情显然兴奋了起来，他向我描述了做英语家教时发生的很多事：培养学生的学习习惯，激发他们的学习兴趣，他对待各种学生都有他的办法……

他在谈话中表达了他强烈的希望实现人生价值的想法。他清楚地知道他们专业的优势，也充分肯定了课程的合理性，可以说他想要放弃学业的这个想法并不是空穴来风，甚至可以说是经过深思熟虑的。原先，他之所以选择金融专业是因为金融专业行业就业率高，而且薪酬水平也远高于其他专业。通过谈话我了解到，他在英语教学的兼职工作中发现，通过做英语教育培训他也可以达到他原先的目的，而且做英语教育培训更接近他的人生理念。

刘松有放弃学业投身英语教育事业的想法，是因为他认为自己在英语教育方面有一套独特的方法，兼职以及机构教学的经历让他对自己的能力充满信心；而且他在英语机构工作的经历让他看到了英语教学培训的广阔市场，从而萌生了在这个市场中分一杯羹的想法。

做决定前先探索自己

作为学校的老师，我不鼓励任何学生放弃自己的学业；作为一个职业咨询师，我要引导来询者客观地认识自己，为他们制订合理的职业规划方案。对于刘松这种情况，我建议他先做几个基本的**职业测评**，然后基于测评结果再进行具体分析。

测评可以作为职业咨询有效的辅助工具，起到补充作用。但不能作为职业决策的唯一依据。

1. 性格方面

刘松在 MBTI 测试中得出的结果是 ISTP，他在能量倾向方面为内倾型但偏中性，接受信息的方式是感觉型，决策方式是思维型，行动方式是知觉型。这种类型的人所具有的一般特点是：具有逻辑性、实际、务实、娴静、谦逊以及独立；现实主义、注重实效、孤僻；冲动及对自然世界的好奇；灵活和足智多谋；客观而不诉诸感情。

2. 职业兴趣

在霍兰德职业兴趣测试中，刘松在 SE（社会型、企业型）这两项上得分较高。

以上两项测验结果说明刘松在很大程度上是具有创业所需的性格品质和兴趣的，我将测试结果交给了刘松，让他对自己做一个评价。

他的分析是："我认同测试所说的我比较具有逻辑性这一点，同时我也是一个实际、务实、注重实效的人，相信这在我对待英语教学时的态度上就可以看出来。我通过对比分析得出较优的学习方式，更希望能推广这种方式。但是对于结果中描述的现实主义和孤僻这两点我并不是很认同，至少我不会是一个孤僻的人。而且我觉得我应该可以算是一个理想主义的人吧，至少我希望在职业选择的时候不是金钱至上，是不是？"说到这里他略带自豪地笑了笑，又继续说道，"至于是不是灵活和足智多谋，这个我也不是很确定，我对自己的教学能力有自信，但我不确定这是否可以算作是足智多谋。"

我回应道："对，心理测试虽然具有一定的信度和效度，但用在具体测验的时候还是会有一定的偏差的。人是一个复杂的生命体系统,不可能用某个指标就能衡量,我们做这个只是为了有一个参照。"解释完这一点,我又问他:"你对于兴趣测评的结果怎么看呢?"

"社会型可能是描述我作为教师的这个身份吧,我很喜欢将知识传授给学生的这个过程,也希望我的学生们能得到好的发展;至于企业型,大概跟我内心想要创业的那一面比较符合。"

于是我问道:"那你认为你适合创业吗?"

他有些腼腆但又带着一丝自豪地笑道:"我觉得还是挺适合的。"

接下来我们又看了他的职业价值观和能力。结果显示刘松在工作中,最重视的是利他主义、成就感、智力刺激;较忽略的是:社会交际、舒适、追求新意。在谈话中我了解到他对于他的英语课程能帮助他人抱有很大的期待。而刘松的组织能力、实践能力、思维能力以及社会交往能力都十分优秀,这在他大学三年的经历中就体现出来了。

关于他这三年的家教经历我们聊了很多,他给我讲的一件事给我留下了深刻的印象。

刘松在家教过程中其实也并不是一帆风顺的,在初期他甚至招不到一个学生。但他在遇到了困难的时候并没有就此放弃,他的应对措施是先进行了一个"市场调查"——向学校就业中心了解投家教简历的人数,同时还统计了学校周边以及网络上对英语家教兼职的需求。对比供需,他发现其实英语兼职的需求并不少,那他为什么会招不到学生呢?他对这个问题进行深入思考后,得到了一个结论——英语教育有很大的市场,但兼职英语家教的水平参差不齐,家长们更愿意将孩子送到相对来说能保证教学质量的教育机构去。作为一个刚入学的大学新生,面对这个结论他也找到了自己的应对措施。首先,他决定要以免费教学为开端,解决生源问题。他相信以他的英语水平,只要给他授课的机会,他就能树立起自己的品牌;而且,他还在寻找机会进入机构中体验机构的教学方式。似乎从一开始,他就在为自己创业的想法做铺垫。

可以看出来刘松是一个十分优秀的学生,我在测评时也对他表示了充分的肯定。他有能力也有想法,目标清晰——成立一个自己的英语教育培训机构,甚至连一些前期工作都已经准备好了,但这对于创业来说是否足够呢?

针对刘松想要退学创业的这个想法,我在第一次访谈结束的时候给他布置了两个任务:第一,去搜集些资料,了解创业前需要做好哪些准备;第二,思考比尔·盖茨辍学后的成功经验是否具有可复制性。

创业——准备好了吗？

第二次咨询前，我收到了刘松的邮件，他十分认真地完成了我布置的两个任务。

刘松的创业准备报告（梗概）

1. 技术

这里的技术是大技术概念，未来创业不管从事什么行业，不论提供什么样的产品服务，都需要对从事的行业有全面深刻的了解，都需要对本企业提供的产品、服务及其核心竞争力了然于胸，这是在市场中站住脚的一个关键因素，所以自己具备一定的核心技术及其比较优势是创业的基础与前提。

2. 资金

创业需要资金，对于某些领域的创业来说甚至需要大量资金。对创业者来说资金主要有三个渠道：一是自筹，二是借贷，三是风险投资。自筹数量有限；借贷一则资信不足贷款不易，二则有期限要求，不能满足创业的长期投资需要；风险投资是最好形式，特别适合大学生创业者。但能为大学生创业提供投资者很少，数量有限，风险投资市场也很不健全。对于意欲创业的大学生来说，应发挥自身优势开展创业。

3. 人才

人的因素往往大于其他各个方面。自主创业要处理的事情面广、量重，仅靠一个人的力量很难有效应对各类情况，组建创业团队则能有效进行创新与管理的互补。在组建创业团队时，应注意创业团队成员的性格搭配、角色分工及对公司远近期目标、策略制定、股权分配的认同等，因为这些都是与企业成长相关的创业团队建设问题。

4. 社会资源

初创企业往往需要各方面的帮助才能得到发展，创业者需要在社会环境中调动一切有利因素。对于大学生创业者来说，建立广泛有效的社会关系，有效整合各种社会资源，是摆脱在与社会创业者竞争中处于不利地位的重要因素。

在看完刘松的创业准备报告后，我希望引导他继续分析自己的能力："你在报告中列了4点，你觉得在这4点中，哪些是你的优势呢？"

> 创业是一项复杂的任务。创业之前需要做充足的准备，最重要的是要看到自己的能力和资源是否具备。

"第一点技术吧,因为我想做的是英语培训,而我在这方面还是很有经验的。我自身的英语水平也不错,在教学过程中还认真研究英语学习、英语教学、心理学等相关内容,这应该可以算是技术吧。而且我在不少培训机构当过教师,了解他们的运营方式,我认为这一点也是我的优势。"

"其他几点呢?"

"在人才方面可以说我也有一些准备。您知道教育培训行业收益水平比较高,但是被雇用的教师所获得收益却不及机构的十分之一。我与在同一个机构任职的同事谈论过这方面的话题,他们也有创业的想法,我们甚至对成立一个自己的培训机构有过细节性的计划。但是剩下两项我现在都准备得不够充分。"说到这里他收起了之前充满希望的神情,说道,"家里不能给我提供资金,所以我只能找其他的途径,可是我对风投的了解仅限于课本里说的,而且我的社会资源也不算广泛。"

"听起来金融专业对于你的创业构想似乎还是有些帮助的,你能讲讲金融专业的学习对于这4项有什么帮助么?"

刘松说:"让我想想。"他停顿了下,又说道:"首先,我们是金融专业嘛,专业学好了对创业融资方面肯定有用处,至少会了解融资的各个步骤,准备的时候也能有针对性一些,加大我们的成功率吧。而且我们现在也知道国内的金融环境,有利于我们对创业计划的规划;另外在人才方面吧,我办教学机构肯定不仅需要教师,也需要行政管理人员和金融方面的人才,这可以在同学里面发展……"说着,他的眼里似乎冒出了光芒。

"对,这些对创业来说都很重要。还有么?"我鼓励他继续说下去。

"还有……这点可能有些牵强,"刘松有些不肯定地说道,"我想金融专业算是个有前途的专业,同学们以后应该都会发展得不错,所以现在跟同学关系融洽的话,以后可能也能作为我的社会关系资源吧。"转而又笑着说道,"当然我不会抱着这种功利的心态去和同学们相处的。"

解除困惑 走上正轨

经过我们的第二次谈话,刘松对专业的学习开始充满了兴趣而不仅仅是将专业作为与未来无关的任务。他意识到学习金融专业与他的创业构想并没有矛盾,专业学习并不单纯只是为了一纸文凭,还能为他的未来提供助力。

我问:"你现在还在为是否要退学而疑惑么?"

刘松有些不好意思地笑了:"老师,我知道了,比尔·盖茨的成功是可以复制的,但复制并不是说跟他一样在大三退学创业。如果没有准备充分,即使提前一年开始,虽不至于说是南辕北辙但也会事倍功半。比尔·盖茨在决定退学的时候几乎就有了创业所需的四项条件,而且计算机的发展与教育又不相同,它是瞬息万变的,但教育强调的是润物细无声,是一个缓慢进展的过程。我现在要做的应该是提升自身的能力,为创业做好准备。"

我对他的认识感到欣慰,感觉他较为真切地理解了什么是创业,也做到了客观地认识自己,**没有误解名人的生命轨迹**,甚至从中提取出了自己的努力方向。

访谈的最后,我对他的决心和创业构想表示了支持,并告诉他要是在创业过程中遇到了什么问题也可以来找我谈谈。

后来我也一直与他保持联系,我知道大四他准备的毕业论文的主题就是大学生自主创业,因为他一直关注这方面,而且自己也做了很多准备,所以他的毕业论文完成得十分优秀。大四时,曾经有机构向他提供年薪40万主讲教师职位的工作,但因为他对自身发展有着更高更强的规划,并在长期的英语教学过程中,深刻地体会到创建教育机构本身是令人愉快的盈利模式——既帮助别人成长进步,又使自己受益,因此他婉言谢绝了邀请。经过深思熟虑后,刘松选择开始着手创办自己的培训学校。他与自己的创业团队从选址、装修、宣传、教学、财务、营销等方方面面事无巨细地调查研究,投注了无数心血。但是学校在起步阶段,规模比较小,也只是将初高中英语培训作为核心培训内容。由于他是初次独立办学,从教师到老板的转变初期并不自如,他深感自身创业的不易与艰难,学校创办第一年营业额仅有29.5万元,这一成绩甚至远远低于刘松大学期间在外做家教的收益。

但刘松并没有气馁,在借鉴同类机构的经验教训之后,他对学校整体进行了调整,稳扎稳打,步步为营。在创业的第三年终于做出了自己的品牌,开设了第二家和第三家分校;创业第五年,年营业额达到了数千万元,进入了迅猛发展的阶段,教学内容从初高中扩展到大学成人英语领域,产业链逐步完善、渐渐丰满。

很多人看到比尔·盖茨退学创业,但没有看到退学之前的积累。比尔·盖茨退学创业之前有了充足的准备,所以建议拟退学创业的学生评估一下自己的准备程度,切不可盲目。

案例分析

　　刘松不太喜欢所学的金融专业,但对英语教育培训非常感兴趣,在咨询中表达了创业的梦想。咨询师通过咨询促进刘松认识到自己创业的优势和不足,分析创业的可能性。通过咨询,刘松认识到退学直接创业可能不是最佳的选择,拿到大学学历,积累知识能力毕业后创业更为现实可行。刘松按照规划分步骤实施,并最终创业成功。由此可见,大学生创业应该承担风险,但不应该是盲目地冒险。大学生创业者要全面深刻地认识到自身条件和环境因素的优势与不足,扬长避短,未雨绸缪。

案例30 从日常生活中寻找创业灵感

王阳在北京大学完成四年本科学业之后顺利保送本校直博生。他在学习生活中喜欢探索和尝试,学术科研取得了不错的成绩,学生工作也做得很出色。他曾任学校学生会副主席,组织过多次创业支持活动。受到国家鼓励大学生创新创业政策的鼓舞,逐渐萌生了在校期间进行创业的想法,但对于自己是否适合创业以及大学生创业该如何入手、如何寻找社会资源等一系列问题还存在很多的困惑。在职业规划师的引导下,他更为深入地了解了自己的性格特征、兴趣类型和价值观,明晰了大学生创业的关键点,并找到了好的契机进行尝试,为自己的创新创业积累了宝贵经验。

> **职业规划师**:李军凯
> **来询者情况**:王阳,男,北京大学理工科本科毕业生,已保送本专业直博研究生
> **主要职业困惑**:大学生创业该如何入手

萌生创业想法

王阳本科就读于北京大学,毕业后,以优异的成绩保送本校本专业的直博生。在校期间,他学习成绩优异,获得过多项奖学金以及"优秀学生干部""共青团标兵""优秀毕业生"等荣誉,科研方面也申报了4项国家专利。精力充沛、乐观上进的他积极从事学生工作,曾担任校学生会副主席,其中一项任务就是在校园中营造创业氛围,为有创业想法的同学提供支持和帮助。为此,他曾举办"创业沙龙"活动,邀请多位成功创业的校友来到学校,与有创业想法的同学近距离沟通。除此之外,他还利用学生会的资源和平台,成功支持了一个完全由在校学生成立的文化创意公司。在耳濡目染中,他心底也萌发了创业的想法。在一次全国高校学生会的交流活动中,王阳与来自各个高校的学生会主席团成员交流,他发现很多高校的大学生都把

创业活动开展得有声有色,而且某高校的学生会主席本人就已经开了两家店。这次交流活动后,他心想自己是一名工科学生,所学知识的应用性非常强,如果能结合自己所学的知识,为社会解决哪怕很小的一个问题,也是一件很了不起的事情。与此同时,他查阅到国家出台的多项支持大学生创业的政策,自己应该响应国家号召,趁年轻时大胆尝试。想到这儿,他创业的信念越来越坚定了。但是,创业并不是一拍脑袋就能做的容易事儿,自己到底是否适合创业,该如何入手,该怎样寻找资源等一系列问题涌上他的心头,于是他来寻求职业规划师的帮助。

我适合创业吗?

王阳推开办公室的门,阳光、帅气、沉稳、热情是他给我的第一印象。"**能告诉我你为什么想创业吗?**"我问道。

"我觉得创业是一件特别锻炼人的事情,经历整个创业过程会让我收获很多。与此同时,中国目前还是一个'制造'大国而非一个'创造'强国,我始终相信中国会有自己的比尔·盖茨,会有自己的乔布斯,这需要无数人的共同努力,作为一名工科生,我想做一些尝试。"他神采奕奕地回答道。

> 厘清来询者的创业动机非常重要。

从他的回答可以看得出,他对于创业拥有非常大的热情,并且拥有很强的责任感。"我们先聊聊你现在的在校生活吧?"我接着说道。

"实际上,上大学以来我的生活基本上是一样的,主要分为两个部分,一部分是学术科研,另一部分就是学生工作。学术科研方面,目前每周都有大概25学分左右的课程,除此之外,也在导师的课题组里做一些实验,主要是综合利用固体废弃物,净化烟气方面的。学生工作方面,主要是学生会和团委的工作,为同学们提供一些服务的同时也让校园生活更加丰富多彩,目前我每周花在学生工作上的时间在20个小时左右。"说罢,他微微笑了一下接着说道,"其实这也是我想进行创业尝试的一个原因,我想做一些新的、以前没做过的东西。"

听完他的话,我感觉他是一个很有规划且喜欢尝试新鲜事物的人,与此同时,我发现他的生活被他安排得非常充实和忙碌。"**除了学习工作,你平时都喜欢干些什么事情呢?**"

> 日常的生活习惯和业余爱好往往能反映一个人的自我定位。

"跑步和旅行吧。塞上耳机,一个人跑步可以让自己沉浸在思考之中,有助于我理清自己的思绪,反思过往同时畅想未来。至于旅行,我一直坚信既要读万卷书,也要行万里路,旅行可以看到不一样的风景,感受不一样的文化,收获身心的愉悦。"

"你未来想做什么样的工作,现在有想法了吗?"我想看一下他对未来的长期规划。

"其实说实话,我目前也是处在探索阶段,并没有一个确定的目标。创业于我而言是一个潜在的选择。由于我攻读的是博士学位,所以也不排除将来进入科研院所或者大型企业的可能。"

从他的回答不难发现,他是一个踏实肯干,勇于接受挑战,具有创新思维的人。他心思细致,善于规划,具有很强的自我管理能力、人际交往能力,同时他也能够很好地独处,不断探索外界,也不断探索和反思自我。为进一步探索他的这些特性,我对他的性格、职业兴趣和工作价值观进行了测评。

MBTI 职业性格测试结果显示他为 ENFJ 类型。这种类型的典型特征就是天生的领导者,受人欢迎而有魅力,精力充沛、满腔热情,具有平和的性格和忍耐力,擅长外交,做事情有较强的逻辑性和计划性,提倡奉献,促进建立合作关系,但同时具有把人理想化的倾向,有时具有盲目性的问题。说到这里,他点点头,回忆道:"在学生会工作的时候,一直感觉学生会在体育方面的倡导比较薄弱,于是我就带领一群学生会的同学发起了北京大学首届运动达人积分赛和年度校园体育之夜,邀请了 10 余位体育世界冠军来到北大与同学们一起参与运动,整个过程时间紧、压力大,我们顶住了压力,圆满完成了活动,得到老师同学的一致好评。但有些细节做得还不够完善,希望之后能做得更好。"

霍兰德职业兴趣测评结果显示他为社会型、企业型以及艺术型。他喜欢与人交往、善言谈、愿意教导别人,关心社会问题,渴望发挥自己的社会作用,寻求广泛的人际关系,比较看重社会义务和社会道德。他也追求权力和权威,具有很好的领导才能,喜欢竞争,敢于冒险,有远大抱负,为人踏实务实。他还是一个有创造力,喜欢探索,渴望表现自己个性的人,做事倾向理想化,追求完美。

价值观测试部分,我请他在 15 项工作价值观的卡片中挑选出自己最看重的 5 项结果。王阳选择的是利他主义、成就感、威望、管理权力以及生活方式。从他选择的最看重的价值观中不难看出,他很关注自己对他人的贡献,认为自己只有在工作中为社会作贡献才能实现自己的职业价值;另外他希望通过自己的言行去影响和鼓舞他人,并通过自己行之有效的管理带领团队实现既定目标;他所追求的东西远高于谋生手段,更看重的是高层次的自我实现。通过前面的对话可以看出,他所阐述的内容与此也是相吻合的。

他的性格特征、职业兴趣以及工作价值观与成为一名成功企业家的要求基本契合。他对事物的缜密思考、对未知事物的大胆探索、前瞻的创新思维结合他卓越的领导才能以及影响力使他成为一个具有领袖型人格的人。但创业不易,尤其对于在校大学生而言更加不容易。通过他前面的回答,我发现他平时的学习工作较为忙碌,且他对未来的工作也是处于探索阶段。在目前的状况下,创业对他而言更多的是学习积累,不能造成原有的学习工作失衡。

该如何入手?

"能跟我聊聊你学习科研的具体内容吗?"我试图启发他寻找可能的创业点子。

<small>从学习科研入手询问往往是指导大学生创业的常用方法。</small>

"我学习的课程主要是数学、物理、计算机以及能源与资源专业方面的课程;另外我还修习了经济学双学位,主要学习了经济学原理、公司金融等课程;科研方面主要是利用粉煤灰等固体废弃物来合成一些功能陶瓷,也在研究电厂烟气的脱硫脱硝。"

"你所做研究的应用性很强,有没有想过结合你目前的科研方向进行相关的创业尝试呢?"我试着启发他。

<small>学科背景是支撑大学生创业的基础,了解来询者的学科背景也非常重要。</small>

"由于目前所做的研究还处于研发阶段,且涉及较为复杂的知识产权问题,所以我目前不打算利用科研内容进行创业。"

通过他的回答,我发现他具有理工科与经济学的复合背景,为了进一步启发他发现自己感兴趣的领域,我问道:"你修经济学双学位,是不是对经济方面也比较感兴趣呢?"

"是的,老师,我对经济一直比较感兴趣,而且我觉得知识经济时代,我们每个人都要懂经济知识,关注经济现象。"王阳自信地说。

"那你最近对哪些经济现象比较关注呢?"我问道。

<small>学会启发来询者从日常生活入手进行思考分析。</small>

"我觉得这些年像淘宝、京东这些电子商务发展得非常快,极大地便利了我们的生活,我认识的同学、朋友、老师等很多人都在网上购物,几乎很少去实体店了,当然买生鲜蔬菜还是要去超市。电子商务的蓬勃发展对传统的零售业造成了不小的打击啊!"

我从他的回答中发现了可以深挖的点,继续追问道:"你觉得传统零售业相较于电子商务的不足在哪里?传统零售业又有什么优点呢?"

他想了想,回答道:"去超市买东西会浪费时间,且需要排长队,在网上买完直接快递到家方便快捷。但是去超市可以亲眼看到要买的东西,而且生鲜蔬菜在超市买会更加新鲜,当然有人会特别享受逛超市购物的乐趣。"

我点了点头,"那你觉得在电子商务的挑战下,传统零售业可以做哪些改变呢?"

"如果把传统零售业的直观、新鲜与电子商务的方便、快捷结合起来就好了。"他喃喃自语道。

停了一会,他忽然兴奋地说:"如果我们能开发一款 APP,把实体超市搬到移动端上来,不就可以把两者的优势结合起来了吗?"

"好主意!具体怎么做呢?"我追问道。

"这个我一时还说不好,我回去再好好想想。"

没想到他思维如此敏捷、反应如此迅速,通过这次咨询,他已经有了一个初步的想法。虽然目前还不清晰,而且从想法到落实还有很长的路要走。**咨询结束后,我给他布置了一项任务,让他去联系能够帮助他进一步完善想法的老师和同学去交流讨论,并及时向我汇报情况。**

启发来询者将发现的问题进行深入思考和进一步细化研究。

指导来询者寻求更多的资源支持和智力支持。

想法付诸实践

三个月后,他再次跟我约谈,眼里充满自信。"我找到了学院的一位教授,跟他交流了自己的想法,他非常认可并且推荐我参加学院开设的一门针对高年级本科生的创新实践课程。"他兴奋地说道,"在老师的指导和支持下,我们这个项目已经得到了一家大型外企的资金支持,更让人兴奋的是我们还争取到了国际合作,多伦多大学的学生也将加入我们的团队。"

我满意地点了点头,问道:"能跟我说说具体情况吗?"

"我们要入手的点就是上次跟您谈到的为超市开发智能购物系统。一家大型外企会给我们提供资金支持,并且会指派一名高级工程师来指导我们的工作。多伦多大学同学的加入,给我们的项目注入了国际化因素,让我们的产品不仅关注国内的市场,更结合了国外的情况。我也组建了自己的团队,目前共有 6 名团队成员,大家有不同分工,诸如市场调研、竞争分析、数据库构建以及程序编写等。"他兴奋地一口气说完。

"真没想到,你们进展这么快。"我鼓励道。

"我们的产品主要想实现这样几个方面的突破:第一,把实体超市搬到手机上,我们希望顾客在进入超市之前就能浏览到超市内的商品并且比较不同超市的价格,从而帮助自己做出购物选择;第二,我们提供超市内的导航功能,辅助顾客第一时间找到特定商品;第三,我们提供快捷支付功能,通过扫描二维码等方式,大幅度减少顾客排队等候的时间;第四,我们提供购物社交功能,把购物体验与社交网络相结合,让顾客收获购物愉悦的同时,还能够把这份喜悦与家人朋友分享。"他补充道。

通过他的介绍,我感到这是一款非常有前景的手机 APP。于是我告诉他,"**学校现在已经启动了第二届工业设计大赛的报名工作,你们这个项目还可以参加这次大赛**。我相信也能取得不错的成绩。这次我们邀请了浙江大学国际设计研究院的同学一起参加。**如果需要,我可以帮你介绍专业的设计人才,协助你们完善产品的界面设计**。"

<small>给来询者提供平台信息和智力支持,提供切实的指导和帮助。</small>

"太好了,谢谢老师!"

说到这里,我感到特别欣慰,他能在这么短的时间内把一个粗浅的想法不断细化和深入,并积极发现和借助身边的资源,让自己的创业实践逐步进入正轨。

一年以后,他告诉我,他们已经完成了网站的初步搭建以及手机 APP 高保真模型的制作。他还带着自己的产品远赴加拿大多伦多大学进行展示,得到了中国和加拿大方面多位教授的一致认可。更为可喜的是,在工业设计大赛的决赛答辩上,他的产品得到了专家评委的高度评价,小米等公司也向他们伸出了橄榄枝,表示要合作开发这款产品。最终,他们的设计产品获得了工业设计大赛的一等奖。除此之外,他还借助学院的平台邀请了某著名集团公司的总裁担任他的业界导师,为他的创业之路保驾护航。未来他们还要进一步细化产品的功能并将产品推向市场,我相信他们一定会取得巨大的成功!

 案例分析

王阳是我接触到的非常优秀的一位学生,他思维活跃、成绩优异、科研突出,学生工作可圈可点,他既有丰富的国际交流经验,也曾在国家部委实习。他有创业的想法并非偶然,而是一系列因素的综合作用。首先,他扎实的基础、创新的思维,他在学好本专业的同时,修习了经济学双学位,工科背景与经济学背景相结合,为其创业奠定了良好的基础。其次,他善于与人合作,且具有卓越领导力的特质,这一点在创业过程中至关重要。他能够在较短时间内凭借自己的组织动员能力,发掘志同道合的人,共同组建强有力的团队。再次,他不断探索并且积极搜寻社会资源支持,他能够很好地团结并利用身边的资源,为自己争取智力支持、资金支持以及平台支持。

目前,在校大学生创业普遍存在有热情没想法、有想法缺实干等问题。在产生创业想法后,一定要多观察、多思考、多调研,善于从日常生活和周围事物中寻找创业灵感,努力发现问题、分析问题、解决问题,从而找准创业的原点,对自己的创业之路做出明晰的规划。要广泛征求老师同学的意见,努力借助学校和自身的资源,在不影响正常学业的情况下,做出大胆尝试,为日后创业实战积累宝贵经验。

案例 31　创业，让我找到了自己

吴译曾经是北京大学的一名理工科研究生，他不仅学术研究做得很好，而且学生工作也开展得有声有色。毕业后，吴译回到家乡的一家金融国企工作。这份工作在当地算是很令人羡慕的工作，但是平稳安逸的生活让不安于现状的他慢慢失去兴趣，萌生了创业的念头。但吴译对自己是否适合创业以及该如何创业等一系列问题还很迷茫，在职业规划师的引导下，他逐渐明晰了自己的兴趣和特长，并找到了合适的创业项目，成功迈出了第一步。

> 职业规划师：李军凯
> 来询者情况：吴译，男，理工科硕士研究生毕业，现就职于某金融国企
> 主要职业困惑：有创业念头，却不知该如何着手

源于一次偶然的同学聚会

吴译毕业于北京大学，硕士研究生学历，在北大读书的七年间多次获得奖学金、三好学生和优秀学生干部等荣誉，本科毕业时以专业第三名的成绩保送攻读硕士研究生，也曾做过校研究生会副主席。可以说，在校园的他曾经是个"叱咤风云"的人物。研究生毕业后，他回到家乡，就职于某金融国企。工作五年后的一次同学聚会，他发现昔日的同窗好友，有的在北京各央企总部干得风生水起，有的在全国多地开了数家公司，和"平平淡淡"的自己相比，吴译感觉其他人发展得都很不错。这让曾经自信乃至自傲的他内心受到了严重的挫伤，自己眼前的工作虽然在外人看来薪水较高而且很安逸，但这种平淡无奇的生活无法让自己满意，始终感觉发展空间有限，于是萌生了创业的念头。但自己是否适合创业、该如何创业、该创什么业等问题一直困扰着他，于是他找到了职业规划师寻求帮助。

创业不仅是一种冲动

5月的一个下午，吴译如约来到了咨询室。多年担任学生干部

和在国企工作的他给我的第一印象是干练健谈。"大多数人都认为你现在的工作挺好的,为什么还想创业呢?"我很好奇地问。

"我是一个特别喜欢挑战自我的人,自我期盼和要求也很高,虽然我努力工作,但现在单位的论资排辈现象很严重。我目前的这份工作虽说待遇也不错,但是我能够看到五年甚至更长时间后的自己,也许通过努力在若干年后能成为单位里的中层干部,但是我觉得这样的平台难以施展自己的抱负。"

"能说说你工作的主要内容吗?"

"我现在在单位办公室,协助办公室主任完成各项材料写作工作,主要是八股文章,感觉写材料很枯燥,压力也很大,我想我的特长和爱好不在于文字写作。"

看样子他对现在的工作很是抗拒。"那你工作之余都喜欢做些什么呢?""我喜欢游泳,因为在水里,我能平心静气,认真反思自己的所作所为;另外,我还很喜欢拉一帮朋友打打牌、聊聊天,我很陶醉于那种热闹的气氛。"

> 平时的爱好在某种程度上也可以反映出一个人的兴趣所在。职业兴趣的探索常常从询问对方平时的兴趣、爱好开始。

"看起来你是动静结合啊!你经常组织这样的聚会吗?""嗯,虽说工作以后没有上学时有那么多可以自由支配的时间,但我还是会经常组织大家聚聚。"说到这里,吴译的脸上透出更多的自信。

"除了热闹,你觉得这样的聚会还能带给你什么呢?"我继续追问道。

"每次聚会时,大家在一起不仅能加强联络、增进感情,还能交流信息、沟通思想,每次聚会完我都感觉有新的收获。"

"看起来,你不仅善于自我反思,还善于从他人身上学习和反思。"

"其实我产生创业的想法也是从最近的一次同学聚会后开始的。我发现大家发展得都很不错,我们有个同学都开了好几家公司了。对比自己,我觉得我现在的生活太安逸平庸了,而且我各方面的能力也不比他们差,所以我很想挑战一下自己。"

"你觉得成功的人生是什么样的?或者说你能否具体地想象一下自己十年后的生活状态?"我希望通过职业生涯幻游,唤醒他内心真正的需要。

> 价值观是影响创业想法产生的重要因素。生涯幻游技术往往可以体现一个人的价值观。

"我作为公司 CEO,带领着全公司上千人,已经成为某领域的佼佼者,一天的生活应该是这样的:早上醒来后吃完爱人亲手做好的早餐,然后散步去单位;上午,召集公司主要骨干开会,研究上周的主要工作及下一周的计划安排，一切都安排妥当、目标明确；下午，我与一群专家深入探讨一个新的项目，这个项目可能影响公司十几年的发展，同时安排好员工的福利计划；晚饭和几个好友聊聊人生理想，畅谈各自的心得体会；晚上 8 点以前回家和爱人、子女聊聊家常。"

　　从他的这些回答中，可以看出他是个很有抱负、乐于交际同时又心思缜密、具有影响力的人，对自我价值的实现着重于影响他人，控制欲较强。为进一步探索他的这些特性，我对他的性格、职业兴趣和工作价值观进行了测评。

　　性格测试结果显示他的性格是 ENFJ 类型，即外向、直觉、情感、判断。这类性格的人最喜爱交际，天生热衷于为他人服务，能够自觉承担起照顾身边的人和安排其福利待遇的责任。他们有很强的领导气质，做事计划性很强，有非凡的操纵他人的能力，并深信自己的梦想，将自己视为救难者和能人。许多 ENFJ 型的人都有极强的企业家能力。但是，因为他们热情很高，又急于迎接新的挑战，ENFJ 型的人有时会做出错误的假设或过于草率地做出决定，他们还没有收集到所有的重要信息。因此，他们需要放慢脚步，并且对他们计划的细节加以注意；等到获得足够多的信息之后再行动可以少犯许多错误。

　　听完我的分析后，他深表赞同，自己性格的优劣势都非常符合 ENFJ 的特征。比如说领导特质方面，他曾经多次被推举担任素质拓展训练的队长，而且每次都成功带领全队获得很好成绩。"有一次，我们队又获得了胜利。另一队的队长在总结他们为什么失败时，强调主要原因是他们团队中没有像我这样的人。"他自豪地说道。

　　职业兴趣测评显示他的职业兴趣类型属于研究型、企业型和艺术型。研究型喜欢理论思维或偏爱数理统计工作，对于解决抽象性问题具有极大的热情，喜欢具有创造性、挑战性的工作，不太喜欢固定程式的任务。他说这点很符合他，他的专业是生物信息学，主要就是通过数理统计模型来分析生物问题。企业型喜欢制订新的工作计划、事业规划以及设立新的组织，并积极地发挥组织的作用进行活动；对金钱和权利感兴趣，喜欢影响、管理、领导他人；自信、支配欲、冒险性强。爱好交际、冒险、精力充沛、乐观、和蔼、细心、抱负心强。这点也很符合他之前的描述。艺术型对具有创造、想象及自我表现空间的工作显示出明显偏好。这点跟他不太相符，倒是他的创造力还很不错，总是能想出新的点子来解决问题。

价值观测试部分，我请他在 15 项工作价值观的卡片中挑选出自己最看重的 5 项。吴译选择了成就感、声望地位、利他助人、经济报酬、生活方式等五个方面。看来，吴译一方面非常看重自我的提升和成就，希望得到他人的认可和尊重；另一方面，也希望成为一个对他人和社会有价值的人。

他的性格、职业兴趣、价值观确实符合创业者的大部分特征，也基本符合他之前的描述，我想这也是他不想留在原单位而想创业的原因所在。从价值观、性格、职业兴趣的测评可以看出，他是一个充满激情，渴望获得他人认可，做事果敢的领袖型人物。这些特征虽然有助于保持创业的激情，但可能会陷入过分以他人看法为导向，过于盲目冲动。创业不仅是一种冲动，更需要天时、地利与人和。

真的准备好了吗？

"光有创业的激情是远远不够的，你有没有什么具体的创业想法呢？"经过之前的测评分析后，我逐步引导他开始思考创业的项目和实施。

"暂时还没有头绪，只是觉得应该趁年轻拼一拼、闯一闯。"

他的回答正如多数想创业的大学生一样，有创业的热情，但不知如何寻找合适的创业项目。作为一名职业规划师，我应该尽可能引导他思考可能的创业方向。

"一般来讲，创业应该选择自己最熟悉、最喜欢、最擅长、最有资源的领域。你觉得就你自己来说，哪个领域是你最熟悉、喜欢、擅长和有资源的？"

> 创业项目的选择是创业的关键因素之一。咨询师应该引导来询者结合自己的情况进行深入分析。

"这我倒要好好想一想。我最熟悉和擅长的应该是我所学的专业和科研，还有与人打交道。"吴译一边思考一边说。

"你学的是什么专业？"

"我学的专业是生物医学工程。"

"能具体讲讲吗？"

"具体地说是生物信息学专业。这个专业源于人类基因组计划，人类基因组测序完成后，解读基因这本"无字天书"就是头等问题，生物信息学就是通过数学建模等统计方法来翻译这本海量的字典。当年我在实验室创立的原核基因注释算法还是国际一流呢！"

说到这里他很是自豪："当年我在一个师兄的带领下，做出了非常好的学术成果，在学术期刊上也发表了相关论文。"

"刚刚听你提到一个师兄,那他现在干吗呢?"我想通过这些问题提示和启发他。

"说起这个师兄,他简直是个神童,14 岁就进北大了。我跟他是铁哥们,就是在他的引领下,我快速适应了科研的节奏,并且也做出了相当不错的科研成绩,更重要的是他让我对科学有一种顿悟的感觉,让我明白最简单的道理和模型也许就是真谛。比如后面我从事很多文科方面的研究,基本上就是一学就通、一点就会,我觉得很大程度上源于师兄的点拨。他目前在美国基因研究领域很有名的卡耐基研究所做博士后,已经在 *Cell* 等杂志上发表了多篇牛文。"

"当年研究生会那边的朋友们都在干吗?你跟他们联系还多吗?"

"毕业后大家各奔东西,由于地理的缘故,联系就越来越少了,偶尔逢年过节聊聊天问问近况,详细情况了解的也不太多。"

创业是社会资源综合的释放。大学生创业需要有经验的师长给予指点。为了让他充分挖掘资源,本次咨询结束时我给他布置了一项任务,希望他两个月内能跟至少 5 名有思想的长辈或朋友聊聊自己想要创业的想法,并将心得体会汇报给我。

关键在于执行

没想到两个月后,他给我发邮件,将这段时间生涯访谈的心得体会写成洋洋洒洒的数千字,可以看出,通过访谈他收获很大。再次约见咨询时,他神采奕奕,仿佛哥伦布发现了新大陆,兴高采烈地告诉我他已经找到了一个很好的创业点。前段时间他联系了上次提到的神童师兄,没想到师兄也有回国创业的想法,"我们一拍即合,准备选我们最熟悉和擅长的基因检测领域创业。"他兴奋地说道。师兄说目前基因检测领域在国际上特别流行,相关技术已经比较成熟了。好莱坞女星安吉丽娜·朱莉检测到存在乳腺癌突变基因而预防性切除乳腺,是最典型的证明。而且师兄一直从事基因检测领域的研究,并发明了"临床极微量样品的表观遗传学和转录谱信息分析技术",具有广泛的临床应用价值,已申请美国专利保护,对此次回国创业很有信心。

我很高兴他这么快就找到了创业的领域和方向。"那你们的创业团队现在已经组建起来了吗?"

"我们的创业方向是基因检测,公司运作主要包括基因测序实

> 项目、团队、资金是创业的三大要素。组建优秀的创业团队与选择合适的创业项目一样都是非常重要的。

验、基因信息解读以及市场营销三方面。基因测序实验方面相对容易些,我跟北大专业从事生物实验的教授谈妥了,她表示出浓厚的兴趣。基因信息解读方面是核心技术,我师兄说他来做,另外,浙江大学有个获得"青年千人"的教授跟我师兄在美国是一个实验室的,也愿意加入我们。市场开拓方面,有一个多年从事生物医药领域项目运作的师姐可以负责。"他胸有成竹地说。

咨询进行到这,我非常欣慰,没想到吴译能迅速找到一个高精尖的创业点,而且能迅速团结到一批志同道合的人组建团队、共同创业。

"我们已经注册公司了,接下来就是找投资,并确定我们的商业模式和营销对象。"现在的他已经越来越进入创业的快车道了。

"祝贺你!短短的时间内你们能取得这么好的成绩真是很难得,当然未来的道路上也会面临各种挑战和风险。关键还是要牢牢把握好公司的发展方向和核心竞争力。"我鼓励他和团队成员团结协作,努力经营好这家公司。

一年后,吴译兴奋地告诉我,他们公司的核心研发已经完成,可以进行130多种多基因遗传病的患病风险检测、100多种药物的个性化反应检测(主要测试患者对该药的毒副作用、疗效和剂量选择)、8大类49种天赋能力的检测、48种个性特征的检测。通过不懈的市场开拓,已经跟多家医疗机构达成了合作共识。由于创业团队出色的表现,多家天使投资向他们公司抛出橄榄枝,最后他们选定了一家私募基金,这个投资人曾经被《福布斯》评为中国最佳私募基金经理。我相信他们事业的前景一片光明,而且能越做越大。

 案例分析

科技创业是机会型创业的典范,也是高校创业教育鼓励的方向。吴译能结合自己所学的专业,找准创业领域和创业项目,并快速组建创业团队和公司,研发出核心技术和产品,并获得天使投资,迈出了成功创业的第一步。

吴译是我见过综合素质很强的来询者。他高考时顺利考入北大,本科专业成绩年级第三,学术科研做得很好,学生工作也出类拔萃。在外人看来,吴译发展的道路可谓顺风顺水。但吴译不满足于现状,渴望挑战自己、追求更高抱负的个性使他萌生了创业的想法。

从吴译创业的历程来看,首先,他善于规划自己的人生,从他来找职业规划师便能看出吴译在这方面的重视和投入;其次,他能够沉淀和升华自己,虽然他工作五年看似"平淡",但是这五年间他自学并考取了中级经济师、注册会计师等职业资格证书,为他今后的创业奠定了基础;最后,他善于并乐于交际,他的这种性格使他能够找到一批志同道合的人,这也是成功创业的重要支撑。

相信很多大学生都有过创业的想法,因为大多数人都看到了创业成功的风光,想象着自己掌控一切,实现独立自主和财务自由。可是,又有多少人能看到创业背后的艰辛呢?创业需要创业者全面的知识和素质,需要一个强有力的创业团队,需要越挫越勇、不轻易放弃的毅力和韧性,更需要良好的机遇。"临渊羡鱼不如退而结网",大学生创业不仅要有激情和想法,更需要巧干、实干和拼搏。

案例 32 公益创业,路在脚下

小魏是一名行政管理专业的硕士一年级学生,本科期间曾在教育培训机构担任兼职教师,为中学生提供课业辅导。小魏在培训机构结识了在广西开办公益教育机构的同校师兄。在了解到目前国家对于公益性创业项目的支持政策和市场的需求后,小魏决定本科毕业之后,带着同学一起回到家乡云南,开办公益性教育培训机构。但是经过一年的辛苦创业,小魏的公益创业项目失败了,他通过考研重新回到校园,攻读硕士研究生。可是小魏对于自己创业项目失败的原因并不了解,带着疑惑和对公益创业的理想,他找到了咨询师。

> 职业规划师:黄冠
> 来询者情况:小魏,男,硕士一年级,行政管理专业
> 主要职业困惑:公益创业失败,对失败的原因有所困惑

怀揣公益创业的梦想

小魏是本学期新入学的硕士一年级学生,本科毕业之后,他曾花了一年的时间,带着六位同学在家乡云南组建教育促进协会,专注做公益教育创业项目。可是项目实施并不顺利,这段创业以失败告终。小魏通过考研,重新进入大学攻读硕士研究生。**上一段创业的失败经历并没有让小魏对公益创业失去信心**,他通过预约来到就业指导服务中心向我咨询其创业失败的原因。

> 研究失败往往比分析成功更具收获。

"小魏,我看你提交的预约申请上提到你本科毕业之后花了一年时间来做公益创业,先说说你为什么想做公益创业吧。"我提出了我的疑惑,因为在我遇到的学生中,有创业想法的人不少,但是想做公益创业的人屈指可数。

"这其实跟我的个人经历有关,我出生在云南昆明的禄劝县,禄劝虽然归昆明管,但由于地处山区,自然环境恶劣,禄劝是全云南较为贫穷的县之一,人均年收入甚至不及昆明市区的百分之一。我是

我们村第一个考上重点大学的学生,到了北京,我发现这里的教育水平和质量比云南高出太多。而且由于云南山区较为贫困,如果想接受到高水平的教育,就必须去省城,但是机会凤毛麟角。所以我想为家乡带去优质的教育资源。"

"这个想法很好!你很有责任心和家乡情节,也希望能够做出一番事业。"小魏的梦想让人感动,从县城考到北京,看到了家乡和首都之间在教育上的差距,希望通过自己的公益创业项目来为家乡作贡献,能有这样的职业规划的确不容易。但是梦想归梦想,实际做起来又会遇到什么困难呢?

公益教育的市场在哪?

"小魏,你组建的教育促进协会是如何运转,来实现你的目标的?"我开始询问关于公益创业的内容。

"我最初的计划是在一些重点院校招募5~6名学生志愿者,然后联系云南贫困地区的农村小学,请志愿者们到农村小学为孩子们上课。后来发现招募志愿者难度比较大,就想利用寒暑假以寒暑期社会实践的方式吸引高校学生来云南山区支教。"他略带思考地回答。

"后来如何?支教地联系得怎么样?招募到社会实践的学生了吗?"

"我先后在三所重点高校招募到了六支社会实践的团队,以寒假社会实践的名义请他们来云南。本来联系好了六个支教地,但是等实践团到了昆明,有三个支教地的中学校长却表现出不愿支持我们的活动。他们不断以学生放假了不愿意来学校,无法提供食宿场地等理由推脱。最后只好每个支教地安排两个团队。"

"这可是很严重的问题。这对你们的创业项目有什么影响?"

"影响最大的就是资金问题,本来我还找了一位企业家来赞助我们这次活动,可是企业家发现活动规模缩水了,便拒绝赞助我们。这次寒假实践团的费用除了实践团队所在高校承担一部分外,其余都是我自己承担,压力不小。其次是跟高校的合作关系受到了影响。原本我们是以教育促进协会的名义在各个重点高校招募社会实践团队,现在参加了活动的高校团委都不愿意再与我们合作。"说着说着,小魏的神情凝重起来。

"有没有分析过为什么已经联系好的支教学校突然对你们的活

动态度冷漠?"我尝试着启发小魏。

"有,每个学校所在的乡镇我们都提前去联系过,直接找的镇长,镇长都向我们保证没有问题。可能是我们太天真了,觉得别人答应的就一定会落实。"

"有没有想过,**公益性教育项目的市场究竟在哪**?"

"难道不就是农村的学校吗?他们缺少师资,而我们的公益创业项目就是给他们师资啊。"

"仔细想想,首先,你的公益创业项目究竟有没有找到与之匹配的市场需求?寒暑假,高校学生放假,可以参加支教项目,但是中小学也会放假,那么会有多少学生愿意不放假继续留在学校上课?其次,短期支教项目对于高校学生而言是一个社会实践的机会。但是对于支教地学校和当地政府而言却缺乏吸引力,因为你不能为他们带来教育水平的提升和其他收益。再次,你的公益创业项目尽管是非盈利的,但是你需要资金来保障项目运转,单靠企业家的赞助,就算一次两次可以成功举办。可是长远来看,缺乏市场定位的项目难以吸引赞助商持续投资。"我的一番话让小魏陷入了沉思。

公益创业的实践之难

"你的教育促进协会有没有寻求当地政府的支持?"

"我也尝试过寻求民政部门和教育部门支持,但是却屡屡碰壁。我们向云南民政部门申请注册为公益性的社会组织,但是一直没有获得批准。我们感觉耽误不起,后来打算向工商部门申请成立创业企业,但是由于资金不够,未达到初始注册资本,后来也不了了之。"

"所以,你们的组织一直没有向民政或者工商部门申请成立?"

"对,我们一直没有获得正式的资质,这也给我们拉赞助、开展活动带来了不便。另外,虽然我们知道国家有支持大学生创业的政策,但是我们不知道到哪个行政单位去寻求支持。"

"**这其实是对于政策了解和熟悉的问题。创业过程中,特别是公益性创业项目,一定要分析国家对大学生的支持政策,恰当地使用政策。**例如共青团、教育部门都出台了不少支持大学生创业的政策,可以提前在网上搜索,然后询问负责部门。"

缺乏对大学生创业政策的了解,让很多有创业想法的大学生寸步难行。

"我也尝试过去民政部门询问,但是并不像想象中顺利,办事员傲慢消极的态度让我很恼火。"小魏有些激动地说。

"小魏,这就是公益创业起步肯定会遇到的困难,除此之外你还会遇到更多的障碍和阻力,如:政府部门、企业赞助方、合作高校等都有可能让你烦心。这些都是实践过程中才能体会到的难处,也是创业者需要正视和面对的因素。"我安抚着小魏,让他能够平静下来。创业初期,免不了要和政府、投资人打交道,探索出一套获取政府支持的工作模式,找寻投资人的需求点并主动迎合,是获得外部支持的重要环节。小魏初出校园,在这一点上,深感困难。

公益与营利间的摇摆

"小魏,为什么最后放弃了公益创业项目,转而继续读研究生?"

"最主要的原因,也是我们面临的最核心问题,那就是我和团队成员在对于我们的组织应该是公益性还是营利性之间产生了摇摆。特别是当我们组织了第一次社会实践活动,我个人承担了一大笔项目费用,逐渐感到力不从心的时候。我无法负担我承诺给团队成员们的报酬,我自己也愈发窘迫。这时我心里和团队中出现了两种声音,我心里想着坚持公益创业项目最初的定位,就是公益性第一位。而团队成员更多的已经失去了耐心,觉得公益性项目太过于理想化,他们希望将项目转为营利性项目,赚取属于他们的报酬。"小魏回想起项目最艰辛的时候,不时地摇摇头。

> 公益创业的定位很关键,团队成员关于企业定位,文化理念认识上的差异,对于初创企业,尤其公益创业项目而言是一种极大挑战。

"公益性创业企业,资金问题从产生开始就一直伴随始终。如果缺少稳定、充足的资金支持,那么别说公益性,这个组织能不能存在都是一个严峻的挑战。所以小魏,如果你想坚持你的公益创业梦想,你还需要踏实明确的物质保障方案。"**大学生创业很多时候容易出现眼高手低的情况,理想固然重要,但是落到实处才是关键。**

小魏思考了一会儿,认为刚刚交流过程中提到的都是自己在进行公益创业中所欠缺和未考虑周全的情况。基于他的理想和对于自己今后职业目标的规划,他希望能够通过研究生期间的学习,提升自己的专业技能,同时提高自己对创业的认识和了解。

我建议小魏可以参加学校的创业计划大赛、创业培训课程、到创业公司和大型公司实习实训,提升自己对组织运营的认识和了解。我和小魏约定以后有需要时再次面谈,不过我给小魏提出了要求,要在经历实践的磨炼、有所体会和感悟后,我们再一起讨论他未来的职业决策,确定行动目标。

至此,我们结束了这次咨询。一个月后小魏发邮件告诉我,他准备参加明年的创业计划大赛,并且已经联系了一家校友创办的在京教育培训机构,即将开始他的实习之旅。

 案例分析

　　创业之路,并非坦途。大学生选择自主创业是对综合素质和经验的全方位挑战。有时候大学生创业者有一腔热情,却将创业想象得过分理想化,在实际创业过程中屡屡碰壁。小魏对教育培训和家乡建设有着深厚的感情。他希望通过公益教育创业的形式,弥补家乡和发达城市在教育水平上的差距,这种想法是很好的,但是从职业规划和公益创业行动的角度来看,小魏还缺少经验、知识和专业技能。

　　在本案例中,小魏回顾了他一年的创业历程以及遇到的种种困难。由于小魏对于公益创业饱含热情,所以在咨询的开始阶段,咨询师和小魏一起分析了其选择公益创业的动因,然后又分析了创业过程中存在的问题。其公益创业的动因和目标很明确,但是目标的可操作性难度较大。另一方面,实现目标的过程中有诸多不可控因素,例如对于坚持公益还是选择营利之间的摇摆、如何提升与政府部门和赞助商之间的合作效率等。于是,咨询师建议小魏,先修炼好内功,通过课程学习提升自我专业技能,通过创业计划大赛提高创业理论素养,通过实习实训提高对企业和组织的了解,通过不断地自我完善和学习,提升创业综合能力。

　　作为咨询师,在引导和鼓励来询者不断发现和了解自身状况的同时,还应当结合特定领域的情况,分析来询者的优势和劣势,提出有建设性的意见。并且与来询者保持联络,持续关注来询者的发展状况。

案例33 创业也需"按部就班"

小段是北京某大学植物学专业大四的学生,成绩优秀,一直怀揣着创业的梦想,但同时又对自己所热爱的专业知识念念不忘。对创业前景充满疑虑的小段希望能通过职业咨询了解创业者所应具有的特质以及创业需要的准备工作。咨询师根据小段的个人特质以及创业的初步想法,为小段规划了一整套完整的创业流程。

那么,创业者需要怎样的个人特质呢?创业有一套基本的实施流程吗?创业是完全天马行空的自我创造吗?

> **职业规划师**:黄冠
> **来询者情况**:小段,男,大学四年级,植物学专业
> **主要职业困惑**:创业是否适合我,该如何进行创业

我适合创业吗

"老师,您觉得我到底该怎么创业啊?"

在一个阳光明媚的下午,小段一进入咨询室,就迫不及待地向我抛出了这个问题。可以看出,这个问题已经困扰他很久了,而且至今也没有得到令他满意的回答。

小段是某高校植物学专业大四的本科生,成绩很优秀,即将毕业。他是一个阳光的男孩,一直怀着创业的梦想,希望用自己所学的专业知识闯出一片属于自己的天地。但是,眼看着进入大四,毕业在即,而自己的创业梦想还毫无头绪。

很多来我这里做创业方面咨询的学生都会提出类似的问题,但是这样的提问恰恰反映出他们对于创业缺乏足够的了解。于是,我尝试着进一步了解他的性格,以判断他是否具有创业者所必需的个人特质以及创业潜力,进而了解他的创业计划。

我问道:"你觉得自己身上有**哪些特质适合创业呢?**"

沉思了片刻,小段回答说:"我觉得是激情吧。我是那种一旦选

定了一件事就会投入自己全部的能力和热情去把事情做好的人。我从大一时就萌生了自主创业的念头,到现在三年过去了,但一些创业的点子和想法还是会让我觉得很激动和兴奋,就像当年一样。"

"激情对于创业者是至关重要的一点,不过光有激情还不够,你觉得自己的人际交往能力和协调能力怎么样啊?"

"我觉得我人际方面的能力还不错,我性格比较开朗,能和周围的人相处得比较好,而且之前还做过社团里的负责人,经常会组织例会和其他集体活动,感觉在这些方面还算是游刃有余吧。"

"可是创业并不会是一帆风顺的,可能会遭遇很多挑战和挫折,面对不利的情况,你会有毅力坚持吗?或者说,你对创业中可能面临的不确定性有预期吗?"

"创业可能面临的困难……虽然我现在不清楚将来会遇到什么,但是我明白,创业的道路肯定会有很多阻碍和我预期不到的困难,但我不会退缩,我有毅力和决心。创业是我的梦想,我当然会持之以恒,半途而废不是我的风格,只要是我认准的事情,我就一定会竭尽全力把它做好。"

"很好,现在看来,你已经具备了一个创业者所需要的最基本的素质:人际影响力、团队协作力、对不确定的容忍度、毅力与激情。"

"老师,我有一个问题,据我所知现在的大学生创业大都是信息技术类的,那我的植物学专业的知识背景会限制我的创业前景吗?"

"这是如今大学生创业的一个误区,很多非信息科学专业学生的创业计划集中于网络技术、电子商务等领域,并未真正与自身学科优势和专业特长相结合,这种盲目贴合社会热点的创业是不可取的。我觉得你完全不必在意自己的专业,自己学科的优势往往能成为创业中出奇制胜的法宝。你说已经考虑创业很久了,能谈谈你的想法吗?"

"我很喜欢自己的专业,所以我想学以致用,利用我自己的专业知识作为创业的最大资本。我家在宁夏,那里很适合酿酒葡萄生长,有很多葡萄酒厂与酿酒葡萄种植基地。在那些酿酒葡萄种植基地里,需要经常补苗,有些新开发的种植基地也会需要大量的酿酒葡萄苗,但现在他们所需的葡萄苗大都从其他省份购进。我打算回到宁夏承包一些荒地,成立一家公司,兴建温室大棚,专门培育我们那里需要的特定品种的酿酒葡萄苗,满足当地市场的需求。我对我的专业知识和实际栽培技术很有自信,我觉得这是我在当地具有的技术

> "富有激情"作为创业者重要的特质之一,但是不构成创业成功的充要条件。

> 学以致用,兴趣结合,在很大程度上能降低创业的门槛与成本。

与知识优势。而且,我还打算发动当地的一些农民组成合作社,以便进一步扩大我的温室栽培的规模,怎么说呢,我打算成为一个掌握高技术的'温室CEO'吧。老师,您觉得我的这个想法可行吗?"

听到这里,我不禁觉得眼前这个大男孩还是蛮可爱的,更重要的是,他还具有发现市场机遇的敏锐洞察力,能够发现新兴的市场机遇,并最大限度发挥自己在知识与技术方面的优势。形成一个初步的创业构想,这便是创业的第一步。

"'温室CEO'?这个头衔蛮有创意的,我觉得你是个非常有想法的同学,**能够结合自己的专业、自己家乡的市场机遇,你这种发现市场机遇的能力是一个创业者,甚至一个成功企业家所必备的商业嗅觉**。但是,你现在还仅仅停留在想法的阶段,缺乏对市场和政策的研究和分析,我只能说你现在的初步设想很好,但作为一个创业项目是否可行,还需要对你的创业计划有进一步的了解。你有关于自己创业设想的商业计划书吗?"

"对不起,老师,我暂时只是有关于创业的一些零散的想法,并没有形成一套很系统的计划,也没有专门写商业计划书。"

其实,这也是很多学生创业者面临的通病:往往只有**一个比较模糊的创业想法,但是却没有更进一步的调查、研究、论证,也没有形成一份较为完整、简洁、明晰的商业计划书**,这也就导致了很多有新意的创业设想往往停留在想法层面,而没有机会投入真正的创业实践中去。

于是,我耐心地给他解释商业计划书对于创业者的重要性:"对于一个创业行动,第一步是创业设想提纯,也许你头脑里有一个模糊想法,它可能是你创业设想的基础,但你还得对最初的想法进行思考、分析、判断、选择、充实,最终形成比较成熟的创业设想;第二步是组织创业团队,单打独斗就想做出顶天的事业,在这个合作的年代里既不可能也无必要,因此,你要组建一个优势互补、高度认同、目标一致的团队,在创业的道路上一起披荆斩棘、携手前进;第三步,也是很关键的一步,就是拟订商业计划,这是创业真正的第一步。一份标准的商业计划书应该提出一个具有市场前景的产品或服务,以描述公司的创业机会,阐述创立公司、把握这一机会的进程,说明所需要的资源、提示风险和预期回报,并提出行动建议。创业计划应该聚焦于特定的策略、目标、计划和行动,对于一个无技术背景的有兴趣的人士应清晰易读。而且有一点需要注意的是,商业计划书不应该是千

> 商业计划书作为创业初始的"行动纲要",对于创业团队而言至关重要。一份好的商业计划书既能理清项目的思路,指导创业团队行动,又能服务项目投资者,争取广阔资源。

篇一律,而是应该结合自己具体的创业设想,并且关注市场动态和政策走向而撰写完成的。"

"哦,原来是这样啊,那我回去尽快对现在的创业设想进行整理、归纳,再去详细调查一下和我的创业计划相关的市场和政策情况,撰写好商业计划书,再找您做进一步的咨询,可以吗?"

"好的,我期待着你成熟的创业计划。"

千里之行,始于足下

大约两个月之后,小段带着他的商业计划书,如约来到咨询室向我进行进一步的创业咨询。

在仔细看完小段的商业计划书后,我对他说:"第一次撰写商业计划书,你已经写得非常不错了,内容和项目都比较全面,基本展示出了一套较为完整的创业思路。不过,你的这份计划书还有值得改进的地方。第一,你的计划书的'财务分析'部分有一些过于简略了,计划书中包含的应该是专业的财务分析,其中应该包括营业收入和费用、现金流量、月报、年报等项目;第二,你的计划书未对竞争对手和竞争态势机遇进行细致的调查分析,未对同行中前三五位的竞争对手的情况进行分析,以及对于投资前景的判断和项目收益预测也是必不可少的,如何有的放矢地对待已有的竞争者,提出有效防范未来竞争者进入的对策,是确保投资方利益、降低投资风险的必要环节;第三,你的计划书对项目的赢利估计过于乐观,或者说依据不足,商业计划书中的收益预测通常超过实际可达目标值的一倍以上,有些更高达两三倍,融资方自己做的收益预测往往离实际情况很远,创业者的预测高估程度超过已有该行业经历的企业。我觉得你可以在这个基础上继续修改商业计划书,使自己的创业计划更加完善、周密、有说服力。"

"那我修改完善好了商业计划书,就可以开始实际的创业了吗?"

我笑着说:"你还真是心急呀。再完善的商业计划书也只是一种设想和估计,如果贸然以此开始创业行动可能会面临较大的风险。我们学校有着比较完善的创业教育体系,我建议你带着你的商业计划书参加学校举办的'学生创业计划大赛',这是学校创业教育体系的一部分,是学校拓展激发学生创新创业潜力的渠道、开辟提高学生创业技能的平台、搭建展示学生创业风采的舞台。通过这样的赛事评审,你可以发现自己计划书中的一些问题并有针对性地提出解决方案。并且可以在大赛期间的讲座、沙龙过程中和赛事邀请的知名企业家和创业者直接交流,学习他们的创业经验,了解在创业实践中可能遇到的问题和应对方法。除了参加创业大赛,我还建议你选修学校的'创新、创业的理论与实践'课程,在创业理论和实践上进一步提升自己的知识储备和能力。"

对于一份撰写完成的商业计划书,其内容的可实施性和风险性都还是不明确的,如果能够通过参加创业比赛的方式,由专门的评委和企业家对计划书的可行性进行进一步的论证和改进,才能有更大的把握开始进一步的创业实践。

小段有些激动地追问道:"那参加过创业大赛以后我就可以开始实际创业了,对吗?"

"是的,当你的商业计划书足够完善之后,就可以进入创业实践的阶段了。在这个阶段,你就需要开始创立一个新的企业了,其中比较关键的三点:注册公司、选址、融资。这三点是一个初创企业运营的最基本方面。企业注册主要包括了工商注册、税务登记、银行开户、会计记账等。对于公司的选址,如果你是打算回到宁夏进行创业,就需要提前与当地主管部门进行协商,争取获得政策支持以满足你对办公用地和开垦新的温室大棚的需求。最后就是融资,对于大学生创业者,最有可能实现的融资渠道就是银行的低息贷款。当然,你在计划书中提出打算建立一种合作社模式的企业,就可以通过民间集资的方式解决一部分资金来源,不过我建议你在进行融资之前多了解一下国家和你所在的地方的相关法律和政策,合理、合法地完成初期融资。而且我建议你多关心**国家关于鼓励大学生创业的各种政策方针,积极利用国家对于创业者的种种政策支持**。"

"啊?原来开始创业实践会这么麻烦啊?我完全没有过这样的准备,有什么地方可以给我在这些方面提供指导和帮助吗?"

看到小段面露难色,我耐心地向他解释:"当然有啊,我们学校就有专门的企业孵化园,这是学校专门为学生创业搭建的企业孵化平台。孵化园旨在为企业营造良好的创业条件,还引进实惠专业服务机构,搭建中介服务平台;组织企业成立企业家沙龙,促进企业间与社会各界人士间的交流与合作。你可以申请进入孵化园,享受园内为创业企业提供的一系列创业服务,包括注册公司、场地和融资等方面的事务,孵化器都会给予创业者以最大限度的帮助。"

"这样的话我的心里就踏实多了,原来学校还专门为学生创业提供了这么多支持啊,我现在心里更有底了。"

"相信通过这两次的创业咨询你已经了解了**创业的整个流程**。作为一个有志创业的学生,首先要审视自我,看自己是否拥有创业者所必需的个人特质;其次是将自己的创业设想和规划写成一份完整详细的商业计划书,以便进行咨询或者融资;再次是在学校的创新创业教育体系中,尤其是通过创业计划大赛和创业课程的学习为自己的创业提供完善的理论基础与前期准备;最后是借助孵化园等平台开始创业实践,进行具体的创业项目运作。这一流程看似烦琐,但实际上为每一个创业者省去了很多创业过程中可以避免的麻烦和可能遇到的困难,让大家在实际创业之前,通过合理的创业规划,就能对自己的创业前景有一个清晰、准确的把握,让创业'事半功倍'。"

再优秀的项目与团队付诸实践,也必须遵循市场运作的规则。按部就班不见得没有效率,对于初创团队而言,了解创业流程是必要的。

其实,创业规划也属于职业生涯规划的一种,通过引导个人结合自身情况、眼前的机遇和制约因素,为自己确立职业方向和职业目标,选择职业道路,确定发展方案,为实现职业生涯目标而确定大致的行动时间和行动方案。创业咨询即是帮助有志创业的学生明确学生创业的一般流程,把握其中的一些关键要素,引导学生结合自身的特点和优势,确立一套完整、可行的创业行动方案。

"是啊,**看来创业也还是有'门道'可循**的呀,能够按部就班地准备创业,我现在对我的创业前景更有信心了,谢谢老师。"

"不用客气,如果在今后的创业准备和实践中遇到什么困难还可以向我进一步咨询。希望你坚定信念,祝你成功。"

此次的创业咨询就此结束了,看到小段意气风发地走出咨询室,窗外的夕阳映照在他年轻自信的脸庞上,我相信,现在经过充分准备与规划的他,会闯出一片属于自己的天地。

 案例分析

这是一个很具有代表性的创业咨询案例。创业是一个人发现了一个商机,并通过实际行动转化为具体社会形态,获得利益,实现价值的过程。创业需要创造性的想法与开拓性的精神。但这并不意味着创业的过程可以天马行空,尤其是对于大学生创业者,必要的规划与前期准备是十分必要的。现在的大学生创业者并不缺乏新奇的想法和市场嗅觉,但是往往把这些极具潜力的设想仅仅停留在想法的阶段,并没有通过一系列必要的创业设计流程将抽象的创业设想完整化、具体化、操作化。这一看似平常的创业流程,实则为创业者提供了一套明确、清晰的创业行动方案。更重要的是,在创业计划书的起草过程中,通过必要的市场调查分析、相关政策的研究、方案可行性的论证,创业者可以及时发现之前所忽略的一些问题和潜在风险,最大限度减少自己创业历程中的不确定性。

同时,大学生创业者也需要结合自己的特点和专业优势选择创业项目,避免当前创业过程中的跟风现象,选择与自己相匹配的创业道路,让自己的优势最大化。大学生也应该把握当前国家在大学生创业方面的政策优势,积极关注国家的创业政策导向,并积极利用学校所能提供的各种创业配套资源,形成不同于其他人群的大学生创业核心竞争力。

第六章 职业规划必知理论

理论是指导人们实践行为的重要因素。扎实的职业生涯发展理论可以使职业规划师的咨询更加深入。

由于20世纪初美国职业辅导运动的开展,职业生涯辅导已经成为一门具有科学性和操作性的学科,并被看作是一项对社会有着重要影响的服务。

职业生涯咨询(Career Counseling)就是通过运用精神健康、心理及个人发展理论,使用认知的、情感的方法以及系统干预策略,来帮助个人提升满意程度,并获得个人成长和职业发展的过程。

需要注意的是,"职业生涯咨询"和"就业指导"(Vocational Guidance)是不同的两个概念,之间有着清晰明确的界线。就业指导是帮助个人在工作中获得必需的知识,并根据劳动力市场的需求情况来调节个人观念。而职业生涯咨询关注于个人职业的选择和发展。

一、特质因素论(trait-and-factor theory)

特质因素论是最早被提出的职业辅导理论,强调个人特质与职业选择的匹配关系。帕森斯(Parsons)是该理论的主要代表人物,被誉为"职业辅导之父"。

帕森斯认为,在选择职业时,首先须通过心理测量工具评估个人的能力,并对自己的态度、能力、兴趣等有清楚的了解;其次,要了解各行各业达到成功的需要和条件,各行各业的优缺点、酬劳、机会以及未来展望等;最后,要把个人和职业的互相配合作为职业辅导的最终目标。他认为,只有这样,人才能适应工作,并且使个人和社会同时得益。因而,测验工具的使用和有关职业资料的提供是特质因素论所强调的辅导重心。

戴维斯与罗圭斯特(Dawis&Lofquist)在20世纪60年代提出的工作调适理论是对帕森斯特质因素论的修正和改进。他们除了和传统的特质因素论一样强调对工作者的能力、价值观、人格和兴趣的评定,以及这些因素和职业的相互关系以外,还强调工作者与工作之间的调适,即工作者不断进行自我改变来维持其与工作环境之间的调和性。这其中,个人对自身工作的满意度以及雇主所认为的员工工作的适合度是非常重要的两个评估成分。

特质因素论的一个突出特点是它着重于个人性向、成就、兴趣、价值观、人格与职业条件的匹配上,忽视了生涯发展的发展性,因而逐渐为后来的生涯发展理论所取代。

二、类型理论(type theory)

霍兰德(Holland)是生涯辅导理论的又一发展者。他的类型论源于人格心理学的概念,他认为生涯的抉择与调整是个人在对特定职业类型进行认同后,个人人格在工作世界中的表露或延伸。自20世纪70年代以来,霍兰德提出了一连串的研究假设。其四个基本假设为:在我们的文化中,多数人均能被分类到六种类型中,即实际型、研究型、艺术型、社会型、企业型、传统型;环境也可分为六种类型,即实际型、研究型、艺术型、社会型、企业型、传统型;人们将搜寻可以让他们发挥能力,表达态度,并承担问题及扮演角色的环境;一个人的行为是由他的人格及所在环境的特性所决定的。此外,他还将人格与环境类型分别按照固定的顺序排成一个六角形。

依据此六角形模型,霍兰德又发展了四个概念,它们分别是一致性、分化性、身份认定以及适配性。其中,适配性是最为重要的一个假设,它是指不同类型的人需要不同的生活或工作环境,人与职业配合得当,其适配性就高。依据霍兰德的假设,适配性的高低,可以预测个人的职业满意程度、职业稳定性以及职业成就。

三、生涯发展理论(career development theory)

舒伯(Super)把职业生涯的发展看成是一个持续渐进的过程,由童年时代开始一直伴随个人的一生。

"自我概念"(Self-concept)是舒伯理论中的核心概念。所谓"自我概念",就是指个人对自己的兴趣、能力、价值观及人格特征等方面的认识。一个人的自我概念在青春期以前就开始形成,至青春期较为明朗,并于成人期转化为职业生涯概念。工作与生活满意与否,就在于个人能否在工作和生活中找到展现自我的机会。用舒伯的话说,"职业生涯就是对自我的实践"。

而这个自我实践亦即职业生涯发展的过程,可以划分为五个阶段,在每个阶段都有其独特的职责和角色,以及不同的发展任务。个人面对及完成发展任务的准备程度则体现了个人的生涯成熟度(Career Maturity)。

生活广度内的小周期:发展任务的循环与再循环[①]

发展阶段	年龄			
	青春期	成年早期	中年期	成人后期
	14—25岁	25—45岁	45—65岁	65岁以后
成长期	发展实际的自我概念	和别人发生关联	接受自己的限制	发展与职业无关的角色

[①] 改编自金树人主编:生涯咨询与辅导.北京:高等教育出版社,2007:78.

(续表)

发展阶段	年龄			
	青春期 14—25岁	成年早期 25—45岁	中年期 45—65岁	成人后期 65岁以后
探索期	学会参考更多的机会	找到机会做自己想做的工作	找出困难全力以赴	找一个好的养老处所
建立期	进入一个主修的领域	安定于一个永久的职位	发展新的技能	做以往想做而一直没做的事
维持期	考验目前的职业选择	使目前的职业安全	从竞争中求稳固	维持自得其乐的嗜好
卸任期	嗜好的收敛	减少运动	注意养生之道	减少工作时数

四、社会学习理论(the social learning theory)

克朗博兹(Krumboltz)的社会学习理论是以社会学习的观点来解释人类生涯选择的行为,特别强调社会因素和学习经验对生涯选择的影响。克朗博兹认为,四类因素将影响到一个人的生涯决定,就是遗传天赋、环境条件和事件、学习经验以及任务进行技巧。其中,环境条件和事件包括了社会因素、教育条件和职业条件,而任务进行技巧是通过遗传天赋、环境以及不同的学习经验的交互影响而形成的技巧,包括目标设定、价值澄清、确认选择方案以及职业信息的获得等。按照社会学习理论的观点,上述这四类因素在不断地进行相互作用,相互作用的结果是形成个体对自己的能力、兴趣、价值观的推论,个体对世界的推论和个体的任务进行技巧。而个体的行为是综合以前所有的学习经验、自我对世界的推论以及具备的各种能力的结果。

基于对环境影响作用的重视,社会学习理论认为生涯的选择是一种相互的过程,这种选择不仅反映了个人的自主选择,也反映了社会所提供的就业机会与社会所做出的就业要求。同时,社会学习理论也认为生涯决定是人生的长期历程,不是只发生在一生中的某一阶段,而是由从出生到退休连续不断的各种事件与任务进行技巧所决定的。因而,必须在教育与生涯辅导中重视生涯决定技巧的教导。

克朗博兹等人于1977年发展出的生涯决策的系统性七步骤法,正是以提高个人决策能力为目的的。

五、认知信息加工理论(cognitive information-processing model)

该理论认为,生涯发展就是看一个人如何做出生涯决策,以及在生涯决策过程中和生涯问题解决上是如何使用信息的。

在20世纪90年代初期,Sampson,Peterson和Reardon提出了从信息加工取向看待生涯问题解决的认知信息加工理论。该理论假设:生涯选择以认知与情感的交互作用为基础;进行生涯选择是一种问题解决活动;生涯问题解决者的能力取决于知识和认知操作;生涯问题解决是一项记忆负担繁重的任务;生涯决策要求有动机;生涯发展包括知识结构的持续变化和发展;生涯认同取决于自我知识;生涯成熟取决于一个人解决生涯问题的能力;生涯咨询的最后目标是促进来访者信息加工技能的发展;生涯咨询的最终目的是提高来访者作为生涯决策制定者和问题解决者的能力。

该理论把生涯发展与咨询的过程视为学习信息加工能力的过程。该理论的提出者按照信息加工的特性构出了一个信息加工金字塔。位于塔底的领域是知识的领域,包括自我知识和职业知识。中间领域是决策领域,包括了沟通—分析—综合—评估—执行五个阶段。最上层的领域是执行领域,也称为元认知。

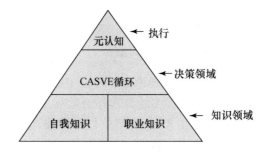

六、生涯适应力理论(career adaptability theory)

生涯适应力理论源于心理学家舒伯(Super)的生涯成熟度理论。该理论指出个人面对及完成发展任务的准备程度体现了个人的生涯成熟度(CareerMaturity),强调个体的职业生涯发展要与其年龄发展阶段相称。这一理论对于指导职业生涯发展产生了深远的影响,但是生涯成熟度理论对于社会环境的发展变化对个体生涯发展的影响关注不足。萨维科斯(Savickas)继承和发展了该理论,提出了生涯适应力理论。[①] 生涯适应力理论提供了一个职业生涯核心的概念"适应","适应"给"人们做什么"提供了一个更好的、更加基本的答案——人们去适应环境。积极主动的"适应"强调人和环境的良性互动,以及人的主观能动性的重要作用。

生涯适应力概念是一个社会心理学建构,是指个体应对当前和不久将来的生涯发

---

① Savickas M L. ,"Career Adaptability: An Integrative Construct for Life - Span, Life - Space Theory," The Career Development Quarterly, vol. 45, no. 3, 1997, pp. 247-259.

展任务、职业转换和个人心理创伤等所拥有的资源和准备程度。根据其功能,萨维科斯将生涯适应力分为四个维度:生涯关注(Career concern)、生涯控制(Career Control)、生涯好奇(Career curiosity)和生涯自信(Career confidence)。在生涯适应力理论中,生涯关注被最先提及,也是最重要的维度,它要回答的问题是"我有未来吗?"生涯关注实质上是对未来的关注,在意识上认为为明天做准备是重要的。生涯控制要回答的问题是"谁拥有我的未来?"生涯控制意味着个体相信他们对于建构自己的生涯负有责任。生涯好奇要解决的问题是"未来我要做什么?"生涯好奇指的是对于自我和工作世界匹配的探索。生涯自信要回答的问题是"我能做到吗?"生涯自信是指面临挑战时对于成功的预期以及对于障碍克服的乐观预判。这四个维度呈现了个体管理生涯危机任务、生涯转换和生涯创伤的适应性资源和策略。每个维度都在态度、信念、胜任力、应对行为、生涯视角和生涯干预方法等方面提出了具体内容。萨维科斯认为适应的结果可以通过个体和环境的和谐程度,以及个体是否趋向自我完善来评估。

第七章 焦点解决短期咨询在职业咨询中的应用

一、焦点解决短程咨询(SFBC)简介

焦点解决短期咨询(下面在正文中简称"SFBC")是近年来形成并在世界范围迅速崛起的一个现代思潮下的短期咨询学派,它是由 Steve de Shazer 和 Insoo Kim Berg 及其同事在短期家庭治疗中发展出来的。它兴起于 20 世纪 80 年代末,经过 20 多年的发展完善,开始在国际盛行。目前国内关于该咨询方法的介绍和书籍逐步增多,培训和工作坊也开始操作。SFBC 的核心为"聚焦未来、目标指向"。它区别于传统问题解决(problem-solving)的咨询模式,强调对个体资源的关注,关注个体的正向方面,充分挖掘个体的优势和能力。SFBC 还强调问题和解决方法之间没有必然的联系,因此为了促进改变而去探究原因没有必要,这与传统的问题解决形成了巨大的差异。

图1 太极阴阳鱼

SFBC 受系统观的影响。系统观强调系统的平衡、系统内的互动和影响。SFBC 的创始人之一 Insoo Kim Berg 是韩裔美国人,她受东方文化的影响,把太极中"变"的思想植入咨询中。她将太极阴阳鱼中"白"的部分设定为"问题不发生时的情况","黑的部分"设定为"问题发生时的情况"。传统做法一般是从"黑的部分"入手,思考如何减少黑的部分,进而修改问题的结构,而 SFBC 却是从"白的部分"入手,力图扩大白的部分。她认为整个系统是固定平衡的,一旦白的部分扩大一些,黑的部分自然就减少一些,整个系统随之也发生改变。SFBC 中的奇迹问句、例外询问就是源于这个思想。

二、焦点解决短期咨询的基本理念

黄丽、骆宏(2010)在参阅大量 SFBC 书籍后,总结出八条 SFBC 书籍中的经典格言,这些格言将 SFBC 的理念进行了形象的阐释。下面结合个人的理解对这八条格言进行介绍和解释。[①]

(1) 如果没有破,就不需要修补(If it isn't broke,don't fix it)

SFBC 聚焦于要解决的问题,如果该问题已经解决,其他目标的心理咨询都没有必要。其实这不是一种消极被动的态度,而是把来询者看成处理自己的问题的专家,始终把他放在人生这辆车的驾驶座位置。

(2) 如果有效,就多做一点(If it works,do more of it)

SFBC 观点认为,如果来询者已经是解决问题的主体,咨询师应该鼓励来询者多做

---

① 黄丽,骆宏. 焦点解决模式:理论和应用[M]. 北京:人民卫生出版社,2010.

已经看到效果的事情。咨询师会有更好的方法,但不一定适合来询者。由来询者找到的方法是最适合他的。咨询师要做的就是多做一些鼓励。

(3) 如果无效,就做些不一样的(If it's not working, do something different)

不管解决方案看起来多么精致合理,但是如果没有发挥作用的话,说明还是存在问题,需要对该方案进行修改或考虑其他的方案。

(4) 小步子带来大改变(Small steps can lead to big changes)

对于很多来询者来说,最大的问题不是不知道如何改变,而是缺乏改变的行动。来询者总是期待来一场大的变革,而轻视小的变化,于是迟迟等待机会。SFBC 非常看重小的变化,就像滚雪球一样,一旦小的变化发生,就会产生大的改变。

(5) 解决方案与问题没有直接联系(The solution is not necessarily directly related to the problem)

传统的咨询模式都会花大量的时间来探讨问题产生的原因,而 SFBC 则另辟蹊径,直奔主题,从一开始就探讨如果问题解决,会出现什么样的情形,从而树立咨询的目标,并找到解决问题的内在动力。简单一点讲,对于一次咨询来说,不在于问题是什么,而在于来询者想成为什么或有什么样的改变。

(6) 发展解决方案的语言不同于描述问题的语言(The language for solution development is different from that needed to describe a problem)

当我们描述问题时,容易陷入到面对问题的消极情绪中无法自拔,这会阻碍我们的创造性。而我们探讨问题的解决方案时,我们常会采用积极、聚焦未来的语言,这会使我们用发展的眼光看待问题,认识到问题是暂时的,可解决的。

(7) 问题不会时时都有,总有不存在的时候(No problem happen all the time, there are always exceptions that can be utilized)

一般的咨询往往会从问题存在的情境入手,而 SFBC 则更关注问题不存在的时候,看来询者是如何遇到问题的。发现来询者身上的资源,并依助这些资源找到解决来询者问题合适的方法。

(8) 未来是创造和协商出来的(The future is both created and negotiable)

各种心理的诊断容易给来询者贴上负性的标签,使来询者禁锢在过去里。而 SFBC 受社会建构主义的影响,强调来询者的主观能动性,认为未来是掌握在每个人自己手里的。

三、焦点解决短期咨询的过程

SFBC 每次一般 1 个小时,分为三个阶段,即建构解决阶段、休息阶段和积极反馈阶段。

1. 建构解决阶段

这个阶段主要包括目标确定、例外构架和假设解决构架三部分。可以使用咨询前改变、正常化、目标构架、奇迹询问、例外询问、关系询问、应对询问等技术,让来询者朝着正向的目标发展,找出问题解决的线索,鼓励来询者进行积极的改变。

2. 休息阶段

在第一阶段结束之后,咨询师离开咨询室,回顾咨询对话的过程并加以梳理。与咨询小组的其他成员进行交流讨论,探讨帮助来询者解决问题的方法,并确定如何给予积极的反馈。而对于来询者来说,这个休息时间也可以让他回顾和整理咨询的过程,找到更多解决问题的方法。Insoo Berg Kim 认为休息阶段是 SFBC 的重要组成部分,这个短暂的休息会让正向反馈更为聚焦,更具组织性和方向性。

3. 积极反馈阶段

休息过后咨询师回到咨询室,并给予来询者正向反馈和赞美,提供信息并布置作业。

1) 赞美和肯定

咨询师对来询者自身的资源和能力给予肯定,鼓励来询者充分利用这些资源和能力。

2) 提供信息

信息可以是专家的观点和理论,也可以是来询者有效的行动,或者咨询师本人掌握的一些想法和信息。其目的在于把来询者的问题一般化,并为布置作业做理论铺垫。

3) 布置作业

作业就是来询者下次咨询前需要完成的任务。其目的在于巩固咨询的效果、增强来询者信心、实现预定的目标。

四、焦点解决短期咨询在职业咨询中的应用

SFBC 的技术十分丰富,这些技术是 Steve de Shazer 及其同事在咨询实践中总结出来的。SFBC 技术最有特色的地方在于咨询师的提问,这一系列的询问对话主要是协助来询者探寻改变的可能线索,并改变来询者的知觉、行为、经验及判断。下面对于这些技术在职业咨询领域的应用做详细的介绍,给该领域的从业人员做一参考。

(1) 关注咨询前改变

和来询者第一次见面的时候,经常要问的两个问题就是"是什么让你来找我的?""最近有什么样的变化?"探索来询者面对问题做了哪些尝试和努力,并评估出每种努力的效果。展示问题,也可以使咨询师充分了解来询者目前已有的解决方案,使后面的咨询更有针对性。

(2) 正常化(Normalizing)

如果来询者的问题一般人都会遇到,属于发展中的问题,而当事人扩大问题的严重性,并陷入消极情绪中时,就需要使用正常化技术。

例如在求职中,学生很容易出现情绪上的反应,把问题扩大化、灾难化,陷入到很强的情绪反应中去。下面是一个与求职有关的案例。①

来询者:我最近一直在找工作,可是每次一到面试环节就被淘汰,我很不甘心,特别想知道是什么原因。(来询者开始哭泣。)

咨询师:慢慢说,讲讲到底是怎么回事。(我努力稳定她的情绪,把纸巾给她。)

来询者:我一开始找工作挺有信心的,但每次到了最后一轮的时候就被淘汰,每次抱有很大的期望,每次都是失望而归。很快就要毕业了,我该怎么办啊?

咨询师:在我看来,找工作的过程就是不断被拒绝,不断坚持,直到最后找到工作的过程。也就是"no…no…no…no…no……yes!"的过程。很多学生在遇到几个"no"以后就对自己丧失信心,行动变得不积极了,情绪也变得很低落,所以也就等不到那个"yes"的出现。我们要把找工作当做一份工作来做,把找工作做得细致、到位,遇到拒绝时不断总结被拒绝的原因,这样才能使 yes 尽快到来。其实很多学生都会遇到与你一样的问题。况且,现在还有很大一部分同学没有找到工作,找工作的过程难免被拒绝。只要坚持不懈,总能找到一份满意工作。

当来询者听说其他学生也有类似经历,这是在求职中常出现的正常现象时,心情变得轻松了一些。

(3) 目标架构(goal setting)

一个清晰、具体、针对性强的目标是 SFBC 的重要组成部分。目标应该由来询者和咨询师共同制定,而且越具体越好。例如"我不希望再经历一次失败的面试"就不是好的目标,而"我希望在面试的时候不再紧张,能顺利的回答面试官的问题,对自己的面试过程整体满意",这个目标就比前面的目标要好。

(4) 奇迹询问(miracle question)

奇迹询问是 SFBC 中用得最多的代表性技术,Insoo Kim Berg 推荐用以下的表述,当然每个咨询师可以有所变化。

"现在,我想问你一个奇怪的问题,假如晚上你在睡觉,整间屋子静悄悄的,奇迹发生了。这个奇迹就是:迫使你来这儿的问题已经解决了。然而,你在睡梦中,所以你并没有意识到发生奇迹。所以,当你第二天早上醒来时,是什么变化让你感觉到奇迹发生生,问题已经解决了呢?"②

这个问题看似简单,但能引发来询者深入的思考。该模式就是因为奇迹发生,导致前来咨询的问题消失,但需要发现一些证据,才能证明"奇迹"发生了。咨询师和来询者一起寻找问题消失的相关证据,这些证据将会成为咨询的关键所在。

---

① 改编自方伟主编:大学生职业生涯规划咨询案例教程.北京:北京大学出版社,2008:129-133.
② De Shazer,S. (1988). Clues: investigating solutions in brief therapy. New York: Norton. 77-78.

Steve de Shaze 等(2007)认为在问这个问题时咨询师的心态很重要,当向来询者提出这个问题时,必须具备两个条件:一是你必须是真的想听到这个答案,也就是咨询师必须具备好奇心,二是你相信来询者有能力给出一个好的答案。[1]

当咨询师提出这个问题之后,来询者可能不会马上给出回答。这时候咨询师需要有耐心,不要去急着打断来询者的思考,一般在来询者陷入一段时间的沉思之后会给出回答。在回答的过程中,咨询师可以进一步引导。

为了让大家更好的理解什么是奇迹询问,我们来看一个职业咨询中的案例,来询者是一个大一的学生,学数学专业,但学习一直不在状态,对未来也比较迷茫,于是找咨询师进行咨询。

咨询师:我想问你一个可能比较奇怪的问题,可以吗?

来询者:可以。(点头,充满好奇和期待。)

咨询师:我们来假设这样一个情景,我们谈话结束后,你离开这里,去做与往常一样的事情。经过一天,到你睡觉的时间了,你有些困了,于是上床睡觉,进入梦乡。(稍微停顿一下,等待来询者进入状态。)

咨询师:然后在夜里,当你正在睡觉的时候,奇迹发生了。(停顿一下。)

咨询师:这不是一个一般的奇迹,它对于你意义非凡,它让一直困扰你,并使你过来找我求助的问题……突然一下消失了。(Steve de Shaze 等认为有些咨询师可以在说完这句话之后打个响指。)

咨询师:但是因为这个奇迹出现时你正在睡梦中,所以并不知道已经发生了。让你来这里求助的问题突然消失了。你是怎样发现情况变得不同了的?你醒来注意到的第一件事情是什么?

来询者陷入了沉思,呼吸变得又深又慢,眼睛盯着地板,有时候又闭上。咨询师坐在椅子上,做了一个深呼吸,看着来询者,等待他的回答。

来询者眉头渐渐舒展开,眼睛开始变得有神,嘴角露出一丝不易察觉的笑容。

来询者:睁开眼睛的时候,我会觉得心情很好。嗯,是的。很轻松,窗外阳光明媚,还有小鸟的叫声,我好像很久没听到他们的声音了。起床之后我会去洗漱,给自己洗个头。(咨询室中来询者的头发有点蓬乱。)去食堂吃个早饭,食欲很不错。

咨询师:你们宿舍的其他同学会发现这个奇迹发生了吗?

来询者:会的。他们会发现我比原来起床要早一些,和他们差不多时间起来,原来我一般9点才起来。(来询者不好意思地笑了笑)洗漱完了他们觉得我很精神,与往常不一样了,和他们一起去吃了个早饭,并且抢着去给宿舍打水了,一起去上课了。他们

---

[1] 史蒂夫·德·沙泽尔,伊冯·多兰,等.超越奇迹:焦点解决短期治疗.刘愫,杨振译.重庆:重庆大学出版社,2011:43-44.

会觉得太不可思议了。

咨询师:他们会怎样看你,评价你?

来询者:他们会惊讶且喜悦地看着我,愿意和我主动交流。

咨询师:你会怎样反应?

来询者:我会很喜欢他们这样对待我,和他们一起走在去教室的路上感觉很好。

咨询师:还有其他人会发现这个奇迹吗?

来询者:对,老师会发现这个奇迹。他会发现我没有迟到,居然提早到了,并且不是坐在后面,而是坐在前排。上课也没在睡觉,而是认真地听,并且做笔记。下课居然还向他提了几个问题。

咨询师:老师会有什么反应?

来询者:他会很高兴,眼神里流露着欣赏和鼓励。

咨询师:看到老师这样的反应,你有什么感觉?

来询者:很欣喜,对这门课更加喜欢了,回去一定好好学习之前落下的功课。

在奇迹询问中,咨询师可以引入第三方的视角,帮助来询者全方位的审视奇迹带来的改变。这一视角的加入,会关注人际支持的力量,从而增加改变的动力。

(5) 刻度化询问(scaling question)

在 SFBC 中,刻度化询问是经常使用的技巧,在每次咨询中都会使用,用来评估咨询进展到了哪个阶段。并且它本身就是一种有效的干预,可以让来询者了解以前的解决方法和"例外"。刻度化询问一般以 1—10 或 0—10 的数字请来访者对问题或相关的内容做出评估,"1"或者"0"代表问题最糟的状态,"10"代表来访者最期待发生的状态。在实施过程中,强调来访者已经做到的部分。评分问句的优点在于,将所设定的行动及目标以量化的方式呈现,将改变的责任及进步的评估放在来访者身上,增强其自我效能。例如:

"如果以 1 到 10 分来表示,1 代表完全没有改变,10 代表已经达到你的目标,你觉得你现在的改变情况在几分的样子?你是如何做到的?"

如果来询者自我评定的等级变高了,就需要及时加以鼓励,并深入探讨相关的细节,以达到更大的进步。如果没有变化,咨询师也可以表扬来询者能够维持现状,而没有变得更加糟糕。

我们来看一个求职咨询的案例。来询者正在找工作,但是一直觉得自己面试技巧很糟糕。第一次咨询之后又去面试了几次,现在是第二次咨询中咨询师和来询者的一段对话。

来询者:最近的一次咨询还是很糟糕,看来我很难有改变啊。(来询者显得很沮丧。)

咨询师:如果把咨询之前的面试表现定为 0,你理想的状态定位 10,你觉得最近的一次面试表现可以打几分?

来询者:应该可以打3分吧。

咨询师:很不错啊,有很大的进步。你觉得和咨询之前比,哪些表现让你对自己的评价从0分到3分的?

来询者:我开始学会理解面试官问问题时的目的,学会根据面试的需要来组织自己的回答。

咨询师:听起来非常不错,你可以举一个具体的例子吗?

……

来询者开始处于消极的情绪中,充满绝望。但通过咨询师的刻度化询问,逐渐找到了自己进步的地方,开始树立信心,强化已经取得的成果,并找到未来努力的方向。

刻度化询问也可以基于未来。

我们还是继续上面的例子。

咨询师:你期待下次面试的表现达到几分?

来询者:5分吧。

咨询师:很不错。你觉得下一次你的哪些表现会让你对自己打5分?

来询者:也许是讲话更加连贯,更加有自信。

咨询师:为了达到这点,你觉得有哪些是接下来我们可以努力的?

……

这段对话就是基于未来的刻度化询问,它可以帮助来询者找到与未来的差距,制订下一步的行动方案。

(6) 例外询问(exception question)

当来询者陷入到对问题描述的消极情绪中去时,咨询师通过例外询问找出问题不存在或问题不那么严重的情景,从而帮助来询者找到身上的力量和资源。这种方法可以让来询者看到面对问题并不是无能为力的,提醒来询者本身具有问题解决的能力,提升其自我效能感。

例如下面的求职的例子。

咨询师:刚才你提到你大多数面试都很糟糕。我注意到你用了"大多数"这个词,这是否意味着有些面试你表现的还是很不错的。

来询者:是有几个,只是说勉强及格吧。

咨询师:那你能否描述一个你觉得最好的。

来询者:上周有一个还算不错。

咨询师:那一次和其他的面试比起来有哪些不一样的地方?

来询者:那一次我提前准备了一下,看了看公司的网站,了解了他们的业务。
……

来询者开始时对于自己的求职充满绝望,咨询师引导他看到例外的情况,从例外中寻找力量,让他知道问题有解决的可能性。

(7) 关系询问(relationship question)

SFBC强调社会关系在咨询中的重要性。人只有在互动的社会脉络中,才能发现他存在的事实。关系询问就是了解与来询者有重要关系的他人(家人、朋友、老师等)对来询者改变的看法。通过关系询问,来询者可以从其他人的视角来看自我改变带来的变化,可以进一步理清通过咨询想要达到什么目标。

例子1:
来询者:我希望自己能勤奋一点,在学业上多下点工夫。
咨询师:当你在学业上勤奋的时候,你的班主任会看到你和平常有什么不同?
例子2:
咨询师:如果你确定了职业发展的目标,谁会最先发现你的变化?
来询者:我的室友,之前我总会跟他们倾诉我的迷茫。
咨询师:他们会看到哪些变化?
来询者:他们会看到一个精神焕发的我,而不是原来有点懒散的我。他们会发现我每天都安排得井井有条,走路也充满自信,眼神也很坚定。

(8) 应对询问(coping question)

任何人面对问题都不会无所作为,在来咨询之前一般都已经做了很多努力,只是最终的成效不是很满意。作为咨询师,需要去发现这些已有的努力中那些有效的应对措施。这些应对措施效果可能不是很大,但SFBC相信小改变能引发大突破。

应对提问可以使用以下几种提问方法:

➢ 当你面对这个困难的时候,你是怎么做的?
➢ 你之前做了些什么来改变这种状况?
➢ 面对这种情况,很多人可能会选择放弃,你是怎么坚持下来的?

(9) EARS询问

EARS询问一般用在第二次咨询或后继的咨询中。通常在第二次咨询开始的时候,咨询师可以用"上次咨询后到现在,有什么好的事情?"引导来询者进入持续改进阶段,提到自己对改进的信心。EARS具体包括:

E(Eliciting)引出:引导来询者讲出最近发生了什么好的改变?
A(Amplifying)放大:详细描述改变,首先让来询者陈述改变,然后,说改变发生时和问题发生时二者有什么不同,进一步探讨这个改变是如何发生的,尤其是来询者在改变中承担的角色。

R(Reinforcing)强化：对来询者在改变中呈现出的勇气和力量表示赞许。

S(Start over again)再次询问：进一步再问是否还有其他好的改变。

(10) 布置作业

真正的改变是咨询结束之后开始，因此每次咨询结束的时候，给来询者布置作业是一个重要的环节，它促使来询者采取行动，引发改变。布置作业一般在咨询短暂的休息之后，在休息的过程中，咨询师可以思考什么样的作业对于来询者是合适的。当然，作业需要和来询者一起协商共同制定。例如咨询师可以问，"通过咨询，你认为回去以后可以做些什么，来促进自己朝目标前进？"也可以布置一些具体的任务。

以下有几条作业应当遵循的标准，可以作为参考：

➢ 继续有效的。对于之前有效的行动，继续坚持下去。

➢ 停止无效的。对于那些无效的，无论看起来多么合理，都要停止。

➢ 如果不知道怎么办，做点不一样的。完全重复过去的行为不利于问题的解决，尝试一些带有创新性的措施。

➢ 学会观察。当没有找到方向时，停下来观察一下，看看自己周围的变化，从而找到解决方案。

➢ 自我反省。每个人都具有创造性解决问题的能力。可以引导来询者思考"我如何可以让问题不变得更糟糕"。

➢ 不变也是一种选择。有些时候外在解决问题的条件还不具备，这时候不变也是一种选择，在不变中等待机会。有咨询师认为，接受问题无法解决也是解决问题的方法之一。

下面是一段咨询中的对话，来询者对于自己专业方向的发展很迷茫，于是咨询师给他布置了一个访谈的任务。

咨询师：你觉得在专业发展方面，谁会了解得多一些？

来询者：院里负责就业的老师应该比较了解，他们看到很多学生的就业情况和发展。

咨询师：还有谁呢？

来询者：已经毕业工作了几年的师兄师姐吧。

咨询师：如果要给你布置一个访谈的任务，你觉得这两类人中谁最合适？

来询者：还是师兄师姐合适一点，他们有切身的体会吧。

咨询师：你有认识的吗？

来询者：实验室有一个毕业的师兄，毕业有5年了，听说发展得不错，应该会比较了解。

咨询师：那我们是否可以指定这样一个任务，你约一下这师兄，做一个交流，我这里有一个交流的提纲，作为参考。时间预计需要半个小时，你也可以电话交流，先约约看。你看这样的任务是否可以？

来询者：我觉得不错，那我咨询结束之后就约一下这位师兄，交流一下。

五、焦点解决短期咨询未来发展

　　SFBC 在国内咨询领域越来越受到重视，将来在职业咨询领域进一步的深入应用可以从两个方面入手。一方面可以从面对的问题入手，例如生涯目标确定、求职指导、情绪调整等；另一方面，也可以从咨询的形式上入手，从个体咨询领域拓展到团体咨询领域，形成良好的咨询方案。SFBC 的团体心理咨询在台湾许维素等进行了很多探索和应用，但在职业团体咨询领域还很少涉及，将来可以在这方面进行进一步的研究和应用。

第八章 职业规划师常用工具简介

一、生涯角色认知

工具1：生涯彩虹图

> 使用目的：对生涯形成整体的认识，认识到各种角色之间的关系
> 使用方法：准备一份空白的彩虹图，让来询者画。然后咨询师与来询者就画的彩虹图进行深入的交流，可以从时间、角色两个视角来分析

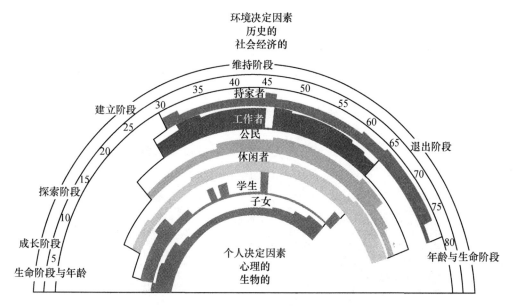

舒伯认为人的行为方向受到三种时间因素的影响：

一是对过去成长痕迹的"审视"；二是对目前发展状况的"审视"；三是对未来可能发展方向的"展望"。这三种因素是相互影响的，过去是现在的成因，现在又是未来的基础。在进行生涯辅导时，对未来时间的透视能力较为重要，一生生涯的彩虹图则是一个最佳的透视工具。实际应用彩虹图时，辅导人员可以先准备一份空白的彩虹图，然后指导学生画出与其生涯发展有关的各种角色的起始与发展轨迹。

画彩虹图时，需要注意以下两点：(1)一生的生涯发展，包括发展阶段、生活空间以及生活方式等多方面。透过这张彩虹图，我们可以帮助个体具体而清晰地了解不同的角色是如何构建其个人特有生涯类型的，不同的角色如何在不同的发展阶段出现，角色的组合如何安排才能达到最佳的自我实现。(2)要注意辅导对象显著的角色部分与时机，这些资料往往能提供很好的线索，作为进一步了解与咨询的依据。辅导人员可协助辅导对象预先设定下一步的生涯发展任务，研究设计具体的实施步骤，使得未来显著的角色能得到充分的发挥。

二、兴趣探索

工具2：六岛环游游戏

使用目的：职业兴趣分析

使用方法：让来询者进行选择，选择以后可以询问选择的原因，进行分析交流。该游戏不能取代正式的兴趣评估，使用的时候只能作为参考。具体各个岛的解释可以参照霍兰德职业兴趣类型的解释

假设在你度"十一"长假途中，你所乘坐的轮船发生了意外故障，必须紧急靠岸。此时，轮船正处于以下6个岛屿中间。

你希望选择哪一个岛屿靠岸？

请按照优先顺序选择3个岛屿。

条件：至少要在所选择的岛屿上生活半年。

R岛：自然原始的岛屿，岛上保留有热带的原始植物森林、自然生态保育很好，也有相当规模的动物园、植物园、水族馆。岛上居民以手工见长，自己种植花果蔬菜、修缮房屋、打造器物、制作工具。

I岛：深思冥想的岛屿。岛上有多处天文馆、科博馆，以及科学图书馆等。岛上居民喜好沉思、追求真知，喜欢和来自各地的哲学家、科学家、心理学家等交换心得。

A岛：美丽浪漫的岛屿。岛上充满了美术馆、音乐厅、街头雕塑和街边艺人，弥漫着浓厚的艺术文化气息。同时，当地的居民还保留了传统的舞蹈、音乐与绘画，许多文艺界的朋友都喜欢来这里找寻灵感。

C岛：现代、秩序井然的岛屿。岛上建筑十分现代化，是进步的都市形态，以完善的户政管理、地政管理、金融管理见长。岛民个性冷静保守，处事有条不紊，善于组织规划。

S岛：温暖友善的岛屿，岛上居民个性温和、十分友善、乐于助人，社区均自成一个密切互动的服务网络，人们多互助合作，重视教育，弦歌不辍，充满人文气息。

E岛：显赫富庶的岛屿。岛上的居民善于企业经营和贸易，能言善道。岛上的经济高度发展，处处是高级饭店、俱乐部、高尔夫球场。来往者多是企业家、经理人、政治家、律师等。

工具 3：兴趣分析练习

> **使用目的**：职业兴趣分析
> **使用方法**：来询者对这些问题可以先用文字回答，然后和咨询师一起交流，回顾文字的内容，找到一些相同点，总结来询者的兴趣特点

1. 请列举出三种你曾经非常感兴趣的职业。哪些特征吸引着你？
2. 你喜欢谈论什么话题？
3. 如果孤立无援的你被放逐到一个荒无人烟的岛上，与你同行的是一个只知道某个专业的人，那么你希望他掌握的是什么专业？
4. 你喜欢阅读什么类型的杂志？
5. 如果你正在书店里浏览，你倾向于停留在书店的哪类书架前？真正令你着迷的是哪方面的书籍？
6. 你喜欢浏览什么网站或网站的哪个版块？
7. 看电视，你会选择哪类节目？节目中的什么吸引着你？
8. 如果你要写一部书，不是传记，你写哪方面的书籍？
9. 生活中有一些因为专注于工作，而忘记了休息时间的事。如果这种事情发生在你身上，会是什么工作让你如此全神贯注、废寝忘食？
10. 你从以上问题中看到了哪些共同点？

三、价值澄清

工具 4：句子完型

> **使用目的**：价值观分析
> **使用方法**：让来询者按照指示语填写，然后分析一下填写的内容，发现来询者的内在需求，价值观特点

在你的生命历程中，影响很深的事情有哪些？你最想做的事情是什么？完成下面 12 个句子，你便可以找到一些答案。

如果我有 500 万，我会_____

我最欣赏的一个理念是_____

在这个世界上，我最想改变的是_____

我一生中最想要的是_____
我在下面这种情况下表现最好_____
我最关心的是_____
我幻想最多的是_____
我的父母最希望我能_____
我生命中最大的喜悦是_____
我认为我自己是_____
熟知我的人认为我是_____
我相信_____

工具5：价值观排序

> **使用目的：** 价值观分析
> **使用方法：** 将21种价值观做成小卡片，让来询者进行排序。排序的过程中，观察来询者的语言和行为，必要时可以进行交流。排序结束以后让来询者解释一下排序的原因，并举一些具体的事例，帮助来询者理解自己的价值观

对下面21种价值观按照对你的重要程度进行排序。

成就	审美	利他	自主	健康	诚实	情绪健康
正义	知识	爱	忠诚	道德	愉悦	身体外观
认可	技能	财富	智慧	权利	创造性	宗教信仰

工具6：原生家庭分析

> **使用目的：** 对来询者的成长历史，家庭结构，以及价值观有深入的认识
> **使用方法：** 列出从小和自己在一起的人，然后填写表格。对于每个人物，可以让来询者进行阐述，然后对其欣赏和不欣赏的方面进行总体分析，发现一些共同点。同时也可以发现来询者的人际支撑网络

请列举与你自小同住或多年来看顾你的人，例如祖父母、外祖父母、父母、兄弟姐妹等。请写三点你欣赏他们的地方，三点你不欣赏他们的地方。

和你的关系	欣赏的		不欣赏的	

我从中的发现：_____
_____

我的再发现：

1. 除了亲人或恋人外，你有可信任的好友吗？请列出。

   _____

2. 他们对你是怎样支持的？

   _____

四、能力评估

工具7：撰写成就故事

使用目的：分析自身能力

使用方法：可以让来询者写下来，也可以叙述，然后对成就故事进行分析，找到核心能力

写下生活中令你有成就感的具体事件然后对其进行分析，看看你在其中使用了哪些技能（尤其是可迁移技能）。

只要符合以下两条标准，就可以被视为"成就"：

（1）你喜欢做这件事时体验到的感受。

（2）你为完成它所带来的结果感到自豪。

在撰写成就故事时，每一个故事都应当包含以下要素：

（1）你想达到的目标，即需要完成的事情。

（2）面临的障碍、限制、困难。

（3）你的具体行动步骤：你是如何一步步克服障碍、达成目标的？

（4）对结果的描述：你取得了什么成就？

（5）对结果的量化评估：可以证明你成就的任何衡量方法。

工具 8：职业能力评估单

使用目的：分析自身能力和目标职位的匹配性
使用方法：按照指示语填写完整，如果你还想到一些项目表上没有，可以添上。看自己和目标职位时间是否匹配，看还存在哪些差距，并思考如何去补充

为了检视你对职业的认识，以及你所具备的能力与理想工作所应具备的能力之间的匹配度，请你试着根据目前的职业目标，选定一项工作或职位，然后查阅相关资料，试着回答以下的问题。（工作所需及自己已具备能力两部分，确定打√，不确定或不知道打△，不需要或自己缺乏此能力打×）

工作职位名称	工作所需具备的能力	自己已具备的能力	整体心得感想
	□1. 文字能力	□1. 文字能力	
	□2. 表达能力	□2. 表达能力	
	□3. 沟通协调能力	□3. 沟通协调能力	
	□4. 领导能力	□4. 领导能力	
	□5. 专业技能	□5. 专业技能	
	□6. 办公软件操作能力	□6. 办公软件操作能力	
	□7. 行销能力	□7. 行销能力	
	□8. 会计能力	□8. 会计能力	
	□9. 机械操作能力	□9. 机械操作能力	
	□10. 法律知识	□10. 法律知识	
	□11. 判断力	□11. 判断力	
	□12. 创造力	□12. 创造力	
	□13. 直觉与敏感度	□13. 直觉与敏感度	
	□14. 其他重要专业知识	□14. 其他重要专业知识	
	□15.	□15.	
	□16.	□16.	
	□17.	□17.	
	□18.	□18.	

工具 9：分类卡－能力：

> **使用目的：**能力分析
> **使用方法：**方法一，让来询者直接将能力清单上的词汇填入表格，对来询者的能力进行分析；方法二，将能力清单以及程度词汇做成卡片，职业规划师先将程度词汇按照表格的样子排好，然后来询者把能力卡片放到相应的位置。对于能力清单的内容可以按照需求进行增减

能力清单：

授权、执行、图像处理、监督、分析、团队、阅读、设计、时间管理、咨询、谈判、创新、战略思考、决策、销售、编辑、写作、情绪控制、综合、评估、指导、同事处理多个任务、计划、组织、观察、讲课、客服、适应变化、对数字敏感、抽象思考、处理混乱、激励、当众表演、出新主意、预见、直觉、应急、测试、记录

	非常熟练	能胜任	缺乏或未掌握
最愿意			
非常愿意			
喜欢			
不愿意			
最不喜欢			

五、360 度评估

工具 10：人际关系中的我

> **使用目的**：帮助来询者对自己有全面的认识，同时也使职业规划师对来询者有深入的了解
>
> **使用方法**：当来询者列出以后，让来询者自己进行总结和分析。看看里面有没有过于消极的表达，如果有，分析是否合理。然后看看能否发现一些积极的力量，促进来询者成长

父亲眼中的我：　　　　　　　母亲眼中的我：

兄弟姐妹眼中的我：　　　　　好朋友(恋人)眼中的我：

同学同事眼中的我：　　　　　教师眼中的我：

自己眼中的我：　　　　　　　自己理想中的我：

快乐和喜悦的来源：

压力和烦恼的根源：

六、职业期待

工具 11：职业生涯人物访谈

> **使用目的**：了解目标职业
>
> **使用方法**：按照职业生涯访谈的要点对生涯任务进行采访。该工具在锁定了一些目标职业之后进行，可以结合资料搜索等其他方法

很多学生由于没有工作经验，对一些工作岗位很感兴趣，但对于工作的内容和环境等情况不是很了解。这时候可以用生涯人物访谈的办法来了解工作的具体情况。生涯人物访谈，即选择一个在职的对象，对他/她进行采访，了解该岗位的实际工作情况，判断你是否真的对该工作感兴趣。

在做生涯人物访谈之前，首先要通过个人的关系网找到目标岗位的资深从业人员，然后约时间进行访谈。

对生涯人物的访谈可以围绕以下要点进行：

行业、公司名称

工作的性质类型、主要内容、地点、时间

任职资格、所需技能

市场前景、行业相关信息

工作环境、强度

福利薪酬

工作感受、员工满意度

具体问的内容可以参考以下问题：

个人的主要成就是什么？

你最喜欢其中的什么？你最擅长什么？

做这件事遇到的困难是什么？你的解决办法？

你最后取得了什么成就？

你的职位是什么？你的主要职责是什么？

通常你一天的工作时间是怎么度过的？

在未来6—12个月内，你会面临的主要挑战是什么？你会怎样面对？迎接这些挑战时的障碍有哪些？

你日常面临的问题和挑战有哪些？

你怎么成功地（不成功地）地解决或者处理的一个问题？你做了些什么？为什么这样做？

在这个职位上，如果想获得成功必须拥有什么样的能力？

目前还缺乏或必须改进的能力有哪些？怎么改善他们？

在你的组织中，能够在同样一个岗位上把成功和不成功区别开来的行为是什么？

通过这些问题，就会对该岗位有较为深入的了解，如果被访谈者因为经验原因没有讲清楚，可以烦请他再介绍一个更为资深的从业人员和你进行访谈，直到你对这份工作了解为止。

工具12：生涯幻游

使用目的：唤醒来询者内心真正的需要，从而有动力去实现

使用方法：在安静的室内，用轻音乐作辅助，规划师帮助来询者先进行放松，然后利用指示语进行引导

你是否能更具体的想象自己十年后的模样？未来的生涯会是什么光景？现在就让我们一起乘坐未来世界最先进的时光隧道机，到未来世界去旅行！

（自我暗示放松训练＋轻音乐）

现在，我们一起坐在时光隧道机里，来到十年后的世界，也就是公元XXXX年的世界。算一算，这时你几岁了？容貌有变化吗？请你尽量想象十年后的情形，越仔细越好。好，现在你正躺在家里卧室的床铺上。这时候是清晨，和往常一样，你慢慢地张开眼睛，首先看到的是卧室里的天花板。看到了吗？它是什么颜色？

接着，你准备下床。尝试去感觉脚趾头接触到地面那一刹那的温度，凉凉的？还是暖暖的？经过一番梳洗之后，你来到衣柜前面，准备换衣服上班。今天你要穿什么样的衣服上班？穿好衣服，你看一看镜子。然后你来到了餐厅，早餐吃的是什么？一起用餐的有谁？你跟他们说了什么话？

接下来，你关上家里的大门，准备前往工作的地点。你回头看一下你家，它是一栋什么样的房子？然后，你将搭乘什么样的交通工具上班？

你即将到达工作的地方，首先注意一下，这个地方看起来如何？好，你进入工作的地方，你跟同事打了招呼，他们怎么称呼你？你还注意到哪些人出现在这里？他们正在做什么？

你在你的办公桌前坐下，安排一下今天的行程，然后开始上午的工作。上午的工作内容是什么？跟哪些人一起工作？工作时用到哪些东西？

很快的，上午的工作结束了。中餐如何解决？吃的是什么？跟谁一起吃？中餐还愉快吗？

接下来是下午的工作，跟上午的工作内容有什么不同吗？还是一样的忙碌？

快到下班的时间了，或者你没有固定的下班时间，但你即将结束一天的工作。下班后，你直接回家吗？或者要先办点什么事？或者要进行一些什么活动？

到家了。家里有哪些人呢？回家后你都做些什么事？晚餐的时间到了，你会在哪里用餐？跟谁一起用餐？吃的是什么？

晚餐后，你做了些什么？跟谁在一起？

该是就寝的时间了。你躺在早上起床的那张床铺上。回忆一下今天的工作与生活，过得愉快吗？是不是要许一个愿？许什么样的愿望呢？

渐渐地，你很满足地进入梦乡。安心地睡吧！一分钟后，我会叫醒你。

（一分钟后）

我们慢慢地回到这里，还记得吗？你现在的位置不是在床上，而是在这里。现在，我从10开始倒数，当我数到0的时候，你就可以睁开眼睛了。好，10－9－8－7－6－5－4－3－2－1－0。请睁开眼睛。你慢慢地醒过来，静静地坐着。

七、生涯决策

工具 13：SWOT 分析

使用目的：帮助来询者对自己的优势和劣势进行全面的分析
使用方法：制作一个空白的表格，按照对各个项目的了解填写完整。从而帮助来询者做出职业选择，在求职中凸现自己的优势，避开自己的劣势

SWOT 分析表

优势优点	劣势缺点
√ 什么是我最优秀的品质？ √ 我曾经学习了什么？ √ 我曾做过什么？ √ 最成功的是什么？	√ 我的性格有什么弱点？ √ 经验或者经历上还有哪些缺陷？ √ 最失败的是什么？
发展机会	阻碍威胁
√ 什么样的环境会是我的机会？ √ 什么样的行业？ √ 什么样的职业？ √ 什么类型的组织？	√ 什么样的环境会是我的威胁？ √ 什么样的行业？ √ 什么样的职业？ √ 什么类型的组织？
总体分析 对自己做一个整体的评估。	
核心竞争力 分析自己的核心竞争力，这也是在职场需要重点发挥的。	

工具 14：生涯平衡单

使用目的：辅助职业选择
使用方法：让来询者看清楚后再填写，填写过程中如果有疑问可以进行解答，平衡单用于辅助决策，而不是绝对的依据

使用说明：

以下各项，根据对你的重要程度，在"权重"栏目下按 1—5 打分，重要程度越高分值越高。如果你现在有 2 个以上的职业选择，则对这些选择都进行得分评估，填入"打分"

栏目,将打分乘以权重,得出加权得分。最后可以根据各选项加权得分合计,协助你进行决策。

举例:

收入对我来说比较重要,我给收入赋予 4 分的权重。我目前的工作,收入值达到了 5 分,则加权得分为 20。新的工作收入不高,只达到 3 分,则新工作此项的加权得分为 12 分。

考虑因素/选择项目	权重	职业选择1		职业选择2		职业选择3	
		打分	加权得分	打分	加权得分	打分	加权得分
个人物质方面的得失							
1. 收入							
2. 工作的难易程度							
3. 升迁的机会							
4. 工作环境的安全							
5. 休闲的时间							
6. 生活变化							
7. 对健康的影响							
8. 就业机会							
9. 其他							
他人物质方面的得失							
1. 家庭经济							
2. 家庭地位							
3. 与家人相处的时间							
4. 其他							
个人精神方面的得失							
1. 生活方式的改变							
2. 成就感							
3. 自我实现的程度							
4. 兴趣的满足							
5. 挑战性							
6. 社会声望的提高							
7. 其他							
他人精神方面的得失							
1. 父母							
2. 师长							
3. 配偶							
4. 其他							
总 分							

北京大学出版社
教育出版中心 精品图书

21世纪特殊教育创新教材·理论与基础系列

书名	编者	定价
特殊教育的哲学基础	方俊明 主编	29元
特殊教育的医学基础	张 婷 主编	32元
融合教育导论	雷江华 主编	28元
特殊教育学	雷江华 方俊明 主编	33元
特殊儿童心理学	方俊明 雷江华 主编	31元
特殊教育史	朱宗顺 主编	36元
特殊教育研究方法（第二版）	杜晓新 宋永宁等 主编	39元
特殊教育发展模式	任颂羔 主编	33元
特殊儿童心理与教育	张巧明 杨广学 主编	36元

21世纪特殊教育创新教材·发展与教育系列

书名	编者	定价
视觉障碍儿童的发展与教育	邓 猛 编著	33元
听觉障碍儿童的发展与教育	贺荟中 编著	29元
智力障碍儿童的发展与教育	刘春玲 马红英 编著	32元
学习困难儿童的发展与教育	赵 微 编著	32元
自闭症谱系障碍儿童的发展与教育	周念丽 编著	32元
情绪与行为障碍儿童的发展与教育	李闻戈 编著	32元
超常儿童的发展与教育	苏雪云 张 旭 编著	31元

21世纪特殊教育创新教材·康复与训练系列

书名	编者	定价
特殊儿童应用行为分析	李 芳 李 丹 编著	29元
特殊儿童的游戏治疗	周念丽 编著	30元
特殊儿童的美术治疗	孙 霞 编著	38元
特殊儿童的音乐治疗	胡世红 编著	32元
特殊儿童的心理治疗	杨广学 编著	32元
特殊教育的辅具与康复	蒋建荣 编著	29元
特殊儿童的感觉统合训练	王和平 编著	45元
孤独症儿童课程与教学设计	王 梅 著	37元

自闭谱系障碍儿童早期干预丛书

书名	编者	定价
如何发展自闭谱系障碍儿童的沟通能力	朱晓晨 苏雪云	29.00元
如何理解自闭谱系障碍和早期干预	苏雪云	32.00元
如何发展自闭谱系障碍儿童的社会交往能力	吕 梦 杨广学	33.00元
如何发展自闭谱系障碍儿童的自我照料能力	倪萍萍 周 波	32.00元
如何在游戏中干预自闭谱系障碍儿童	朱 瑞 周念丽	32.00元
如何发展自闭谱系障碍儿童的感知和运动能力	韩文娟，徐芳，王和平	32.00元
如何发展自闭谱系障碍儿童的认知能力	潘前前 杨福义	39.00元
自闭症谱系障碍儿童的发展与教育	周念丽	32.00元
如何通过音乐干预自闭谱系障碍儿童	张正琴	36.00元
如何通过画画干预自闭谱系障碍儿童	张正琴	36.00元
如何运用ACC促进自闭谱系障碍儿童的发展	苏雪云	36.00元
孤独症儿童的关键性技能训练法	李 丹	45.00元
自闭儿童家长辅导手册	雷江华	35.00元
孤独症儿童课程与教学设计	王 梅	37.00元
融合教育理论反思与本土化探索	邓 猛	58.00元
自闭症谱系障碍儿童家庭支持系统	孙玉梅	36.00元

特殊学校教育·康复·职业训练丛书（黄建行 雷江华 主编）

信息技术在特殊教育中的应用	55.00元
智障学生职业教育模式	36.00元
特殊教育学校学生康复与训练	59.00元
特殊教育学校校本课程开发	45.00元
特殊教育学校特奥运动项目建设	49.00元

21世纪学前教育规划教材

书名	编者	定价
学前教育管理学	王 雯	45元
幼儿园歌曲钢琴伴奏教程	果旭伟	39元
幼儿园舞蹈教学活动设计与指导	董 丽	36元
实用乐理与视唱	代 苗	35元

学前儿童美术教育	冯婉贞 45元	美国大学之魂	[美] 乔治·M.马斯登 著 58元
学前儿童科学教育	洪秀敏 36元	大学理念重审：与纽曼对话	
学前儿童游戏	范明丽 36元		[美] 雅罗斯拉夫·帕利坎 著 35元
学前教育研究方法	郑福明 39元	学术部落及其领地——知识探索与学科文化	
外国学前教育史	郭法奇 36元		[英] 托尼·比彻 保罗·特罗勒尔 著 33元
学前教育政策与法规	魏 真 36元	德国古典大学观及其对中国大学的影响	陈洪捷 著 22元
学前心理学	涂艳国、蔡 艳 36元	大学校长遴选：理念与实务	黄俊杰 主编 28元
学前现代教育技术	吴忠良 36元	转变中的大学：传统、议题与前景	郭为藩 著 23元
学前教育理论与实践教程	王 维 王维娅 孙 岩 39.00元	学术资本主义：政治、政策和创业型大学	
学前儿童数学教育	赵振国 39.00元		[美] 希拉·斯劳特 拉里·莱斯利 著 36元
		什么是世界一流大学	丁学良 著 23元

大学之道丛书

哈佛：谁说了算	[美] 理查德·布瑞德利 著 48元	21世纪的大学	[美] 詹姆斯·杜德斯达 著 38元
麻省理工学院如何追求卓越	[美] 查尔斯·维斯特 著 35元	公司文化中的大学	[美] 埃里克·古尔德 著 23元
大学与市场的悖论	[美] 罗杰·盖格 著 48元	美国公立大学的未来	
现代大学及其图新	[美] 谢尔顿·罗斯布莱特 著 60元		[美] 詹姆斯·杜德斯达 弗瑞斯·沃马克 著 30元
美国文理学院的兴衰——凯尼恩学院纪实		高等教育公司：营利性大学的崛起	
	[美] P.F.克鲁格 著 42元		[美] 理查德·鲁克 著 24元
教育的终结：大学何以放弃了对人生意义的追求		东西象牙塔	孔宪铎 著 32元
	[美] 安东尼·T.克龙曼 著 35元	**学术规范与研究方法系列**	
大学的逻辑（第三版）	张维迎 著 38元	社会科学研究方法100问	[美] 萨子金德 著 38元
我的科大十年（续集）	孔宪铎 著 35元	如何利用互联网做研究	[爱尔兰] 杜恰泰 著 38元
高等教育理念	[英] 罗纳德·巴尼特 著 45元	如何为学术刊物撰稿：写作技能与规范（英文影印版）	
美国现代大学的崛起	[美] 劳伦斯·维赛 著 66元		[英] 罗薇娜·莫 编著 26元
美国大学时代的学术自由	[美] 沃特·梅兹格 著 39元	如何撰写和发表科技论文（英文影印版）	
美国高等教育通史	[美] 亚瑟·科恩 著 59元		[美] 罗伯特·戴 等著 39元
美国高等教育史	[美] 约翰·塞林 著 69元	如何撰写与发表社会科学论文：国际刊物指南	
哈佛通识教育红皮书	哈佛委员会撰 38元		蔡今忠 著 35元
高等教育何以为"高"——牛津导师制教学反思		如何查找文献	[英] 萨莉拉·姆齐 著 35元
	[英] 大卫·帕尔菲曼 著 39元	给研究生的学术建议	[英] 戈登·鲁格 等著 26元
印度理工学院的精英们	[印度] 桑迪潘·德布 著 39元	科技论文写作快速入门	[瑞典] 比约·古斯塔维 著 19元
知识社会中的大学	[英] 杰勒德·德兰迪 著 32元	社会科学研究的基本规则（第四版）	
高等教育的未来：浮言、现实与市场风险			[英] 朱迪斯·贝尔 著 32元
	[美] 弗兰克·纽曼 等 著 39元	做好社会研究的10个关键	[英] 马丁·丹斯考姆 著 20元
后现代大学来临？	[英] 安东尼·史密斯 等 主编 32元	如何写好科研项目申请书	

	[美]安德鲁·弗里德兰德 等著 28元	教育心理学　　　　　　　　　李晓东 主编 34元
教育研究方法：实用指南　[美]乔伊斯·高尔 等著 98元		教育计量学　　　　　　　　　　岳昌君 著 26元
高等教育研究：进展与方法　[英]马尔科姆·泰特 著 25元		教育经济学　　　　　　　　　　刘志民 著 39元
如何成为论文写作高手　　　　　　　华莱士 著 32元		现代教学论基础　　　　徐继存 赵昌木 主编 35元
参加国际学术会议必须要做的那些事　华莱士 著 32元		现代教育评价教程　　　　　　　　吴 钢 著 32元
如何成为卓越的博士生　　　　　　　布卢姆 著 32元		心理与教育测量　　　　　　　顾海根 主编 28元
		高等教育的社会经济学　　　　　金子元久 著 32元
21世纪高校职业发展读本		信息技术在学科教学中的应用　陈 勇 等编著 33元
如何成为卓越的大学教师　　　　　肯·贝恩 著 32元		网络调查研究方法概论（第二版）　赵国栋 45元
给大学新教员的建议　　　　罗伯特·博伊斯 著 35元		
如何提高学生学习质量　[英]迈克尔·普洛瑟 等著 35元		**教师资格认定及师范类毕业生上岗考试辅导教材**
学术界的生存智慧　　　　[美]约翰·达利 等主编 35元		教育学　　　　　　　　　余文森 王 晞 主编 26元
给研究生导师的建议（第2版）		教育心理学概论　　　　　连 榕 罗丽芳 主编 42元
	[英]萨拉·德拉蒙特 等著 30元	
		21世纪教师教育系列教材·学科教学论系列
21世纪教师教育系列教材·物理教育系列		新理念化学教学论（第二版）　　王后雄 主编 45元
中学物理微格教学教程（第二版）		新理念科学教学论（第二版）　崔 鸿 张海珠 主编 36元
	张军朋 詹伟琴 王 恬 编著 32元	新理念生物教学论　　　　崔 鸿 郑晓慧 主编 36元
中学物理科学探究学习评价与案例		新理念地理教学论（第二版）　　李家清 主编 45元
	张军朋 许桂清 编著 32元	新理念历史教学论（第二版）　　　杜 芳 主编 33元
		新理念思想政治（品德）教学论（第二版）
21世纪教育科学系列教材·学科学习心理学系列		胡田庚 主编 36元
数学学习心理学　　　　　孔凡哲 曾 峥 编著 29元		新理念信息技术教学论（第二版）　吴军其 主编 32元
语文学习心理学　　　　　　　　　李 广 主编 29元		新理念数学教学论　　　　　　　　冯 虹 主编 36元
化学学习心理学　　　　　　　　王后雄 主编 29元		
		21教师教育系列教材·学科教学技能训练系列
21世纪教育科学系列教材		新理念生物教学技能训练（第二版）　崔 鸿 33元
现代教育技术——信息技术走进新课堂		新理念思想政治（品德）教学技能训练（第二版）
	冯玲玉 主编 39元	胡田庚 赵海山 29元
教育学学程——模块化理念的教师行动与体验		新理念地理教学技能训练　　　　　　李家清 32元
	闫 祯 主编 45元	新理念化学教学技能训练　　　　　　王后雄 28元
教师教育技术——从理论到实践　　王以宁 主编 36元		新理念数学教学技能训练　　　　　　王光明 36元
教师教育概论　　　　　　　　　　李 进 主编 75元		
基础教育哲学　　　　　　　　　　陈建华 著 35元		**王后雄教师教育系列教材**
当代教育行政原理　　　　　　　龚怡祖 编著 37元		教育考试的理论与方法　　　　　王后雄 主编 35元

| 化学教育测量与评价 | 王后雄 主编 45元 | 幼儿教育教学活动设计案例精选 | 39元 |

西方心理学名著译丛

拓扑心理学原理	[德] 库尔德·勒温 32元
系统心理学：绪论	[美] 爱德华·铁钦纳 30元
社会心理学导论	[美] 威廉·麦独孤 36元
思维与语言	[俄] 列夫·维果茨基 30元
人类的学习	[美] 爱德华·桑代克 30元
基础与应用心理学	[德] 雨果·闵斯特伯格 36元
格式塔心理学原理	[美] 库尔特·考夫卡 75元
动物和人的目的性行为	[美] 爱德华·托尔曼 44元
西方心理学史大纲	唐钺 42元

心理学视野中的文学丛书

围城内外——西方经典爱情小说的进化心理学透视
　　　　　　　　　　　　　　　　熊哲宏 32元

我爱故我在——西方文学大师的爱情与爱情心理学
　　　　　　　　　　　　　　　　熊哲宏 32元

21世纪教学活动设计案例精选丛书（禹明 主编）

初中语文教学活动设计案例精选	23元
初中数学教学活动设计案例精选	30元
初中科学教学活动设计案例精选	27元
初中历史与社会教学活动设计案例精选	30元
初中英语教学活动设计案例精选	26元
初中思想品德教学活动设计案例精选	20元
中小学音乐教学活动设计案例精选	27元
中小学体育（体育与健康）教学活动设计案例精选	25元
中小学美术教学活动设计案例精选	34元
中小学综合实践活动教学活动设计案例精选	27元
小学语文教学活动设计案例精选	29元
小学数学教学活动设计案例精选	33元
小学科学教学活动设计案例精选	32元
小学英语教学活动设计案例精选	25元
小学品德与生活（社会）教学活动设计案例精选	24元

全国高校网络与新媒体专业规划教材

文化产业概论	尹章池 38元
网络文化教程	李文明 39元
网络与新媒体评论	杨娟 38元
数字媒体导论	尹章池 39元
网络新媒体实务	张合斌 39元
网页设计与制作	惠悲荷 39元
突发新闻报道	李军 39元
视听新媒体节目制作	周建青 45元

21世纪教育技术学精品教材（张景中 主编）

教育技术学导论（第二版）	李芒 金林 编著 33元
远程教育原理与技术	王继新 张屹 编著 41元
教学系统设计理论与实践	杨九民 梁林梅 编著 29元
信息技术教学论	雷体南 叶良明 主编 29元
网络教育资源设计与开发	刘清堂 主编 30元
学与教的理论与方式	刘雍潜 32元
信息技术与课程整合（第二版）	赵呈领 杨琳 刘清堂 39元
教育技术研究方法	张屹 黄磊 38元
教育技术项目实践	潘克明 32元

21世纪信息传播实验系列教材（徐福荫 黄慕雄 主编）

多媒体软件设计与开发	32元
电视照明·电视音乐音响	26元
播音主持	26元
广告策划与创意	26元

21世纪教师教育系列教材·专业养成系列（赵国栋主编）

微课与慕课设计初级教程	40元
微课与慕课设计高级教程	48元
微课、翻转课堂与慕课实操教程	188元
网络调查研究方法概论（第二版）	49元